노동경제학 이해

주석진

KNOWLEDGE COMMUNITY 공동체

머리말

대학에서 노동시장론, 노동경제학을 가르치기 시작한 지도 15년이 다 되어간다. 처음 학생들을 가르치기 시작했을 때 자신이 없었지만 지도교수님이셨던 한성덕 교수님의 조언과 가르침으로 지금 이 책이 나오게 되었다. 강의를 하면서 느꼈던 것은 학생들에게 좀 더 쉬운 설명을 하지 못한 것이었다. 저자의 부족함을 느끼며 이 책이 노동경제 및 노동시장을 공부하는 학생들에게 조금의 도움이라도 되었으면 하는 바람이다.

이 책을 쓰는 목적은 다음과 같다.

첫째, 대학생들이 기본적 경제개념을 이해하고 쉽고 재미있게 노동경제를 배우게 함이다. 학생들은 경제라는 말을 듣는 순간부터 싫어하고, 어려움을 느끼는 것을 보면서 좀 더 쉬운 내용으로 구성하고자 하였다. 쉽고 재미있고, 흥미가 생겨야 공부도 재미있다고 생각된다. 또한 우리가 살아가는 데 필요한 경제지식을 보다 쉽게 제시하는 것이 좋을 것 같았다.

둘째, 살아가는 데 필요한 노동경제에 대한 지식과 기본적 소양을 쌓게 하기 위함이다. 우리나라의 최근 통계자료를 수록하고자 노력하였으나, 구성상 노동경제학에서 다루어지는 심도 있는 이론적 내용을 다루지 못하였다. 이에 이 책은 전공교재보다는 대학 생활을 하면서 1~2학년 교양과목으로 개설되는 노동경제이해 또는 노동시장론에서 다룰 수 있는 내용을 중심으로 쓰였다. 전공계열이 이공계이든 인문계이든 예체능계이든, 학과와 관계없이 이 책이 도움이 되기를 바라는 마음으로 집필하였다.

셋째, 직업상담사 2급 자격증을 취득하는 데에 도움을 주기 위한 목적이다. 직업상담사 2급 자격 취득을 위한 시험과목은 직업상담학, 직업심리학, 직업정보론, 노동시장론, 노동관계법규 등 5과목이다. 이 책의 내용은 5과목 중 노동시장론에 해당하는 과목의 시험에 도움을 주기 위한 목적으로 집필되었다.

이 책은 저자가 2017년 집필한 직업상담과 직업정보, 2018년에 한성덕 교수님과 공동집필한 직업정보와 노동시장의 내용 중 많은 부분을 인용하였다. 매번 책을 저술하는 과정에서 부족한 점이 많은 것 같다. 내용상 부족한 점은 물론 깊이 있게 다루지 못한 부분이 적지 않을 것으로 여겨진다. 서술된 내용이 이론적으로 깊이 있게 다룬 내용이 아님은 물론 새로운 내용이 아니기 때문에 관련된 자료를 많이 인용하였음을 밝혀두며, 아울러 게재된 내용에 대하여 다른 견해가 있을 것으로 예상된다. 이러한 점에 대하여 독자 여러분의 조언과 질정이 있기를 바란다.

끝으로 이 책이 한성덕 교수님의 이름에 누가 되지 않기를 기원한다. 집필과정에서 많은 관심과 수정, 첨삭을 맡아준 대구대학교 대학원 상담학과 박사과정 중인 유영현 선생님의 수고에 이 자리를 빌려 다시 한번 고마운 마음을 전한다. 그리고 출판을 맡은 도서출판 공동체 가족 여러분께 감사를 드린다.

2023년 8월
著者 識

차례

CHAPTER

01

경제학과 노동경제학

Chapter 01

경제학과 노동경제학

고대 그리스의 철학자 아리스토텔레스(Aristotle, BC 384~BC 322)가 표현한 "인간은 사회적 동물(social animal)이다."라는 의미는 인간은 개인으로 존재하지만 홀로 살아갈 수 없고, 사회를 형성하며 다른 사람과 끊임없이 상호작용을 하며 자신의 존재를 확인하는 동물이라는 의미이다. 이를 경제학적으로 접근해 보면 사람이 살아가는데 있어서 의 · 식 · 주와 관련된 수많은 재화와 서비스를 혼자 생산-소비할 수 없으며, 다른 사람들과 함께 협동하여 전문화와 분업화를 통하여 생산하고 소비한다는 것으로 이해할 수 있다. 분업하여 생산하기 때문에 다른 재화와 서비스를 얻기 위해 각자의 생산물을 교환해야 하고 사람들이 협동하여 생산하기 때문에 생산물을 분배해야한다. 이처럼 재화와 서비스를 생산 · 교환 · 분배 · 소비하는 행위를 경제행위 혹은 경제활동이라 한다.

1. 경제와 경제문제

1) 희소성과 경제문제

현실세계에서의 경제행위에는 여러 가지 문제들이 일어난다. 예를 들어 코로나 19로 인한 팬데믹현상이 극심했던 최근 몇 년간 영세자영업자 및 실업자가 된 사람들은 생활에 상당한 어려움이 있었을 것이다. 영세자영업자의 경우 어떤 상품(또는 음식)을 얼마나 생산해야할 것인지? 식당운영이 안 되고 있는데 종업원은 얼마나 고용해야 할 것인지?, 최저임금상승으로 인해 얼마의 임금을 책정해야 할 것인지? 등 많은 고민을 했을 것이다. 이와 같이 어떤 재화와 서비스를 누가, 얼마나 생산하여, 어떻게 분배하고, 언제 소비해야 하는가 하는 문제가 일어난다. 이러한 경제행위에 따르는 문제를 경제문제라 하고 경제행위와 관련된 현상을 경제현상이라 한다.

그렇다면 "경제문제의 원인은 무엇일까?" 많이들 알고 있듯이 다이아몬드는 비싸다. 비싼 이유는 바로 희소성(scarcity)이다. 자원의 희소성으로 인하여 각종 재화와 서비스를 모든 사람이 만족할 만큼 생산하기는 어렵다. 따라서 사회구성원들의 욕구에 비하여 그 욕구를 충족시켜 줄 수 있는 수단이 상대적으로 부족한 현상, 즉 희소성 때문에 경제문제는 시작된다고 볼 수 있다.

(1) 희소성의 문제

경제학을 배울 때 처음 나오는 법칙 또는 원칙이 바로 '희소성의 법칙(The law of scarcity)'이다. 인간의 욕망은 무한한 데 반해 이를 충족시킬 수 있는 자원은 유한하다는 것이 이 법칙인 것이다. 무한한 인간의 욕망을 모두 충족시켜주는 것이 불가능하기 때문에 인간이 살아가는 사회에서는 시장의 메커니즘을 통해 자원을 배분하고 사람들을 만족시켜 주는 것이다. 여기에서 바로 경제의 시작이 된다고 볼 수 있다. 바로 경제학에서 다루는 큰 두 가지 주제 중 하나가 수입(또는 소득)이라고 한다면 또 다른 문제가 바로 분배를 어떻게 할 것인가이다.

희소성은 단순히 그 수와 양이 적다는 것에서 발생하는 것이 아니라 인간의 욕망과 필요를 충족시킨다는 점에서 상대적이다. 가격은 비싸지만 어떤 사람들은 소위 명품이라고 하는 상품을 구매하려고 한다. 또 다른 사람들은 경제적 효율성, 흔히 말하는 가성비를 중심으로 상품을 소비하기도 한다. 이는 똑같은 상품일지라도 서로 다른 만족을 가진다는 것이다. 개인의 취향과 욕구의 우선순위가 다르므로 희소성과 선택에 따른 기회비용(opportuity cost)[1]을 인식하는 기준과 정도에 차이가 발생하여 서로 다른 선택을 하는 것이다.

가치의 역설(Paradox of value : 물과 다이아몬드의 역설)

Adam Smith
1723. 6. 5. ~ 1790. 1. 12.

가치의 역설은 아담 스미스가 제기한 것으로 물은 사용 가치가 크지만 교환 가치는 작은 반면 다이아몬드는 사용 가치가 작지만 교환 가치가 크게 나타나는 현상을 말한다. 아담 스미스를 비롯한 당시의 경제학자들은 이와 같이 사용 가치와 교환 가치가 괴리되는 이유를 이론적으로 설명할 수 없어 역설적인 현상으로 받아들여졌다. 가치의 역설은 이 문제를 제기한 아담 스미스의 이름을 따서 스미스의 역설이라 부르기도 한다. 가치의 역설은 이후 100여 년 동안 수수께끼로 남아 있다가 1870년대 멩거(C. Menger), 제본스(W. S. Jevons) 등 한계효용학파에 의해 그 이유가 이론적으로 설명되었다. 이들 경제학자들은 사람들이 상품을 소비하면서 느끼는 효용을 총효용과 한계효용으로 구분한 후 상품의 가치는 총효용이 아니라 어떤 상품을 한 단위 더 소비할 때 추가적으로 느끼게 되는 한계효용에 의해 결정된다고 주장했다. 이에 따르면 물은 부존량이 많아 사람들이 많이 소비하고 있기 때문에 한계효용이 작고 그만큼 교환 가치가 작다. 반면 다이아몬드는 부존량이 적어 사람들이 적게 소비하고 있기 때문에 한계효용이 크고 그만큼 교환 가치가 크다. 가치의 역설은 한계효용이론에 의해 그 이유가 설명되어 이제는 더 이상 역설이 아니게 되었다(기획재정부 시사경제용어사전, 2020).

1) 어떤 활동을 선택함으로써 포기해야하는 다른 활동들 가운데에서 최선의 활동의 가치를 말한다.

(2) 경제의 기본적 문제

상품을 소비하는 개인의 경우 희소성은 다양한 욕구를 두루 충족시켜 줄 수 없는 한정된 소득으로 나타낸다. 개인은 한정된 소득으로 어떤 재화와 서비스를 얼마나 소비하고, 언제 소비해야 할 것인가를 결정해야 한다. 소득은 자신이 제공한 노동의 대가로 받는 노동소득과 가지고 있는 재산을 활용하여 얻는 재산소득으로 구분할 수 있다. 따라서 개인은 어떤 직업을 선택할 것인가, 수입을 어떻게 활용할 것인가를 결정해야한다.

예를 들어 홍길동 씨는 결혼하여 자녀를 한 명 두고 있고, 100만 원의 임금을 받는 근로자라고 가정해보자. 소득을 더 얻기 위해서 어떤 일을 해야 하는지를 결정해야 하고, 증가된 소득을 자녀의 교육에 소비할 것인지, 집의 가전제품을 바꿀 것인지를 결정해야 할 것이다. 이러한 것이 개인의 입장에서 소득과 분배의 문제로 나타나며, 개인의 기본적인 경제문제가 된다.

기업(생산자) 또한 생산에 관련된 여러 문제를 가지게 된다. 무엇을 얼마나, 어떻게, 누구를 위하여, 언제 생산할 것인가? 기업의 입장에서는 '최소한의 비용으로 최대한의 효과'를 얻기 위하여 자원을 배분하고 생산하여 이윤(수입)을 창출하려고 하는 것이다. 그러나 이는 비단 개인과 기업의 문제만은 아니다. 석유, 석탄, 광물 등의 지하자원은 지구상에서 한번 써 버리면 재생할 수 없는 자원들로서 비단 현 세대뿐 아니라 다음 세대도 이용할 권리가 있는 것이다. 따라서 부존량이 한정된 자원을 세대 간에 어떻게 배분해야 하는가 하는 문제 또한 발생하게 된다(김대식 외, 2018).

(3) 경제의 구분

재화와 서비스의 생산 · 교환 · 분배 · 소비와 관련되는 사회질서와 제도, 인간 행위를 통들어서 경제(Economy)라고 한다. 경제는 포괄하는 범위에 따라 여러 가지로 구분된다. 가장 작은 경제의 단위를 개인(또는 가계)이라고 하고 이를 가정경제(home economy)라 한다. 지역단위로 이루어지는 경제를 지역경제(regional economy),

국가단위로 이루어지는 경제를 국민경제(national economy)라고 하며 국민경제는 가정경제와 지역경제를 포괄한다. 한 국민경제가 다른 국민경제와 교류를 가질 때 그 국민경제를 개발경제(open economy)라 하고 다른 국민경제와 교류를 가지지 않는 경우 폐쇄경제 또는 봉쇄경제(close economy)라 한다. 오늘날 모든 국민경제는 개방경제이다.

또한 경제단위는 가계 · 기업 · 정부 · 해외부문 등으로도 구분된다. 가계와 기업으로 구성된 경제를 민간경제(private economy)라 한다. 정부는 민간경제를 조정 · 규제하는 경제정책의 주체이다. 정부는 국방 · 치안 · 교육 · 기타 행정활동을 수행하면서 가계처럼 소비단위가 되기도 하고 기업처럼 생산단위가 되기도 한다. 국민경제는 민간경제와 정부로 구성된다. 해외부문은 국민경제가 다른 나라와 거래할 때 다른 나라의 가계 · 기업 · 정부를 포괄한 사용개념이다.

(4) 경제의 순환

우리가 사는 인간사회에서는 재화와 서비스가 생산되고 생산된 상품을 소비하는 활동으로 경제는 순환된다. 기업에서는 상품을 판매하여 수입을 얻기 위하여 노동자를 고용하여 비용(임금)을 지출하게 되고, 가계(개인)는 수입(임금)을 목적으로 자신의 노동력을 제공하여 소득을 얻어 상품을 소비하게 되는 것이다. 이러한 한 국가의 경제의 흐름을 국가 경제의 순환 원리 또는 국가 경제의 순환모형이라고 하고, |그림 1-1|과 같이 나타낼 수 있다. 이를 바탕으로 후술할 노동시장의 개념을 설명하고자 한다.

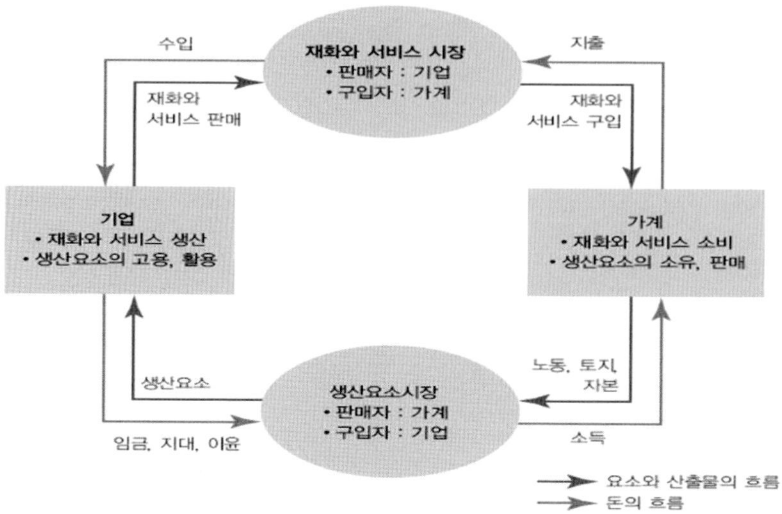

|그림 1-1| **국민경제의 순환모형도(circular-flow diagram)**

2) 경제체제의 구분

기본적인 경제문제는 어느 사회를 불문하고 어떤 형태로든 풀어야 한다. 인류는 기본적인 경제문제를 여러 가지 방식으로 해결해 왔다. 경제문제를 풀어나가는 제도나 방식을 경제체제(economic system), 간단히 줄여서 경제(economy)라 한다. 사람들은 개별적으로 행동하든 정부를 통하여 집단적으로 행동하든 간에 경제체제를 선택해야 한다. 여기에서는 다양한 경제체제를 크게 전통경제, 자본주의 경제, 사회주의 경제의 세 가지로 구분(김대식 외, 2018)하여 설명하고자 한다.

(1) 전통경제

기본적인 경제문제들이 전통적인 관습이나 신분제도 등에 의해 해결되는 경제체제를 전통경제(traditional economy)라 한다. 근세에 자본주의가 출현하기 이전의 다양한 경제체제를 전통경제로 뭉뚱그릴 수 있다. 인류가 지구상에 출현한 이래 수

렵 · 목축 생활을 거쳐 촌락(村落)을 이루며 생활을 이어나갔다. 이런 원시시대에는 집단의 원로들이나 촌락집회에 의해 경제문제를 해결하였다. 어떻게, 언제, 누구를 위하여 생산할 것인가? 하는 경제문제는 공동으로 생산에 참여하고 공동으로 소비함으로써 해결하였다. 각 씨족이나 촌락은 대개 자급자족경제였으며 구성원 상호간에 평등한 관계를 유지하였다. 칼 마르크스(Karl Marx, 1818~1883)는 이를 원시공산경제라 불렀다.

고대사회에서 사유재산이 발생하고 노예제도라는 신분관계가 생겨 원시사회는 평등한 관계가 지배 · 피지배의 관계로 바뀌었다. 경제의 문제들은 노예 소유주가 결정하게 되었고, 노예들에게는 계속적인 노동공급에 필요한 최소한의 몫만 돌아가고 나머지 생산물은 노예소유주에게 돌아갔다.

중세사회에서는 대규모의 토지를 소유하는 영주들이 토지를 농민에게 빌려 주고 농민으로부터 고율의 지대를 받는 봉건제도가 주류를 이루었다. 봉건제도에서 경제문제는 주로 토지에 매어 있는 농민에 의하여 결정되었다. 그러나 경제문제 중 누구를 위하여 생산할 것인가?의 문제가 대부분은 영주에 의해 불공평하게 결정되기 때문에 대다수 농민들의 생활은 겨우 생존을 유지할 정도로 빈궁했다. 이처럼 근세 이전에는 기본적인 경제문제들이 관습이나 신분제도 등에 의해 해결되는 전통경제의 형태를 띠었다.

(2) 자본주의 경제

자본주의 경제(자유시장 경제)를 한두 문장으로 표현하기는 매우 어렵다. 그러나 자본주의 경제가 시작된 것은 사유재산제도와 경제적 자유를 두 축으로 하여 개별 경제 주체가 자기 책임하에 자유롭게 자기이익(self-interest)을 추구하는 가운데 시장에서 기본적인 경제문제들이 해결되도록 하는 경제체제로 보는 관점이 우세하다. 여기에서 사유재산제도란 한 사회의 자본과 토지 등 생산수단을 대부분 개인이 소유하고, 소유자가 생산수단을 자유롭게 사용 · 처분할 수 있는 제도를 의미한다. 자본주의 경제에서는 개별경제주체들이 시장에서 형성되는 가격을 지표로 하여 시장에서 만나 자유롭게 생산 · 교환 · 소비활동을 한다. 자유로운 시장경제활동을 강조하여 자본주의 경제를 자유시장경제(free market economy)라고 부른다.

자본주의 경제는 15C 중엽부터 18C 중엽까지 유럽에서 형성된 상업자본주의에서부터 발달하였다. 당시 유럽은 지방분권적인 봉건제도가 점차 붕괴되고 중앙집권적인 절대왕정이 이루어지고 있었다. 각국은 부국강병(富國强兵)에 힘썼으며, 특히 부(富)는 유통과정에서 창출된다고 보아 상업, 특히 무역을 중요시하는 중상주의(重商主義, mercantilism)의 이론이 시대의 주류를 이루었다. 중상주의에 입각한 정책들은 상업과 수공업을 크게 발전시켰고, 상업의 발전은 상품의 본격적인 공장생산이 이루어질 수 있도록 자본을 최초로 축적 시켜주었다는 의미에서 '상업자본주의'라 부르기도 한다.

18C 중반부터 19C 중엽까지 산업혁명(industrial revolution)을 통한 기계와 동력의 발명으로 공업의 일대혁명이 일어난다. 산업혁명은 종래의 수공업생산 대신 기계에 의한 공장생산으로 대량생산의 체계가 만들어졌고, 또한 증기의 발명으로 인한 교통수단의 발전은 무역량을 비약적으로 증가시켰다. 그리하여 18C 후반부터 자본주의의 원형이라 할 산업자본주의가 영국을 필두로 하여 유럽에서 등장한다. 산업자본주의는 19C 후반부터 심한 빈부격차와 주기적인 공황을 경험하였다. 1930년대의 대공황을 겪고 나서 산업자본주의는 정부가 공공의 이익을 위해 사유재산제도와 자유의 일부를 제한하는 형태를 취하게 되었다.

(3) 사회주의 경제

산업자본주의에서 나타난 부익부빈익빈(富益富貧益貧), 대공황 등 자본주의의 모순을 극복하기 위해 자본주의와 정반대의 경제체제로서 출현한 것이 사회주의 경제이다. 사회주의 경제의 기본 특징은 생산수단의 국유화와 중앙계획이다. 생산수단을 개인이 소유하는 것이 아니라 국가가 소유하고 생산 · 분배 · 소비가 국가의 계획에 의하여 이루어지는 경제체제가 사회주의 경제이다. 생산수단의 사유화를 부정하기 때문에 자본주의 경제에서와 같은 이윤동기에 의한 상품생산은 원천적으로 부정된다. 경제의 문제를 모두 중앙당국의 계획에 의하여 이루어지기 때문에 사회주의 경제를 계획경제(planned economy)라고도 한다.

사회주의경제는 효율(efficiency)보다는 형평(equity)에, 경제적 자유보다 경제자립과 경제안정에 주안점을 둔다. 자본주의 경제는 기업의 생산과 개인이 직업선택의 자유를 누리는 반면 책임도 스스로 져야한다. 그러나 사회주의 경제에서는 공식적으로 실업자가 한명도 없다. 노동능력이 떨어지더라도(노약자, 장애인 등) 노동의욕만 있으면 국가가 책임을 지고 일자리를 마련해주기 때문이다. 그 대신 중앙당국의 명령에 의해 노동자들이 직장에 배치되기 때문에 직업선택의 자유는 없다. 각자가 자유와 창의를 발휘하여 피나는 경쟁을 뚫고 억만장자가 되는 것이 얼마든지 미화되는 사회가 자본주의 사회이다. 이에 반해 사회주의사회는 혼자 부자가 될 수 있는 자유도 없고, 혼자 거지가 될 수 도 없는 집단주의 사회이다.

2. 경제학과 노동경제학

1) 경제학의 연구대상

경제학은 연구대상에 따라 미시경제학(微視經濟學, Microeconomics)과 거시경제학(巨視經濟學, Macroeconomics)으로 구분할 수 있다. 미시경제학은 시장경제의 개별주체, 일반적으로 개인(가계)－기업의 합리적인 의사결정이 어떻게 경제문제를 해결하는지, 거래관계를 규명하려고 하는 것이다. 이를 위해서 소비자의 수요이론과 생산자의 공급이론을 다룬다. 거시경제학은 미시경제학과 구별되는 것으로 모든 개별 경제주체들(개인－기업－국가)의 상호작용의 결과로 인해 나타나는 한 국가의 전체적인 경제현상에 대해 분석하며, 이를 통해 국민소득, 물가, 실업, 환율, 국제수지 등을 다룬다(김대식 외, 2018).

(1) 미시경제학

미시경제학은 개별경제 주체들의 경제행위와 그 상호작용을 연구대상으로 한다. 가계와 기업의 경제행위와 그 상호작용을 지배하는 원리를 분석하는 경제학문이다. 시장경제를 주 연구대상으로 하는 미시경제학에서 경제행위의 상호작용은 주로 시장에서 나타나는 상호작용이다. 시장에서의 상호작용은 시장가격을 중심으로 이루어진다. 가계의 소비와 기업의 생산이 연결되는 시장에서 가계와 기업의 상호작용이 가격을 결정하고 거꾸로 가격은 개별 경제주체들의 상호작용에 영향을 미친다. 따라서 미시경제학에서는 시장에서의 가격결정이론이 중요하다. 이러한 맥락에서 미시경제학을 전통적으로 가격론(price theory)이라고도 부른다.

(2) 거시경제학

거시경제학은 각 경제주체(가계-기업)의 개별 경제행위 분석이 아니라 개별 경제주체들로 구성된 국민경제주체(가계-기업-국가)들의 합으로 이루어진 집계변수(aggregate variables)[2)]를 다루는 것이다. 즉, 개인의 소비에 대한 분석이 아니라 사회전체의 총소비지출을 분석하며, 개별기업의 투자나 산출량 분석이 아니라, 사회 전체의 총투자지출 또는 사회 총산출량의 결정을 분석하고 거시경제변수들이 서로 어떤 관계를 가지고 있으며 경제정책들이 이들에 어떤 영향을 미치는가를 다루는 학문이다. 전체를 분석 대상으로 하기 때문에 국가 전체를 파악 할 수 있는 어떤 지표(index)가 반드시 필요하다. 일국의 생산활동을 나타내는 지표로는 국내총생산(Gross Domestic Product, GDP)이 있으며, 이와 비슷한 개념으로 국민총생산(Gross National Product, GNP)이 있다. 이외에도 소비, 투자, 저축, 고용(또는 실업), 국제수지, 물가, 통화량, 정부지출 등 우리가 흔히 일상생활에서 접하게 되는 경제변수들이 있다.

2) 집계변수는 총량변수라고도 하며, 개별경제단위의 지표가 아니라 총체적인 총량을 나타내는 지표로서 국민소득 · 물가 · 고용 · 통화량 · 국제수지 · 경제성장 등 국민경제 전체의 총량을 의미한다.

2) 경제학의 주요원리

경제학에서 가르치는 몇 가지 주요 원리가 있다. 이 원리들은 단순한 듯 보이면서 우리의 생활에 강력하게 작용한다. 비단 경제학뿐만 아니라 다른 분야의 현상을 설명하는 데에도 아주 유용하다. 경제학이 사회과학의 여왕이라고 불리는 것은 이 때문이다(김대식 외, 2018). 여기에서는 흔히들 이야기하는 경제학의 10대원리라고 불리는 내용을 요약해서 설명하고자 한다.

(1) 의사결정에 관한 원리

사람들의 의사결정에 관한 원리에 대한 것으로,

① 모든 선택에는 대가가 있다.

'세상에 공짜 점심은 없다'라는 말처럼 의사결정에서 하나의 목표를 달성하기 위해서는 어떤 다른 것을 포기해야 한다. 학생들은 한정된 용돈으로 옷을 살지 여행을 갈지를 결정할 것이며, 근로자는 여가를 즐길지 근로를 하여 수입을 얻을지를 선택하여야 한다. 여기에서 중요한 것은 효율성(Efficiency)과 형성평 또는 공평성(Equity)이다. 효율성은 제한된 자원으로부터 가장 많은 것을 얻어낸다는 뜻이고, 공평성은 희소자원의 활용에서 얻어지는 편익이 사회구성원에게 골고루 나누어진다는 의미이다.

② 선택의 대가는 그것을 얻기 위해 포기한 그 무엇이다.

의사결정을 하려면 여러 대안들의 비용과 편익을 따져보아야 한다. 어떤 활동의 진짜 비용은 그것 때문에 포기해야하는 수많은 활동 중에 가장 값있는 활동의 가치이다. 경제학에서 비용은 이런 기회비용을 따져보아야 한다. 예컨대 프로운동선수들은 대학에 진학할 것인지 이를 포기하고 프로에 전향할 것인지를 고민해보아야 할 것이다. 아래는 이러한 예시를 제시한 것이다.

- 대학 진학을 할까? 취직을 할까?
- 시험공부를 할까? 애인을 만날까?
- 수업에 들어갈까? 친구들과 PC방에 갈까?

③ 합리적 판단은 한계적으로 이루어진다.

경제활동은 생산이나 소비를 함에 있어 한계원리(marginal principle)로 설명한다. 한계원리란 추가적인 활동에 따른 편익이 비용보다 크면 그 활동을 늘리고 추가적인 활동에 따른 편익이 비용보다 작으면 그 활동을 줄이라는 것이다. 후술 하겠지만 최적생산량결정, 최적고용량 결정, 최적 소비량 결정 등과 같은 의사결정에도 이 원리가 적용된다.

④ 사람들은 경제적 유인에 반응한다.

영국의 경제학자 에지워스(Francis Edgeworth)는 '경제학의 1원리는 사람들이 자기 이익을 위해 행동한다는 것이다.'라고 하였다. 자기 이익을 위해 경제활동을 하는 사람들은 자기이익에 영향을 미치는 경제적 유인(economic incentive)에 반응한다. 예컨대 소주 값이 비싸지면 소주를 덜 마신다. 외국 농 · 수산물 등에 유해균이 나왔다는 사실이 알려지면 수입농산물 소비를 줄인다. 또는 차량 연료비(휘발유, 경유, LPG 등)가 오르면 사람들은 차량운행을 적게 하거나 연비가 좋은 차를 구입하려고 할 것이다.

(2) 상호작용에 관한 원리

사람들의 상호작용에 관한 것으로,

⑤ 자유거래는 모든 사람을 이롭게 한다.

자유거래는 쌍방에 모두 이롭다. 국가의 무역은 스포츠 경기와 같이 한쪽이 승리하면 다른 쪽은 패배하는 것이 아니다. 두 국가 간의 무역은 양국을 모두 이롭게 한다. 국가도 서로 거래함으로써 이득을 볼 수 있는데 국가 간의 교역을 통해 각

국가는 자국이 가장 잘하는 분야를 특화할 수 있고 보다 다양한 재화와 서비스를 즐길 수 있는 것이다.

⑥ 일반적으로 시장이 경제활동을 조직하는 좋은 수단이다.

시장경제는 다수의 기업과 가계가 재화와 서비스 시장에서 상호작용을 하면서 분산된 의사결정에 의해 자원배분이 이루어지는 경제이다. 앞서 언급했었던 경제문제를 자유롭게 결정하는 것이다. 그러나 이러한 시장은 재산권이 보장되어야 제대로 작동할 수 있으며, 아담 스미스의 '보이지 않는 손'의 의미처럼 가계와 기업은 가격에 의해 움직여 질 때 사회전체의 경제적 후생이 극대화 되는 것이다.

⑦ 경우에 따라 정부가 시장성과를 개선할 수 있다

시장은 모든 거래당사자들을 이롭게 하고 효율적인 자원배분을 이룬다고 하였지만 항상 좋은 결과를 낳는 것은 아니다. 시장은 불완전하다. 주식시장, 외환시장, 국제금융시장 등은 단기에 과잉 반응하여 경제를 혼란에 빠뜨릴 수 있다. 한 기업이 시장을 독점하여 가격결정을 한다면 소비자들이 피해를 볼 것이다. 이러한 경우 시장이 자원을 효율적으로 배분하지 못하게 되는데, 이 같은 경우를 시장의 실패(market failure)라 한다. 시장이 실패하거나 작동하지 않을 경우 정부는 효율성이나 형평성을 증진할 목적으로 개입한다. 이러한 시장실패의 원인은 크게 외부효과(externality)와 시장지배력(market power)으로 발생한다. 외부효과는 한 사람의 행동이 다른 사람들의 경제적 후생에 영향을 미치는 현상(예: 환경오염)을 의미하며, 시장지배력은 한 사람이 시장가격에 영향을 미칠 수 있는 능력으로 독점시장을 말한다. 또한 역사적 사례에 비춰봤을 때 1929년부터 1939년까지 지속되었던 미국의 경제대공황은 국가의 개입이 중요함을 일깨워주는 계기였다.

(3) 국가 경제의 작동에 관한 원리

국가 경제의 작동에 관한 것으로,

⑧ 한 나라의 생활수준은 그 나라의 생산능력에 달려 있다.

국민생활수준의 변화는 거의 모든 경우 국가의 생산성(productivity)의 차이 즉, 한 사람이 단위시간 동안에 생산할 수 있는 재화와 서비스의 양의 차이에 기인한다. 생산성이 높으면 국민들이 대부분 높은 생활수준을 누리고 근로자의 생산성이 낮은 국가에서는 국민들이 궁핍한 생활을 견뎌야 한다. 생산성과 생활수준은 매우 중요하다. 우리나라의 경우 과거에 비해 훨씬 풍족한 생활을 할 수 있는 것은 생산능력이 크고 근로자의 생산성이 높기 때문이다. 미국이나 일본 국민의 생활수준이 우리나라보다 높은 것은 그 나라의 자본과 생산이력이 우리나라보다 많고 근로자들의 숙련도와 기술력이 높기 때문이다.

⑨ 통화량이 지나치게 늘면 물가는 상승한다.

인플레이션(inflation)은 한 나라경제의 전반적인 물가수준이 상승하는 현상으로 주요 원인은 통화량의 증가이다. 통화량의 증가는 통화의 상대적 가치가 하락하는 것이기 때문에 그 결과 물가가 상승한다. 높은 인플레이션은 사회적으로 많은 비용을 유발하기 때문에 정부에서는 낮은 물가상승률 수준을 유지하는 데 많은 노력을 할 수 밖에 없다.

⑩ 단기적으로는 인플레이션과 실업 사이에 상충관계가 있다.

앞서 언급했듯이 인플레이션은 국민생활을 어렵게 하는 것이다. 그러나 필립스 곡선[3](Phillips Curve)에 따르면 인플레이션과 실업률은 단기에 상충관계를 나타내게 된다. 즉, 단기에 실업률이 높으면 인플레이션은 낮고, 실업률이 낮으면 인플레이션은 높게 나타나는 반대 방향으로 움직이는 경향이 있다.

인플레이션과 실업 간의 상충관계는 단기적인 현상이다. 다행스러운 것은 장기적으로 양자 간에 특별한 관계가 없다는 것이다. 장기에는 인플레이션과 관계없이 실업률이 일정수준에 접근해간다. 경제가 장기적으로 접근해 가는 실업률을 자연

3) chapter 5 실업과 노동시장 정책에서 다루기로 한다.

실업률(natural rate of unemployment)이라 한다. 장기에는 인플레이션이 높거나 낮거나 상관없이 실업률은 자연실업률 근처에 있을 것이다(김대식 외, 2018).

3) 노동경제학의 영역

경제학의 응용분야인 노동경제학(Labor Economics)은 인간이 행한 선택이 노동시장에 있어서 그 기능과 결과, 임금과 고용에 어떻게 영향을 미치게 될 것인가?를 연구하는 경제학의 한 분야이다. 노동경제학에서 다루는 분야가 교육, 취업, 임금, 이직, 노사관계 등 우리의 삶과 밀접한 관련이 있는 분야임에도 '노동'이라는 단어가 주는 어감 때문인지 사람들의 인식이 좋지는 않다. 미국의 전임 노동부 장관이 노동부 간행물에서 노동시장이라는 용어를 없애려 했었다는 소문이 돌아다닌 적이 있다. 노동을 곡물, 석유, 철강 등 일반 상품과 같이 사고파는 것으로 보는 것은 근로자들을 비하시키는 것이라고 생각했던 것이다(김유배, 2009; 한홍순 · 김중렬, 2003). '노동'은 인간이 생활하는 데 필수적이며, 인간이 바로 경제의 주체이기 때문에 올바른 인식이 필요할 것으로 보인다.

(1) 노동경제학의 분야

노동경제학은 노동시장(Labor Market)의 기능과 그 결과를 연구하는 경제학의 한 분야이다. 좀 더 구체적으로 말하면 임금, 가격, 이윤이라는 일반적인 유인과 근로조건 같은 고용관계의 비금전적 측면에 대한 사용자와 고용인의 행태가 주요 관심사이다. 이러한 유인들은 개인의 선택에 동기를 부여하기도 하고, 또한 이를 제한하기도 한다.

인간생활의 대부분은 금전적 이익을 얻기 위해 일을 한다. 이러한 인간의 일과 관련된 노동시장에서 임금과 고용의 매커니즘의 결과로 발생한 개인과 가계의 소득분배를 중심으로 교육, 취업, 실업, 노사관계 등 경제주체의 삶과 밀접한 관련이 있는 영역이다. 이러한 노동경제학의 연구영역은 |그림 1-2|와 같이 이론들 간의

상호관계를 표현할 수 있다. 거시분야에서는 국가(국민소득)을 중심으로 노동시장을 분석하는 반면 미시분야에서는 개인과 기업을 중심으로 개별시장(노동)을 분석하는 것이다.

|그림 1-2| **노동경제학의 분야**

이러한 거시분야와 미시분야가 공통적으로 다루는 것이 바로 노동시장이다. 이를 도식화한 것이 |그림 1-3|과 같다. 노동시장에서는 임금구조를 비롯하여 인적배분, 노동력의 이동, 노동조합과 단체교섭, 정부의 노동시장 정책, 차별요인 철폐 등을 다룬다.

|그림 1-3| **노동시장의 분야**

(2) 국가경제와 노동시장과의 관계

기업과 근로자는 어떤 과정을 통해 고용과 취업에 이르게 되는가? 또는 임금은 어떻게 결정되는가? 이러한 질문에 대한 접근에 주로 사용되는 분석방법이 노동시장이다. 시장은 상품 또는 서비스의 공급자와 수요자가 만나는 것이다. 거래는 공급자와 수요자 간에 동의가 있을 때 이루어진다. 자동차, 스마트폰, 컴퓨터와 같은 상품과 같이 노동도 거래된다. 노동이 상품과 다른 점이 있다면 노동은 상품을 생산하는 하나의 요소로 사용된다는 점이다. 노동은 토지나 자본과 같은 다른 요소와 결합되어 상품이나 서비스 생산에 사용된다. 이러한 노동이 거래되는 시장을 생산요소시장 또는 요소시장(factor market)이라 한다. 요소시장과 생산물시장과의 관계를 나타낸 것이 |그림 1-4|와 같다. 가계와 기업을 주체로 생산물시장(product market)과 요소시장이 순환구조로 이루어져 있다. 생산물시장에서는 가계가 재화를 수요하고 기업은 재화를 공급하지만 요소시장에서는 가계가 노동공급을 하고 기업은 노동을 수요하는 즉, 주·객체가 바뀌는 현상이 나타나는 것이다. 이러한 특성으로 인하여 생산물 시장과 요소시장은 동전의 앞뒤와 같다고 표현하기도 한다.

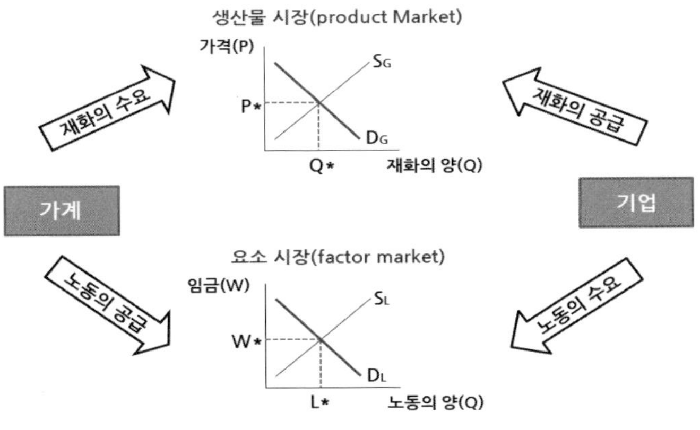

|그림 1-4| **경제의 순환도 : 생산물시장과 노동시장**

3. 노동경제학과 노동시장

1) 노동경제학의 분야

앞서 언급했듯이 노동경제학은 경제학의 한 분야로 자본주의 경제체제하에서 임금과 관련된 문제 즉, 노동문제(labor problem)를 연구하여 그 해결방안을 찾는 것을 목적으로 하는 경제학의 한 분야이다. 노동문제는 자본주의 경제체제가 성립하면서 기계의 사용, 분업의 발달 등으로 물적 생산력이 증대되고 많은 사람들이 임금노동자로 전락하게 되면서 발생하게 되었다.

근대 산업사회의 전형적인 노동문제로는 고용의 증대와 실업의 최소화, 인적자원의 효율적 배분과 같은 노동 공급의 문제, 임금과 근로조건의 문제, 노동운동, 노동조합, 단체교섭, 노동자 경영참가 등과 같은 노사관계와 관련된 문제, 소득분배와 사회보장 등을 들 수 있다. 이러한 노동경제학은 다음과 같은 3개의 분야로 구성된다(김용원, 2002).

(1) 노동시장론

노동시장론은 협의의 노동경제학이라 불리는 핵심적인 부분이다. 주로 신고전학파[4]의 분석도구를 이용하여 노동시장에서의 노동의 수요와 공급, 임금의 결정 등에 관하여 연구하는 분야이다. 노동시장에 대한 이론은 노동시장을 완전경쟁적 시장으로 보는 경쟁시장가설에 입각한 이론과 노동시장을 구조화된 시장(structured market)으로 보는 제도학파[5]의 분단노동시장 가설에 입각한 이론으로 구분된다. 노

4) 아담스미스에서 시작한 고전학파를 계승한 경제학파 중 하나이다. 고전학파와의 가장 큰 차이는 한계효용으로 설명될 수 있다. 또한 신고전학파는 개개인의 선호 체계를 종합함으로서 사회 전체를 설명할 수 있다고 보았으며, 이에 따라 개인에게 영향을 미칠 수 있는 사회 제도나 문화 등의 중요성은 낮게 평가했다.

5) 제도학파는 신고전학파의 경제학에 대해 비판적 시각을 형성하며, 노동경제학은 개인적인 합리성이나 완전하게 작동되는 노동시장의 틀과 분석의 한계를 강조하면서 시장요인과 더불어 제도 및 사회 · 정치

동력의 수급관계가 조정되고 임금과 노동조건이 결정되는 기구인 노동시장에서 노동자의 구직(노동공급)과 사용자의 채용(노동수요)이 어떠한 원리하에서 이루어지는가의 문제, 노동의 수요 · 공급의 결과 고용량과 임금이 결정되는 원리, 인적자본에 대한 투자이론 등을 파악한다. 본서에서는 노동시장론을 중심으로 공급과 수요, 임금의 결정, 시장의 기능을 중심으로 서술하였다.

(2) 노사관계론

노동자와 사용자 사이의 관계는 상품시장의 구매자와 판매자의 관계처럼 일시적인 것이 아니라 일단 고용계약이 성립되면 상당기간 지속된다. 한편 노동자는 사용자에 비하여 상대적으로 경제적 약자이기 때문에 대부분의 경우 노동조합(단체)를 결성하여 집단적 세력을 바탕으로 사용자와 교섭에 임하게 된다. 노사관계론은 이러한 노동자와 사용자 사이의 지속적인 관계와 집단적 교섭과 관련된 사항들을 연구 대상으로 한다. 노사관계와 관련해서는 노동조합의 발전, 노동조합－사용자 사이의 단체교섭, 각종 노사관계제도 등을 파악한다. 본서(書)에서는 chapter 6 노사관계와 노동조합에서 이 부분을 다루었다.

(3) 노동정책

노사 간에 발생하는 문제들을 노동시장의 자율적 기능에 맡겨두면 실업, 저임금, 열악한 근로조건 등과 같은 문제들이 발생하게 된다. 이와 같은 자본주의 경제의 노동시장에서 발생하는 문제들을 해소 내지 완화시키기 위하여 국가에서 추진하는 노동정책도 노동경제학의 한 분야로 분류될 수 있다. 노동문제를 시장의 자율적 기능에 맡겨두면 부작용이 발생할 수 있으므로 정부는 국가경제의 지속적 발전과 구성원 전체의 복지증진을 위해 각종 정책수단을 마련하는데, 노동시장조정 입법 · 정책, 노동자보호정책, 사회보장책, 소득분배정책 등이 포함된다. 본서에서는 깊이

적 요인을 포함하여 학제적 접근(interdisciplinary approach : 경제학, 사회학, 정치학, 경영학, 역사학 등을 포함)이 이루어져야한다고 본다.

있게 다루지 못하였고, 실업정책을 간략히 살펴보기로 한다.

2) 노동경제학 이론의 변천

노동경제학은 여러 가지 노동에 관련된 문제를 자본주의 경제 틀 내에서 분석하는 경제학의 분야로서 노동문제가 등장한 초기에는 체계적으로 연구되지 못하였다. 특히 경제학에서 시작되었기 때문에 시대와 사회, 국가마다 다른 시기에 발전하였지만 대체로 노동문제가 사회적 이슈가 된 시기와 일치한다. 또한 각국의 학문적 발전은 경제의 발전단계와 노동시장 상황 그리고 경제학적 접근, 사회적 상황에 따라 제각각 다르게 나타나고 있다. 체계적인 이론으로 확립되기 전 주로 사회정책학의 테두리 안에서 연구되었으며, 산업혁명을 거치면서 저임금과 장시간 노동, 미성년자 노동 등의 사회문제가 발생하며 사회정책을 실시하게 되었다. 고전학파를 시작으로 임금과 가치에 대한 논의가 체계적으로 발전하였고, 한계 생산성이론이 전개되던 19C 후반을 전후하여 노동경제학의 발전과정을 몇 가지 살펴보면 다음과 같다(김대식 외, 2018; 김유배, 2009).

(1) 중상주의

중상주의(mercantilism)는 15C 중엽부터 18C 중엽까지 3세기 동안 유럽에서 경제적으로 자본주의의 초기단계인 상업자본주의가 형성되던 시기의 경제사상과 경제정책을 말한다. 당시 유럽의 각국은 안으로 지방분권주의, 밖으로는 교회의 보편주의(universalism) 및 다른 나라와 싸우면서 근대민족국가를 세우기 위하여 정부 주도하에 적극적인 부국강병책을 썼다. 국가를 부강하게 하는 지름길은 정부의 보호 · 지원하에 주요 산업을 적극 육성하며, 가급적 수출을 많이 하고 수입을 억제하여 무역수지를 극대화하는 것이라고 생각하였다. 중상주의의 특징은 다음과 같이 몇 가지로 요약할 수 있다(김대식 외, 2018; 홍훈, 2018).

① 개인의 이익과 국가의 이익은 조화가 이루어지지 않는다. 따라서 국가의 이익을 위하여는 개인의 이익을 규제하고, 정부가 경제에 적극 개입해야 한다(정부의 경제 개입주의).
② 금 · 은과 같은 귀금속이 곧 부(富)이다(중금주의).
③ 생산은 부를 창조하는 데 전제가 된다는 점에서 장려되어야 한다. 그러나 부는 기본적으로 생산과정이 아니라 유통과정에서 상업, 특히 무역에서 창출된다.
④ 국가 간의 무역을 영합게임(zero-sum game)으로 본다. 한 나라의 이익은 다른 나라의 손실이며, 이 이익과 손실을 합하면 0이 된다.

(2) 중농주의 학파

중농주의학파(physiocracy school)는 프랑스에서 18C 후반 프랑소와 케네(Francois Quesnay)가 창시하고 미라보, 튀르고 등에 의하여 이어진 학파로서 농업 중심의 사상 및 정책을 펼쳤다. 18C 중엽까지 프랑스는 절대군주 체제하에서 농민이 전체인구의 90%를 점하는 유럽 제일의 농업국가였다. 그런데 왕정은 사치산업과 상업 및 무역만을 중시하는 중상주의정책을 실시하여 농업이 경시되었다. 농민들은 75%에 달하는 높은 소작료, 과중한 조세, 전쟁 등으로 시달려 농업이 피폐하게 되었다. 상업과 공업도 국가의 심한 간섭으로 인하여 발전이 저지되고 있었다. 이에 케네는 중상주의정책을 비판하면서 농업을 부흥시키고 상공업에 대한 국가의 간섭을 배격하는 중농주의를 제창하였다. 중농주의학파는 일관된 학설을 제시했다는 점에서 최초의 학파로 인정되고 있다.

케네는 인간사회에도 자연계와 마찬가지로 자연질서[6]가 존재함을 믿었다. 이에 중상주의와 달리 인위적인 보호, 간섭, 또는 통제를 배척하고 자유방임주의(laissez faire)를 채택함으로써 자연질서에 순응할 것을 주장하였다. 중상주의자들과는 달리 국부의 원천은 금 · 은이 아니라 토지라 하여 농업을 중시하였다. 농업만이 새로운

6) 자연질서란 자연현상에 존재하는 규칙성을 말하는데 이러한 규칙성을 인간사회에서도 찾아볼 수 있다고 생각한 것이다.

부를 생산하고, 상공업이나 운수업 등은 부를 증가시키는 것이 아니라 기존의 부를 변형시키거나 이전시킬 뿐이라고 보았다. 중농주의 학파는 스미스를 비롯한 고전학파에 큰 영향을 미쳤다.

(3) 고전학파

고전학파(classical school)란 18C 후반부터 1860년대까지 영국을 지배한 경제학파로서 아담 스미스, 데이비드 리카도, 토마스 맬서스, 존 스튜어트 밀에 이르는 일단의 학자들을 의미한다. 고전학파의 시조라고 불리는 스미스는 저서 '국부론'[7] (Wealth Of Nations, 1776)에서 그 이전의 체계화되어 있지 않던 이론들을 경제이론으로 집대성하고 체계화함으로써 경제학을 독립된 사회과학으로 출발시켰다. 따라서 아담 스미스를 근대경제학의 아버지라고 부른다. 스미스가 '국부론'을 쓴 당시는 영국에서 산업혁명이 본격적으로 시작되는 시기로서 농업, 공업, 상업이 성장하면서 새로운 산업자본가들이 등장하고 있었다. 그런데 지주, 특권 상인들로 대표되는 종래의 지배계급은 중상주의 정책을 유지하려고 애쓰고 있었다. 그러나 보호무역은 실효를 거두지 못하였고, 정부의 간섭은 자생적으로 성장하는 산업자본가나 일반시민들에게 불필요한 족쇄를 채우는 것으로 인식되었다. 신흥자본가나 일반시민들의 자유로운 경제활동을 보장해 주는 자유방임이 새로운 시대적 논리라고 인식되는 시점에서 새로운 현실에 부응하는 이론을 제기한 사람이 스미스였다. 이후 고전학파 경제학자들은 스미스의 이론을 그들의 시대에 맞게 수정하였다. 영국의 고전학파 경제학자들(아담 스미스 제외)에 의해 임금에 대한 최초의 체계적 연구가 이루어졌으며 임금기금설(wage fund theory)[8]로 대표된다(김유배, 2009). 맬서스의 인구론을

7) 경제 주체(개인－기업)들이 그들의 이기심에 따라 각자의 이익을 추구하다 보면 사회적으로 이익이 되는 국부의 극대화라는 결과를 낼 수 있다고 보았다(보이지 않는 손에 의한 경제 전체의 일반균형을 신뢰, 강조). 시장가격기구의 기능을 신뢰(낙관주의)하여 시장가격기구에 의한 자원 배분의 효율성과 그에 따른 시장청산을 강조했다. 중상주의자들의 보호주의나 규제 등 어떤 형태로든 시장을 제한해서는 안 된다는 정부개입의 불필요성과 정부 정책의 무용성을 주장했다. 이러한 이론적 틀에서 국가는 작은 정부(경찰국가, 야경국가)로 치안, 안전, 국방 등의 기본적 국가 존립을 위한 제도를 해야 한다고 하였다.

8) chapter 4 노동시장의 구조와 임금의 결정을 참고 바람.

연결시켜 소위 임금철칙설(iron law wage)을 전개하였다.

(4) 사회주의 경제학파

산업혁명이 진행됨에 따라 부의 집중현상이 나타나면서 다른 한편으로는 일반 대중의 빈곤이 심화되어 갔다. 기계에 의한 노동자의 배제는 실업자를 배출하고 식량부족과 저임금은 노동자의 생활을 위협하였다. 1810년대부터 시작된 주기적인 공황은 자본주의체제의 내재적 모순으로까지 인식되기에 이르렀다. 1830년대부터 노동자계급은 자신의 비참한 처지를 깨닫고 조직적인 운동을 통하여 자본가 계급과 투쟁하기에 이르렀다. 이러한 계급관계의 문제는 리카토가 분배론을 통하여 분석한바 있거니와 인도적 혹은 역사적인 관점에서 노동자계급의 입장을 대변하는 새로운 학파의 등장이 시대적으로 요청되었다. 이런 상황에서 사회주의경제학파가 19C 초 영국 · 독일 · 프랑스에서 일어났는데 칼 마르크스(Karl Marx, 1818~1883)에 의하여 집대성 되었다. 이 학파는 그 주장과 내용에 따라 공상적 사회주의와 과학적 사회주의로 나누어 설명할 수 있다.

① 공상적 사회주의

공상적 사회주의학파의 대표자는 시스몽디(J. Sismondi)이다. 그는 고전학파 경제학에 대한 최초의 비판자이기도 하다. 그는 노동과재산의 분리, 노동계급의 곤경, 공황의 도래 등을 자유경쟁의 결과라고 간주하여 자유방임주의를 배척하고 국가의 역할에 기대를 걸었다. 프랑스의 생시몽, 푸리에, 영국의 오웬(R. Owen, 1771~ 1858)[9] 등의 초기 사회주의자들도 각각 인도적 · 이상주의적 입장에서 사유재산제도를 부정하는 이상사회의 설계를 주장하였다. 특히 오웬은 마르크스와 엥겔스가 주장

9) 영국의 공장주, 사업가, 유물론자, 사회개혁가로 기업복지 · 산업복지의 아버지로도 불린다. 자신의 사상을 일컬어 최초로 '사회주의(socialism)'라는 용어를 사용하였다. 노동자 관리와 노동자 교육에 힘쓰는 한편, 협동조합을 만들어 자본주의로부터 발전할 수 있도록 하였다. 이에 전 세계 협동조합설립운동의 아버지로도 불린다. 자본주의의 대안공동체를 고민한 이들의 생각은 매우 앞선 생각이어서, 노동조합, 협동조합, 노동자 자주경영, 대안화폐 운동을 195년 전인 1829년부터 1834년까지 생각하고 실천한 것이었다.

한 '노동자에 의한 독재'는 귀족과 자본가에 의한 독재와 절대 다르지 않다고 봤다. 귀족, 독재자에서 노동자로 지배계급이 달라지는 것뿐이라는 것이 오웬의 생각이었다. 동시에 그는 노동자는 자신들을 직접 관리할 수 없는 존재들이라서 자기와 같은 사람이 노동자들을 가르쳐야 한다(사회적 계몽)고 했다.

② 과학적 사회주의

과학적 사회주의의 대표자는 마르크스와 엥겔스(F. Engels, 1820~1895)이다. 마르크스는 자본주의 경제에 내재하는 기본적인 계급 간의 이해 갈등을 강조한 리카도 이론에 일반적인 역사이론과 사회이론을 접목시켰다. 경제학을 포함한 여러 분야에서 마르크스주의는 고전학파 경제학과 견해를 달리하지만 임금이론은 리카도와 같은 초기 고전학파 경제학 이론과 매우 유사한 견해를 가졌다. 자본주의하의 임금은 장기적으로 생존임금에 귀착된다(임금철칙설)고 본 것이다. 마르크스 이론에서 임금과 관련된 중요한 부분은 가치의 창조에 있어서 노동의 역할이다. 그는 노동에 의해서만 가치는 창조되며, 자본은 과거의 노동에 대한 잠재적 생산능력을 보유하는 수단에 지나지 않는다는 '노동가치설'을 주장하였다. 아울러 노동자가 현대적 기계와 결합하여 얻어지는 생산성 향상의 결과로 생존비(임금) 이상의 생산물가치를 창출했을 때 잉여가치가 생기며 이는 노동자가 창조했지만 자본가 이윤의 원천이 된다고 본다(잉여가치설). 임금과 관련된 노동가치설은 초기 고전학파의 견해와 비슷한 입장이었으나 자본을 또 하나의 가치의 원천으로 보는 입장을 취하는 신고전학파(한계효용학파)의 대두 이후 많은 비판을 받게 된다.

(5) 신고전학파(한계효용학파)

사회주의경제학이 노동자계급의 입장을 대변하면서 자본주의체제의 변혁을 요구하는 극단적인 노선을 걷는데 비하여, 사회주의 및 노동조합운동에 반대하면서 고전학파와 같이 정부의 간섭을 배제하고 자유방임정책을 옹호하는 학파가 1870년대에 등장하였는데 이 학파가 한계효용학파이다. 이 학파는 영국의 제본스(S. Jevons), 오스트리아의 멩거(C. Menger), 프랑스의 왈라스(L. Walras) 3인이 동일한 이론을 각각 독자적으로 1870년대에 제창함으로써 성립되었다. 한계효용학파라는 이름은 그때까지 지배적이었던 객관적 가치설을 부정하고 주관적 가치성을 주장하여 상품의 가치는 한계효용에 의하여 결정된다고 주장한 데에서 나왔다. 고전학파와 사회주의학파의 가치결정원리는 노동가치설이었는데 한계효용학파의 가치결정의 원리는 한계원리[10]이다. 이러한 한계효용학파의 특징은 다음과 같다.

① 종래의 경제학은 경국제민(經國濟民)과 사회 각 계급간의 이해관계를 다루는 정치경제학이었다. 이에 대하여 한계효용학파는 계급 대신 개인을 분석대상으로, 수학을 분석도구로 삼아 경제학을 수학과 같은 순수한 정밀과학으로 접근하였다.
② 경제질서는 인간의 합리적 정신으로 통제될 수 있다고 보았다.
③ 재화의 생산면보다는 소비면을 강조하여 주관적 효용가치설에 의한 가격기구의 분석에 주력하였다.
④ 왈라스의 일반균형분석과 파레토의 경제후생분석이 현대 일반균형이론과 후생경제학의 초석을 마련하였다.

(6) 케인즈 학파

기존의 고전학파를 반박하고 나온 개념으로, 세이의 법칙[11]을 굳게 믿던 고전학파와 달리 단기적으로는 시장경제가 불균형에 있을 수 있으며, 이 불균형을 (유능한) 정부가 시장에 개입하여 고칠 수 있다고 보았다. 신고전학파의 거시경제적 의미는 1930년대의 세계 대공황으로 말미암아 빛을 잃고 말았다. 오직 완전고용하에서만 균형이 달성될 수 있다는 것이 신고전학파 이론의 중요한 결론이었기 때문에 신고전학파 경제학자들은 이미 불완전고용의 가능성은 알고 있었지만 이것을 비균형상

10) 한계원리는 동일한 상품의 소비량이 증가할 때 그 추가 단위로부터 얻게 되는 만족은 체감하며(한계효용체감의 법칙), 특히 마지막으로 소비되는 상품 1단위의 효용이 전체상품의 가치를 결정한다는 것이다.

11) 프랑스의 경제학자인 장 바티스트 세이(Jean Baptiste Say)가 펼친 주장으로, 흔히 '공급은 스스로 수요를 창출한다(Supply creates its own demand)'는 표현으로 알려져 있다.

태로만 취급하였다. 고도의 실업수준이 장기적으로 지속되는 역사적 현실 속에서 실업을 단지 비균형적 상태 또는 장기적 문제라는 그들의 주장은 비판을 면치 못하였다. 이후 영국의 경제학자 존 메이너드 케인즈(John Maynard Keynes, 1883~1946)는 불완전고용하에서의 균형이 어떻게 달성되는가를 설명하였다. 실업하에서도 균형이 어떻게 달성될 수 있다는 케인즈의 주장은 경직적이고 비신축적인 임금을 가정함으로써 가능하였다. 케인즈의 주장에 의하면 임금은 초과공급의 영향을 받지 않는다. 즉, 현행 임금은 외생변수(혹은 고정변수)이며 그 수준 이하의 임금에서는 모든 노동력의 공급이 시장으로부터 배제된다.

케인스학파의 핵심은 '단기적으로는 시장 경제에 불균형이 올 여지가 충분하다.'인데, 이는 반대로 말하면 '장기적인 관점에서 보자면 결국 시장경제는 균형이 맞춰진다.'라는 말과 같기 때문이다. 문제는 그 '균형이 이루어진 상태'가 1년이 걸릴지 100년이 걸릴지 모르므로 장기적인 상황만 따져가며 공급자와 소비자 외의 존재의 개입을 부정하기보다는 단기 상황에서 불균형이 없게 하고자 (다소의 손해를 감수하더라도)정부가 개입하는 게 더 이득이라고 본 것이다. 이 때문에 케인즈 학파에서는 아예 균형이 맞춰지는 날 자체를 장기 상태라고 정의한다. 요약하면 기존의 주류인 고전학파의 의견 자체는 받아들이되 인간이 존재하고 사회활동이 존재하는 이상 개념으로써 사라지지는 않을 경제와 달리 인간은 시간의 제약이 존재하므로 마냥 '이상적으로 바뀔 장기적인 상황'만 두고볼 순 없으니 그동안 정부가 개입해야 한다는 뜻이다(이윤재, 2005; 나무위키, 2023).

3) 노동의 수요-공급과 시장이론

앞서 경제학이 다루는 문제들은 인간의 욕망은 무한함에 비해 이를 충족시킬 수 있는 자원은 한정되어 있다는 희소성의 문제해결을 위한 것이라고 하였다. 이러한 희소성의 해결을 핵심주제로 하는 학문을 주류경제학이라고 한다. 경제학 및 주류경제학에서 다루는 노동시장의 기본 개념 및 시장의 기능들을 살펴보면 다음과 같다.

(1) 완전경쟁시장과 경쟁적 노동시장

경제학에서는 수요 · 공급을 분석할 때 개별 경제주체들이 시장에 아무런 영향력을 행사할 수 없는 완전경쟁시장(perfect competition market)에서 재화와 용역을 거래한다고 가정한다. 상품시장에서 완전경쟁이 성립되기 위해서는 다음과 같은 몇 가지 조건이 필요하다(김용원, 2007).

① 무수히 많은 기업들이 존재해 개별기업은 시장에 어떠한 영향도 줄 수 없다.
② 거래되는 상품은 동질적이므로 서로 차별되어서는 안 된다.
③ 기업의 시장진입 및 퇴출이 자유로워야 한다.
④ 완전한 정보가 시장의 모든 주체들에게 주어져야 한다.

이는 노동시장에서도 유사하게 적용된다. 아래의 조건이 충족되는 완전경쟁시장은 각 산업 및 직업에 노동력을 배분하고 노동력의 가격(임금)을 결정하는 두 가지 기본적인 기능을 갖는다.

① 모든 노동은 동질적이다. 노동자는 연령, 성별, 경험, 숙련도, 능력, 일에 대한 노력의 강도 등에 차이가 없기 때문에 모든 노동은 완전한 대체가 가능하다.
② 모든 기업에서 제공하는 직무에 있어서 차이가 없다. 직무의 위험도, 직무가 제공하는 숙련과 지식 획득의 기회, 직장의 안정성, 작업환경의 쾌적도 등에 차이가 없다.
③ 노동시장에 다수의 판매자와 다수의 구매자가 존재한다. 따라서 개별 구매자는 노동력의 판매가격(임금)에 어떠한 영향도 미칠 수 없는 가격순응자(price taker)이다.
④ 노동시장으로의 진입과 이탈은 자유롭다. 시장에 참여한 각 경제주체는 이동의 자유를 가지며, 이를 제약하는 장치, 예컨대 노동조합, 사용자들 간에 고용을 위한 담합행위, 특정 직종에 대한 정부의 인가 및 면허제도 등은 존재하지 않는다.

⑤ 모든 노동자와 사용자는 완전한 정보를 갖는다. 노동자는 직무 및 노동조건에 대하여, 사용자는 노동자의 특성에 대하여 완전한 정보를 갖고 있다.

⑥ 임금이 노동력 제공에 대한 유일한 대가이다. 상여금, 퇴직금, 각종 수당 등 부가급여는 일정불변이라고 가정하며, 노동자의 채용 및 해고에 따른 여타의 비용은 발생하지 않는다.

⑦ 임금은 신축적이며, 임금의 경직성은 존재하지 않는다.

상품시장이나 노동시장에서의 완전경쟁시장의 성립조건을 보면 이러한 형태의 시장은 현실적으로 존재하지 않는 이상적인 형태의 시장이다. 그러나 완전경쟁시장을 가정하는 이유는 현실의 시장형태를 이상적인 시장형태와 비교·평가하기 위해서이다. 또 하나의 이유는 이 시장의 형태가 가장 간단하므로 가장 간단한 시장형태를 통해서 보다 복잡한 시장형태를 이해할 수 있기 때문이다. 따라서 주류경제학은 우선 완전경쟁시장에서 개별 경제주체의 행태로부터 이론을 도출하고 난 후 이를 바탕으로 완전경쟁이 아닌 상황을 분석하는 이론을 제시하고 있다.

독점, 과점, 복점의 시장

- **독점시장 또는 기업(monopoly)** : 밀접한 대체제가 없는 상품의 유일한 공급자이다. 가격을 설정함에 있어 시장원리를 따르지 않고 기업이 정할 수 있다. 그 원인은 진입장벽(barriers to entry)이 존재하기 때문에 하나의 기업이 모든 것을 결정할 수 있기 때문이다.

- **과점시장 또는 기업(oligopoly)** : 유사하거나 동일한 상품을 공급하는 소수의 공급자가 존재하는 시장구조이다. 시장에서의 영향력이 독점보다는 낮으나 기업 간의 밀접한 상호의존 관계가 있어 가격이나 생산량을 결정할 때 경직성이 발생할 수 있다(가격 담합).

- **복점시장 또는 기업(duopoly)** : 복점(複占)은 한 시장 내에 두 개의 생산자만 존재하는 경우를 말하며, 과점의 한 형태이다. 현실에서 이 정의는 일반적으로 두 기업만이 한 시장에서 지배적인 지분을 갖고 있을 때에 사용된다. 복점의 단순함 때문에 산업 조직론 분야에서는 가장 널리 연구되는 과점의 형태이다.

(2) 수요와 노동수요

수요(需要, demanded)란 소비자가 일정기간에 재화나 용역을 구매하고자 하는 의도를 말하며 소비자들이 값을 치르고 구입할 의사와 능력이 있는 재화의 양을 수요량(quantity demanded)이라 한다. 여기서 주의할 점은 수요－공급은 일정기간 동안 구매 · 판매의 흐름, 즉 유량(流量, flow)이며 사전적(事前的, ex ante) 개념으로 구매 · 판매하고자 하는 의도(willingness)로서 실제로 구매 · 판매된 양은 아니라는 것이다.

다른 조건이 불변일 때, 어떤 재화의 가격이 상승하면 그 재화의 수요량이 감소하는 것을 수요의 법칙(law of demand) 이라고 한다. 특정 재화의 수요량에 영향을 주는 요인들은 무수히 존재하지만 이 가운데 중요한 것을 몇 가지 들어보면 다음과 같다.

① 수요량은 그 재화의 가격에 의존한다. 즉 가격이 상승하면 그 재화의 수요량은 감소하고 가격이 하락하면 수요량은 증가하는데, 이를 수요의 법칙이라고 한다.

② 수요량은 다른 재화의 가격에 의존한다. 다른 재화의 가격이 상승할 때 특정 재화가 다른 재화의 대체재(substitute goods)이면 그 재화의 수요량은 증가하고 보완재(complementary goods)이면 수요량은 감소한다.

③ 수요량은 소득수준에 의존한다. 일반재(정상재, normal goods)의 경우 소득의 증가는 그 재화의 수요량을 증가시킨다. 반대로 소득이 증가할수록 수요량이 감소하는 경우도 있는데 이런 재화를 열등재(inferior goods)라고 한다.

④ 수요량은 인구의 크기에 의해 영향을 받는다. 일반적으로 구매력을 가진 인구가 증가하면 수요량은 증가한다. 그리고 세대별 인구의 구조도 수요량에 영향을 미친다.

⑤ 소비자의 기호 또는 선호(preference)와 광고도 수요량에 영향을 미친다. 이러한 현상은 노동의 수요도 동일하다고 할 수 있다.

(3) 공급과 노동공급

공급(供給, supply)이란 상품의 제공자가 일정기간에 재화나 용역을 판매하고자 하는 의도를 말하며 판매자들이 팔 의사와 능력이 있는 양(주어진 가격에서의 구체적인 수량)을 공급량(quantity supplied)이라고 한다.

다른 조건이 불변일 때, 어떤 재화의 가격이 상승하면 그 재화의 공급량이 증가하는 것을 공급의 법칙(law of supply)이라 한다. 수요와 마찬가지로 특정 재화의 공급량에 영향을 주는 요인들은 무수히 존재하지만 이 가운데 중요한 것을 몇 가지 들어보면 다음과 같다.

① 공급량은 그 재화의 가격에 의존한다. 즉 가격이 상승하면 그 재화의 공급량은 증가하고 가격이 하락하면 공급량은 감소하는데 이를 공급의 법칙이라고 한다.

② 공급량은 다른 재화의 가격에 의존한다. 다른 재화의 가격이 상승할 때 특정 재화가 다른 재화의 대체재이면 그 재화의 공급량은 감소하고 보완재이면 공급량은 증가한다.

③ 생산요소의 가격이 공급량에 영향을 미친다. 생산요소인 노동이나 자본의 가격이 하락하면 생산자는 동일한 비용으로 더 많은 양의 노동과 자본을 구입할 수 있으므로 공급량이 증가한다.

④ 공급량은 생산기술에 의해 영향을 받는다. 생산기술의 진보는 생산자로 하여금 종전과 같은 양의 생산요소를 투입해 더 많은 양의 생산을 가능하게 하므로 공급량의 증가를 초래한다.

⑤ 특정재화가 공급되는 시장의 구조에 따라 그 재화의 공급량이 영향을 받게 된다. 동일한 수요하에서도 완전경쟁시장에 비해 독점시장에서는 상대적으로 적은 양의 재화가 공급된다. 이는 독점시장에서 기업은 이윤극대화를 위해 완전경쟁시장에 비해 더 높은 가격을 부과하고 생산량을 감소시키기 때문이다.

⑥ 노사분규, 생산요소 공급의 변화, 정부의 규제 등도 공급량에 영향을 미친다.

CHAPTER 02

노동력의 개관

Chapter 02

노동력의 개관

고대로부터 인구의 규모는 영토와 함께 한 나라의 국력을 의미해 왔다. 또한 인구의 규모나 구조, 분포 등의 사회경제적 요인에서 많은 영향을 초래하기도 한다. 즉, 인구의 구조 및 변화는 사회경제적 변화를 초래하기 때문에 인구현황의 파악과 함께 인구통계의 중요성이 강조되는 것이다. 국가의 노동력 규모를 파악할 때 고용통계를 사용하게 되는데, 고용통계는 국가의 노동력 규모와 취업자 및 실업자 실태를 파악하는 국가통계 중의 하나이다. 우리나라의 통계청에서는 5년마다 총인구를 파악하는 '인구주택총조사'(흔히 인구센서스, Population Census라고 한다)를 실시하여 이를 파악하고 있으며, 가장 최근에는 2020년 조사가 이루어졌고, 향후에는 2025년에 실시될 예정이다. 최근의 저출산 고령화로 인하여 우리나라 또한 고령사회를 넘어 초고령사회로 나아갈 것으로 예측되고 있어 인구 및 경제활동인구에 대한 이해의 필요성이 날로 강조되고 있는 실정이다. 이에 따라 아래와 같은 노동력, 인구의 구조 및 경제활동인구 등의 고용통계에 대해 이해해 보도록 한다.

1. 노동력의 의미

1) 노동, 노동자, 노동력의 개념

노동 · 노동자 · 노동력은 흔히 쓰이는 용어이나 이들 용어는 그 의미가 조금씩 다르다. 인간이 동물과 구분되는 가장 큰 본질은 노동을 한다는 사실에 있다고도 한다. 인간은 생산수단(도구)을 사용하여 노동하고, 이를 근거로 임금을 받는 노동자로서의 역할을 하며, 사회를 이루는 노동력의 크기를 나타낼 수 있는 것이다(광민사 편집부, 1979). 이에 노동, 노동자, 노동력의 의미를 구분해 보면 다음과 같다.

(1) 노동의 의미

노동(勞動)은 재화와 서비스를 생산하는 활동을 의미한다. '생산'은 인간의 효용(效用)[1]을 창출하는 행위이고, 인간에게 효용을 느끼도록 하는 것이 바로 재화와 서비스이다. 즉, 재화와 서비스를 만들어 사람들이 쓸 수 있게 하는 인간의 활동을 '노동'이라 한다. 재화와 서비스를 만들어 사람들이 쓸 수 있게 하는 인간의 활동이 노동이다. 이러한 인간의 노동활동을 일컬어 일반적으로 경제활동이라고 한다. 버스기사는 교통서비스를 생산하고, 학교의 선생님은 교육을 생산하는 노동을, 의사는 의료서비스를 생산하는 노동을 한다. 쉽게 표현하여 생산적인 일에 종사하는, 즉 취업하여 일하는 그 자체가 노동이라고 할 것이다. 노동은 노동자만이 하는 것은 아니다. 노동자는 물론이거니와 기업을 경영하는 사업주, 자영업주, 정치인 등도 노동을 하는 것이다. 예를 들어 자기 소유의 논에서 쌀을 생산하는 농부도 노동을 하며, 회사의 사장이 회사 운영을 위하여 일을 하는 것도 노동이다. 이러한 노동의 반대말은 여가이다. 이는 개인의 노동공급에서 다시 언급하도록 한다.

1) 효용은 소비자가 재화나 용역의 사용함으로써 느끼는 주관적인 만족도 또는 기쁨의 크기를 말한다. 이러한 효용은 일정기간 동안 소비되는 재화의 만족감의 총량을 총효용이라고 하며, 일반적으로 재화의 소비량을 증가시킴으로서 총효용은 증가한다.

(2) 노동자

노동자(勞動者)는 일을 하는 사람을 뜻하나 자본가 또는 사용자와 양립하는 의미로 사용된다. 일반적으로 노동자는 고용된 조직 또는 기업에서 노동력을 제공하여 임금으로 생활을 유지하는 사람을 뜻한다. 즉, 노동력을 제공하고 그 대가를 받는 경우에 노동자로 부른다. 노동자라는 말 이외에 근로자, 취업자, 종업원 등으로도 부르며, 노동자는 다른 사람에게 고용되어 대가를 받기 때문에 피용자(被傭者) 또는 피고용자(被雇傭者)라고 한다. 우리나라 근로기준법 제2조[2]에서는 "근로자란 직업의 종류와 관계없이 임금을 목적으로 사업이나 사업장에 근로를 제공하는 자"로 정의되어있다.

영어의 worker는 노동자나 근로자를 뜻하는 가장 일반적인 말로서 육체노동 · 두뇌노동을 불문하고 일하여 생계를 유지하는 사람을, laborer는 숙련보다는 체력을 이용하는 육체노동자를, workman은 일정한 숙련과 체력을 요하는 작업에 종사하는 사람을, working-man은 목공 · 석공 · 배관작업 등에서 시간급 · 일급 · 주급으로 일하는 육체노동자를 뜻한다.

(3) 노동력

노동력(勞動力, labor force)은 재화와 서비스를 생산하는 데 필요한 사람의 정신적 · 육체적 능력 모두를 말하며, 두 가지 의미로 사용된다. '미시적'으로는 상품으로서 노동력을 의미하는 것으로 개인이 자신의 정신적 · 육체적 능력을 이용하여 노동을 제공하는 것을 말한다. 다만 노동자는 개인의 노동력을 판매하며 그 자신을 판매하는 것이 아니다. 최근에 뉴스에 나오는 대기업 경영자의 직원 폭행이나 외국인 노동자에 대한 폭행, 폭언 등은 노동력이 아닌 노동자를 한 사람의 인격적 존재가 아닌 일반 상품으로 인식하는 잘못된 생각인 것이다.

'거시적' 의미로서의 노동력은 노동력인구(생산가능인구) 또는 경제활동인구를 의

2) 동법 제2조에서, "사용자"란 사업주 또는 사업 경영 담당자, 그 밖에 근로자에 관한 사항에 대하여 사업주를 위하여 행위하는 자를, "근로"란 정신노동과 육체노동을 말한다.

미한다. 이것은 지역 또는 국민경제 내에 포함된 인구 중에서 노동을 담당하는 인구수를 말하며, 한 사회 또는 나라의 노동공급량의 규모가 어느 정도인지를 말한다. 예컨대 2023년 기준 중국(14억 2천만)과 우리나라(5천100만)는 약 28배의 인구수 차이로 노동력의 크기를 비교할 수 있겠다.

2) 인구구조와 부양비

(1) 인구 피라미드

거시적으로 한 나라의 노동력은 인구구조에 의하여 알 수 있다. 인구구조는 연령, 성별로 구분하여 시각적으로 그림으로 표시한다. 그림으로 표시한 인구구조의 모양에 따라 피라미드형, 종형, 원통형 등으로 부른다. 인구 피라미드는 노동력이 어떻게 구성되어 있는가를 나타내 주는 것으로 우리나라의 경우 1960~2023년에 이르는 60년이 넘는 동안 인구구조가 어떻게 바뀌었는지가 |그림 2-1|[3]에 나타난다.

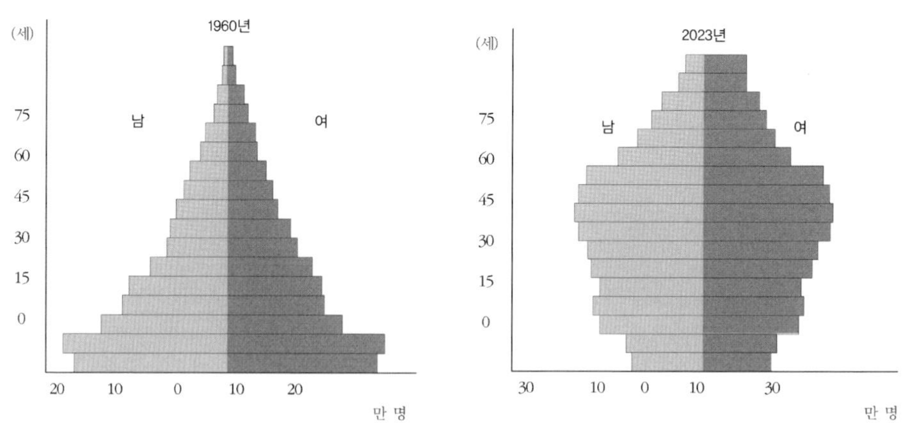

|그림 2-1| **인구 피라미드의 변화(통계청 추계)**

3) 통계청의 2020 인구주택총조사 전수집계결과[인구부문]과 통계청의 인구추계 그림을 재인용함.

우리나라의 인구구조는 후진국형(1960년대)의 '피라미드 형태'에서 2023년에 선진국과 비슷한 '항아리형'으로 바뀌었음을 알 수 있다. 즉, 60여 년 전에는 일하는 연령층이 부양해야 하는 유소년의 비율이 높았으나 부양해야 할 유소년의 비율이 낮아지고 부양해야 할 노년의 비율이 높아지고 있고, 향후 2030년에는 이 비율이 더 높아질 것임을 알 수 있다. 인구의 구조를 2023년 기준[4)]생산가능 인구별로 살펴보면 〈표 2-1〉과 같다. 이를 살펴보면 15~24세의 인구는 5,196천명(10.1%)이고, 25~49세의 인구는 18,346천명(35.6%)으로 나타났고, 50~64세는 12,830천명(24.9%)로 연령별 구조의 중심을 이루고 있어 30대 미만과 60대 이상이 적은 '항아리형' 인구피라미드로 바뀌었음을 알 수 있다.

〈표 2-1〉 **연령별 인구구조** (단위 : 천 명, %)

연령 \ 연도	2020	2023	2030	2040	2050	2060
15~64세	37,379	36,372	33,813	28,521	24,189	20,660
15~24세	5,911	5,196	4,649	3,122	3,063	3,037
25~49세	19,078	18,346	16,787	14,563	10,944	9,148
50~64세	12,390	12,830	12,377	10,836	10,183	8,475

자료 : 통계청(2023). 장래인구 추계 결과.

(2) 부양비와 노령화지수

부양비(扶養比, dependency ratio)는 직접적으로 경제활동에 참가하는 인구와 경제활동에 참가하지 않는 사람의 비율을 뜻하는 것으로 인구의 연령구조를 경제적 관점에서 바라본 하나의 지표이다. 부양비는 총부양비, 유년부양비, 노년부양비 등으로 나눌 수 있다. 자세한 내용은 아래에서 다시 살펴보기로 하고, 먼저 인구구조의 변화를 구체적으로 살펴보기 위하여 2020년 인구주택총조사 및 2023년 장래인구추계를 살펴보기로 하자.

〈표 2-2〉에서 보듯이 1960년의 인구구조는 0~14세(유소년), 15~64세(청장년), 65세 이상(노년)의 인구수가 총인구에서 차지하는 비율이 각각 42.3% (10,558천명), 54.8%(13,698천명), 2.9%(726천명)로서 전형적인 피라미드형의 인구구조였다. 즉, 노

4) 통계청의 2020 인구주택총조사 전수집계결과[인구부문]과 2023년 장래인구 추계를 근거로 기술함.

인은 적고 아이들은 많았던 시절이었다. 그러나 이 같은 비율은 사회의 변화와 경제의 성장에 따라 앞서 인구피라미드에서 살펴보았던 바와 같이 인구의 구조가 유소년은 적고 노년층은 많아지는 흐름을 보이는 항아리형으로 바뀌었다. 장래인구추계(통계청, 2023)를 살펴보면 2050년 이후에는 항아리형을 넘어 아랫부분이 좁아지고 윗부분이 넓어지는 역삼각형의 구조를 보일 전망이다.

2023년 유소년(0~14세), 청장년(15~64세), 노년(65세 이상)의 인구수가 총인구에서 차지하는 비율이 각각 11.0%(5,686천 명), 70.5%(36,372천 명), 18.4%(9,500천 명)으로 유소년 및 청장년층은 줄고, 노년층은 늘어나고 있으며, 이러한 현상은 장래에 더욱 가속화 될 것으로 전망되고 있다. 〈표 2-2〉의 부양비 변화의 전망을 예를 들어 설명해 보면, 2010년에 25세인 청년이 65세가 되는 2050년에는 100명 중 65세 인구가 40명인 계층에 속한다는 것을 말한다. 또한 노동력이 있는 인구인 15~64세의 인구비율이 앞으로 15년 동안에는 총인구의 70%를 상회하나 이 비율은 2020년 이후 급격히 하락하여 2050년에 53% 정도에 머물 것으로 예상된다. 즉, 인구추계를 살펴보면 2030년 이후에는 일하는 사람의 수가 적어지고 일하지 않는 사람이 매우 많아진다는 우울한 암시를 하고 있다.

〈표 2-2〉 **인구구조와 부양비의 변화**

(단위 : 천 명, %)

연 도	인구구조				총 부양비	유년 부양비	노년 부양비	노령화 지수
	계	0~14(A)	15~64(B)	65+(C)	(A+C)/B	A/B	C/B	C/A
1960	25,012	10,588	13,698	726	82.6	77.3	5.3	6.9
1980	38,124	12,951	23,717	1,456	60.7	54.6	6.1	11.2
2000	47,008	9,911	33,702	3,395	39.5	29.4	10.1	34.3
2010	48,874	7,906	35,610	5,356	37.2	22.2	15.0	67.7
2020	51,836	6,306	37,379	8,152	38.7	16.9	21.8	129.3
2023	51,558	5,686	36,372	9,500	41.8	15.6	26.1	167.1
2030	51,199	4,329	33,813	13,056	51.4	12.8	38.6	301.6
2040	50,193	4,427	28,521	17,245	76.0	15.5	60.5	389.5
2050	47,359	4,166	24,189	19,004	95.8	17.2	78.6	456.2

주 : 2020년은 자료(1)에 의함. 이후 자료(~2050년)는 추정치임
자료 : (1) 통계청. 2020 인구주택총조사[인구부문].
(2) 통계청(2023). 장래인구특별추계결과.

국민전체가 삶을 영위하는 전반적인 모습은 부양비(扶養比, dependency ratio)에 의하여 표시된다. 부양비는 부양률(扶養率)이라고도 부르며, 부양비는 경제활동이 가능한 생산인구인 15~64세의 연령층이 0~14세의 연령층과 65세 이상 인구층을 부양하는 상황을 지표로 표시하는 것이다. 구체적인 지표들은 총부양비, 유년부양비, 노년부양비, 노령화지수 등이며 이들 부양비를 산출하는 방법은 다음과 같다.

$$\text{총 부양비} = \frac{(0\sim14\text{세}) + (65\text{세 이상 인구})}{15\sim64\text{세 인구}} \times 100$$

$$\text{유년부양비} = \frac{0\sim14\text{세 인구}}{15\sim64\text{세 인구}} \times 100$$

$$\text{노년부양비} = \frac{65\text{세 이상 인구}}{15\sim64\text{세 인구}} \times 100$$

$$\text{노령화지수} = \frac{65\text{세 이상 인구}}{0\sim14\text{세 인구}} \times 100$$

유년부양비(幼年扶養比, youth dependency ratio)는 1960년(77.3)부터 2000년(29.4), 2023년(15.6)으로 지속적으로 낮아지고 있는 추세를 보이고 있으며, 2040년을 기점으로 15.5-17.2로 15.0 내외를 유지할 것으로 예상된다. 이 시기에는 생산연령 100명이 약 15명의 유년을 부양하게 된다는 것을 의미한다.

노년부양비(老年扶養比, aged dependency ratio)는 1960년(5.3)에서 2000년(21.8), 2023년(26.1)으로 계속해서 높아지고 있다. 쉽게 표현해서 돈을 벌 수 있는 사람 100명이 2023년 26명의 노인을 부양한다는 의미이다. 베이비부머 세대의 은퇴로 인하여 노령인구의 증가와 함께 의학기술의 발달로 인하여 인간의 수명은 길어지고 있어 이 같은 추이는 계속 이어질 것으로 예상된다. 장래인구 추계를 살펴보면 2030년(38.6), 2040년(60.5), 2050(78.6)로 2040년에는 돈을 벌 수 있는 10명이 6명을, 2050년에는 8명의 노인을 부양할 것으로 예상된다.

한 국가의 인구구조에 의하여 노령화 정도를 판단하는 기준은 흔히 국제연합(UN)

의 분류를 따른다. 즉, 65세 이상 인구가 총인구에서 차지하는 비중에 따라 유년인구국(4%), 성년인구국(4~7%), 노년인구국(고령화사회 : 7% 이상)으로 분류하고, 특히 이 비중이 7% 이상인 경우 노년화사회(aging society), 14% 이상인 경우 노년사회(aged society)또는 고령사회, 20% 이상인 경우 초노년사회(super-aged society) 또는 초고령사회라고 분류한다. 우리나라는 이미 1999년에 노년인구국 및 노년화사회에 진입하였고, 2010년대 후반부터 출산율이 크게 감소하고, 2020년을 전후해서 베이붐 세대가 노인이 되면서 2020년을 전후해서 초노년사회가 되었다.

노령화지수(老齡化指數, index of ageing)는 어린 아이 100명당 노인이 어느 정도인지를 보는 지표이다. 즉 유소년(0~14세)인구 100명당 고령(65세 이상)인구의 비(比)를 나타내는 것으로 인구의 고령화가 진행되면 노령화지수 또한 증가한다.

〈표 2-2〉를 살펴보면, 노령화지수는 2020년에 129.3으로 어린이 1명에 노인 1.2명이 있음을 의미하고, 2030년에는 301.6, 2050년에는 456.2가 되어 어린이 1명에 노인이 4명이 넘을 것으로 예상된다. 이렇게 되면 노동력의 절대적인 부족뿐만 아니라 노인부양문제가 우리나라의 경제사회발전에 커다란 제약이 될 것임을 예고한다. 최근의 이러한 연도별 유소년, 생산연령 및 고령인구 추이는 유소년인구(0-14세)는 감소하고 고령인구(65세이상)는 증가하여 고령인구가 유소년인구를 추월하였다. 부양비 중 유소년부양비는 지속적으로 감소하는 반면, 노년부양비는 증가하고 있으며, 향후 의료기술의 발달과 의학의 발달로 인한 기대여명[5](Life expectancy) 및 기대수명(Life expectancy at birth)을 높아질 것으로 예측하고 있다.

5) 기대여명이란 특정연령의 사람이 앞으로 생존할 것으로 기대되는 평균 생존연수를 의미하고, 기대수명이란 0세 출생자가 향후 생존할 것으로 기대되는 평균 생존년수를 의미하는 것으로 0세의 기대여명을 의미한다.

연습문제

■ 다음의 표는 2050년도의 인구구조 추정치 이다. 2050년의 총부양비, 유년부양비, 노년부양비, 노령화 지수를 구하시고, 계산식을 작성하시오.

(단위 : 천명)

연 도	인구구조			
	계	0~14(A)	15~64(B)	65+(C)
2050	42,342	3,763	22,423	16,155

(3) 인구의 성비

성비란 인구의 성별 구조를 나타내는 지표로 여자 100명당 남자의 수를 의미한다. 지금까지 살펴본 인구구조를 남녀의 성비로 알아보면, 〈표 2-3〉과 같다. 1985년에는 100을 넘었으나, 2005년(99.5), 2010년(100.2), 2020년(100.1)의 추이를 보이다. 향후에는 100보다 낮을 것으로 예상되고 있다. 2016년 총조사(인구부문－내국인)의 성별분포를 보면, 남자는 24,882천명, 여자는 24,974천명으로 여자가 남자보다 93천명 많은 것으로 나타났다. 2016년 성비(여자 100명당 남자의 수)는 99.6으로 2015년 99.7보다 0.1 감소한 것으로 나타났다. 이후 2020년 100.1로 나타났으나 2023년을 기점으로 다시 100이하로 나타날 것으로 예상되고 있다.

〈표 2-3〉 **연도별 성별 내국인 인구 추이** (단위 : 천명)

	1985	2000	2010	2015	2016	2020	2023	2030	2040	2050
계	40,420	45,985	48,748	49,706	49,856	51,836	51,558	51,199	50,193	473,592
남 자	20,228	23,068	24,398	24,820	24,882	25,295	25,750	25,534	24,967	23,495
여 자	20,192	22,917	24,350	24,886	24,974	25,911	25,808	25,665	25,226	23,864
성비	100.2	100.7	100.2	99.7	99.6	100.1	99.8	99.5	99	98.5

자료 : (1)통계청(각년도). 장래인구 추계 결과.

2. 경제활동인구로서 노동력

1) 총인구 및 생산가능인구

노동력은 앞서 살펴보았듯이 직접적으로 생산활동(직업, 일)에 종사하여 노동을 제공하는 일련의 활동을 의미한다. 이러한 노동력은 거시적 의미로서 국가의 노동력의 규모를 알 수 있게 해준다. 여기에서는 총인구 및 생산가능인구, 경제활동인구 등의 의미와 경제활동참가율, 고용률, 취업률, 실업률 등의 고용통계에 대해 알아보도록 한다.

(1) 총인구

총인구란 일정시점에 일정한 지역 내에 살고 있는 모든 인구를 의미한다. 총인구가 많다는 것은 국력(노동인구)이 높다는 것으로 해석될 수 있다. 한 국가의 인구 및 인구성장률은 그 국가의 장·단기 국가발전 계획수립에 있어 가장 기본적이고 근원적인 기초 자료로서 인구와 관련된 각종 경제·사회 정책을 수립하는 데 활용되기 때문에 가장 중요한 국가통계라 할 수 있다. 이러한 인구와 관련된 통계는 정태통계와 동태통계로 구분될 수 있다. 끊임없이 변동하는 인구를 어떤 정지된 시점에서 관찰하는 것을 인구정태통계라고 하고 인구의 크기와 구조에 변동을 일으키는 요인인 출생·사망·이동·결혼·이혼 등의 발생 수를 일정기간 내에 조사한 것을 인구동태통계라고 한다. 즉, 총인구의 파악 및 정태, 동태적 인구통계는 사회 경제적으로 국가의 역량을 파악하는 것임과 동시에 국가의 장·단기 발전 계획을 세우는 데 가장 기본적이고 근원적 자료로 사회 정책을 수립하는 데 중요하게 활용된다.

(2) 생산가능인구

총인구가 많으면 국가의 노동공급규모는 크다고 할 수 있다. 그러나 총인구가 많다고 노동인구가 많다고 이야기 할 수는 없다. 노동인구가 많으려면 노동에 적합한 연령의 인구가 많아야하기 때문이다. 즉, 너무 어린 유소년 또는 노인들은 노동에 적합하지 않기 때문에 이를 빼고 파악해야하는 것이다.

노동에 적합한 일정한 연령 이상의 인구를 생산가능인구라고 한다. 생산가능인구를 규정하는 연령은 14세 이상(마카오, 우루과이, 자메이카), 15세(한국, 홍콩, 일본, 싱가포르, 대만), 16세 이상(미국, 영국) 등으로 국가별로 차이가 난다. 노르웨이와 스웨덴은 15~74세를 생산가능인구로 파악한다(ILO, Yearbook of Labour Statistics, 2010). 생산가능인구를 파악하는 기준연령은 나라마다 차이가 있지만, 대부분의 나라에서는 만15세[6] 이상(이하 15세로 표기)을 생산가능인구로 분류하고 있다.

우리나라 통계청에서는 매월 경제활동인구조사를 통하여 고용통계를 산출하고 있다. 이때 경제활동인구조사의 대상은 15세 이상의 인구이다. 15세 이상인구를 경제활동조사의 대상으로 한 이유는 우리나라의 경우 의무교육이 끝나는 시점인 15세부터 경제활동이 가능한 나이로 보기 때문이다. 그러나 15세 이상 인구라도 현역군인이나 형이 확정된 교도소 수감자 등은 조사대상에서 제외한다. 이는 연령은 15세 이상이지만 직접적인 생산활동에 종사하는 것에는 제약이 있기 때문이다. 즉, 15세 이상 인구는 현재 우리 경제가 활용할 수 있는 노동력 규모가 얼마나 되는지를 파악하는 중요한 지표이다.

2) 경제활동인구의 활동상태 분류

생산가능인구로서 노동(일)의 의사와 능력을 가진 사람을 경제활동인구(經濟活動人口)라고 한다. 즉, 생산가능인구(15세 이상)는 아래 |그림 2—2|와 같이 경제활동인구와 비경제활동인구로 구분된다. 15세 이상인구중 수입이 있는 일에 종사하고

6) 2023년 6월 28일부터 우리나라에서는 만 나이 통일법이 시행되고 있다.

있거나 취업을 하기 위하여 구직활동 중에 있는 사람을 경제활동인구라고 하며, 그 외 사람은 모두 비경제활동인구라고 한다. 경제활동인구조사는 매년 매월마다 1주일을 조사기간으로 하여 15세 이상 인구를 대상으로 이루어지고 있는 표본조사로서 표본규모는 약 3만 가구 정도가 된다. 이 조사를 통하여 이루어지는 경제활동인구에 대한 개념부터 살펴보자. 경제활동인구는 만 15세 이상 인구 중 취업자(就業者)와 실업자(失業者)를 말한다. 경제활동인구를 파악하기 위한 총인구의 분류는 다음과 같은 용어를 알아야 이해할 수 있다.

|그림 2-2| **경제활동인구의 상태별 분류**

(1) 취업자

경제활동인구인 취업자는 대표적인 고용통계 지표중 하나이다. 우리나라 통계청의 조사는 1주간을 기준으로 하나 IMF관리체제를 거치면서 1998년부터 OECD방식을 따라 지난 1개월간의 경제활동상태를 질문하는 항목이 추가되었다. 이에 취업자는 다음의 조건 중 하나에 해당하면 취업자로 분류한다.

① 조사대상 주간 중 수입을 목적으로 1시간 일한 자
② 자기에게 직접적으로는 이익이나 수입이 오지 않더라도 자기가구에서 경영하는 농장이나 사업체의 수입을 높이는 데 도운 가족종사자로서 주당 18시간

이상 일한 자(무급가족종사자)

③ 직장 또는 사업체를 가지고 있으나 조사대상 주간 중 교육, 일시적인 병, 일기 불순, 유가 또는 연가, 사고, 노동쟁의 등의 이유로 일하지 못한 일시 휴직자

(2) 실업자

실업자는 조사대상 주간 중 수입이 있는 일에 전혀 종사하지 못한 자로서 우리나라의 통계청에서는 지난 4주간 일자리를 찾아 적극적으로 구직활동을 하였던 사람으로 일자리가 주어지면 즉시 취업이 가능한 사람을 말한다. 실업자는 적극적 구직활동을 한다는 점에서 비경제활동인구와 차이가 있다. 일반적으로 가정주부, 학생, 정년퇴직자들은 적극적으로 일자리를 구하려는 노력을 하지 않아 비경제활동인구로 파악되는 경우가 많다. 다만 이러한 사람들도 적극적 구직활동을 한다면 실업자로 분류된다. 이에 실업자는 일할의사와 능력, 적극적 구직활동을 하는 사람으로 즉시 취업이 가능한 사람이다. 단, 30일 이내에 새로운 직장에 들어갈 것이 확실한 취업대기자는 구직활용 여부에 관계없이 실업자로 분류한다.

(3) 비경제활동인구

비경제활동인구는 조사대상 주간 중 취업자도 실업자도 아닌 15세 이상인 자, 즉 집안에서 가사와 육아를 전담하는 주부, 학교에 다니는 학생, 일을 할 수 없는 연로자(年老者)와 심신장애인, 자발적으로 자선사업이나 종교단체에 관여하는 자(무급), 구직단념자, 취업준비자 등을 말한다. 구직단념자란 쉽게 말해 구직을 포기한 사람, 즉 구직의사는 있지만 특정한 이유로 조사대상 주간에 일자리를 찾지 않은 사람이다. 구직단념자는 국제적 기준에 따라 실업자로 분류되지 않고 비경제활동인구에 포함된다. 통계청에서 설정하고 있는 구직단념자의 정의는 다음과 같다.

비경제활동 인구 중 취업의사와 취업가능성이 있으나 아래의 사유로 지난 4주간에 구직활동을 하지 않은 자 중 지난 1년 내 구직경험이 있었던 사람을 구직단념자

라고 한다.

① 적당한 일거리가 없을 것 같아서(전공, 경력, 임금수준, 근로조건, 주변, 교육)
② 지난 4주간 이전에 구직하여 보았지만 일거리를 찾을 수 없어서
③ 자격이 부족하여(교육, 기술, 경험 부족, 나이가 너무 어리거나 많다고 고용주가 생각할 것 같아서)

비경제활동인구에서 주의할 점은 연로자 또는 장애인이라고 해서 무조건 비경제활동인구가 되는 것은 아니라는 것이다. 연로자 또는 장애인으로 근로를 하고 있거나(취업자), 근로의 능력이 있는 실업자는 비경제활동인구가 아닌 것으로 분류되어야 한다.

(4) 복합된 상태의 경제활동 분류

이상과 같이 생산가능인구는 경제활동인구와 비경제활동인구로 분류된다는 사실을 살펴보았다. 우리나라의 경제활동인구 분류는 ILO의 규정을 준수하는데, ILO에서는 복수의 활동상태를 가지게 되는 사람이 취업자, 실업자, 비경제활동인구 중 반드시 하나의 활동 상태에만 배타적으로 귀속되도록 우선성 규칙(Priority rule)을 적용하고 있다. 우선성 규칙은 노동력조사에서 경제활동상태가 취업인 사람을 먼저 파악하고, 나머지 사람들 중에서 실업자를 파악한 뒤 마지막으로 남은 사람들을 비경제활동인구로 간주하는 규칙이다.

예를 들어 대학교를 다니면서, 아르바이트로 학비를 벌어 학업을 병행하고 있다고 가정해 보자. 그렇다면 학생이라는 관점에서는 비경제활동인구로 분류되어야 하지만, '1주일간 1시간 이상 일(아르바이트)을 하였다'라는 점에서는 경제활동인구 중 취업자로 파악해야 한다. 이때, 복수의 활동상태(학생과 아르바이트−취업자) 중 우선성 규칙을 적용하면 가장 먼저 취업자를 분류하고, 실업자와 비경제활동인구를 파악해야 하므로 이 학생의 경우 취업자가 되는 것이다.

3) 경제활동인구 총괄

(1) 경제활동인구의 규모와 관련 통계

일을 할 의사와 능력이 있는 사람의 수가 경제활동인구라는 것을 앞에서 익혔다. 따라서 경제활동인구는 노동시장에서 자신의 노동력을 활용하여 돈을 벌겠다는 의사를 가진 사람들이기 때문에, 앞으로 경제활동인구라는 용어가 나오면 '노동공급(勞動供給, labor supply)'을 의미한다는 것을 꼭 알아두어야 한다.

경제활동참가율은 15세 이상 인구 중에서 노동공급을 하겠다(즉, 취업을 하겠다)는 인구의 비율이고, 취업자는 노동공급을 하겠다는 사람 중에서 일자리를 찾아서 취업[일]을 하고 있는 사람이다. 취업이 된 사람은 기업에서 필요로 하는 사람이라는 말이므로 취업자 수는 노동수요(勞動需要, labor demand)를 의미한다.

노동력의 경제활동 상황을 파악하는 관련용어로는 경제활동참가율, 고용률, 취업률, 실업률 등이 사용된다. 취업률(就業率)은 기업에서 필요로 하는 사람이 채용된 비율이고, 실업률은 경기가 나쁘거나 다른 이유에서 노동수요에 맞지 않아 일자리가 없는 사람을 의미한다. 경제활동참가율, 고용률, 취업률, 실업률(=100－취업률)은 백분율(percent)로 표시하며 다음과 같이 산출한다.

$$\text{경제활동참가율}(\%) = \frac{\text{경제활동인구}}{\text{15세 이상인구}} \times 100$$

$$\text{고용률}(\%) = \frac{\text{취업자}}{\text{15세 이상인구}} \times 100$$

$$\text{취업률}(\%) = \frac{\text{취업자}}{\text{경제활동인구}} \times 100 \quad (=100\% - \text{실업률})$$

$$\text{실업률}(\%) = \frac{\text{실업자}}{\text{경제활동인구}} \times 100$$

위의 식에서도 알 수 있는바와 같이 고용동향을 알아볼 수 있는 지표로 취업률과 실업률을 통해 한 국가 또는 지역사회에서의 노동공급의 수요와 공급의 규모를 알 수 있다. 취업자는 앞서 살펴본 바와 같이 경제활동인구 중 취업자의 개념에 부합하는 사람을 의미하며, 취업률은 경제활동인구 중 취업자가 차지하는 비중이다. 실업자의 기준은 경제협력개발기구(OECD)에서는 '최근 4주간 일자리를 찾기 위해 노력했음에도 취업을 하지 못한 사람'으로 보고 있으며, 국제노동기구(ILO)에서는 '최근 1주 동안 구직활동을 하였으나 취업을 하지 못한 사람'으로 보고 있다. 우리나라의 경우 국제노동기구의 기준을 적용해 오다, 2005년 하반기부터 OECD 기준을 따르고 있다.

이러한 취업률과 실업률은 고용조건 및 경기상황에 따라 변화될 수 있다. 가령, 경기가 좋을 때는 기업에서 상품을 많이 생산하려하기 때문에 설비와 함께 노동의 수요가 늘어난다. 그렇게 된다면 취업자의 수(노동의 수요)가 증가하게 될 것이며, 실업률은 감소하게 된다. 그러나 경기가 나빠지면 취업률은 낮아지고 실업률은 높아지게 된다. 특히 실업률은 고용 여건에 따라 변동이 큰 경제활동인구를 기준으로 함으로써 경기 여건에 따른 변동이 매우 크다고 볼 수 있다.

예를 들어 경기상황이 좋지 않아 취업이 안 될 것으로 생각한 졸업생 홍길동 씨가 구직활동을 하지 않고 취업을 단념(구직단념자)하였다고 가정하자. 이때 홍길동 씨는 실업자가 아닌 비경제활동인구로 분류되어 경제활동참가율과 실업률이 모두 낮아지는 효과가 발생한다. 즉, 실질적으로는 실업의 상태에 놓여있지만 고용통계에서는 비경제활동인구로 분류되어 실업률의 축소현상이 발생하는 것이다. 이러한 실업률의 한계를 보완하기 위한 고용통계가 바로 고용률이다.

고용률이란 생산가능인구(15세 이상) 중 취업자의 비율을 의미한다. 고용률이 중요한 이유는 실업률만 보아서는 정확한 고용동향을 파악하는 데 한계가 있으므로 고용률이란 지표를 동시에 볼 필요가 있기 때문이다. 앞선 예와 같이 구직 단념자들에 의해 실업률 감소현상이 나타나게 되면 정확한 경기상황을 파악하기가 어렵게 된다. 따라서 실업자와 비경제활동인구 간의 이동으로 인한 실업률 증감현상이 나타날 수 있다. 그러나 고용률을 함께 본다면 실업률은 떨어졌지만 고용률이 그대로 유지됨을 알 수 있어 정확한 고용동향을 파악하는 데 도움이 된다. 경기상황에 따른 실업률의 변화와 관련해서는 "chapter 5 실업과 노동시장 정책"에서 보다 자세히 살펴보기로 하자.

연습문제

■ 가상적인 A국가의 고용동향이 다음과 같다.

(단위 : 천명)

경제활동인구	비경제활동인구	임금근로자	비임금근로자
350	150	190	140

1) 이 국가의 실업률을 구하시오(소수 둘째자리에서 반올림).

2) 이 국가의 경제활동참가율을 구하시오.

3) 자영업주가 90천 명일 때 무급종사자는 최소한 얼마인가?

4) 경제활동가능인구 중 취업자 비율을 구하시오.

■ 2050년 우리나라의 고용동향이 다음과 같다.

(단위 : 천명)

구 분	15~19세	20~24세	25~29세	30~50세
생산가능인구	3,284	2,650	3,846	22,982
경제활동인구	203	1,305	2,797	17,356
취업자	178	1,181	2,598	16,859
실업자	25	124	199	497
비경제활동인구	3,082	1,346	1,049	5,627

1) 30~50대 고용률(%) 계산하시오(소수점2째자리에서 반올림)

2) 30~50대 고용률을 29세 이하의 고용률과 비교하여 분석하시오.

(2) 입직률과 이직률

입직률(입직)은 근로자가 사업체로 처음 들어오는 신규채용과 동일 기업 내의 다른 사업체로부터 배치전환에 의한 전입으로 이루어지는데 입직률은 입직자 수를 전월 말 근로자 수로 나누어 계산한다.

이에 반해 이직률(이직)은 근로자들을 기업이 정당한 사유로 면직시키는 해고, 근로자 자신의 희망에 의한 사직, 퇴직, 그리고 동일 기업 내의 다른 사업체로 배치전환에 의한 전출로 이루어지는데, 이직률은 이직자 수를 전월 말 근로자 수로 나누어 계산한다. 입직은 신규채용과 일시해고 중에 있던 근로자의 소환으로 이루어지며, 이직은 보통 사직, 일시해고(근로자의 귀책사유가 없음), 해고(법 위반 등 근로자 귀책사유), 기타(군복무, 정년퇴직, 사망 등)로 이루어진다(김유배, 2009). 입직과 이직은 노동의 이동을 포함하는 의미로 다음 "노동의 이동"에서 다루어 보기로 한다.

입직률 예시

어떤 A 회사의 11월말 사원수는 1,000명이라고 가정하고, 12월의 신규채용인원수는 20명, 전입인원수는 80명이라고 한다면, 12월의 입직률은 입직자 수를 전월 말 근로자 수로 나누어 계산한다. 즉, 입직률 = [해당월 증가 노동자수(신규채용 + 전입)/전월말 사원수] × 100으로 계산한다.

- 10월 입직률 = [10월 증가 노동자수/9월말 사원수] × 100
  ☞ [(20 + 80)/1,000] × 100 = 10%

3. 노동의 이동

노동의 이동은 노동력을 가지고 있는 노동자가 지역, 산업, 직종에 따라 이동을 하는 것으로 산업 및 경제의 발전과정에 따라 변화되어 왔다. 한 나라의 경제는 원시 상태→목축 단계→농업단계→농업－공업단계→농업－공업－상업의 다섯 단계를 거치면서 발전해 왔다(박창환, 2002). 또한 산업별로 구분해 보면 우리가 잘 아는 바와 같이 1차 산업→2차 산업→3차 산업으로 이동되어 왔다. 이러한 노동이동은 농촌에서 도시로 이동하는 노동이동(勞動移動, labor mobility)과 직업·산업·기업을 중심(사직, 경영상해고, 군복무, 정년퇴직)으로 볼 때 노동이동(勞動異動, labor turnover)이란 개념을 주로 사용한다. 이하에서는 이들에 대하여 살펴본다.

1) 노동의 이동 원인

노동이동의 발생 원인에 대해서는 신고전학파적인 임금격차설과 그것을 수정한 취업기회설의 두 가지가 있다. 임금격차설은 이동의 원인을 임금격차에서 구하고 노동력의 공급측면을 강조하는 끌어 들이는 힘(Push가설)이며, 취업기회설은 기회의 차이로 설명하여 수요 측면을 강조하는 밀어내는 힘(Full가설)이다. 또한 인적자본의 투자에 따라 노동력은 이동하기도 한다(김유배, 2009; 김태기, 2018; 한홍순 ·김중렬, 2003).

(1) 임금격차설

노동시장이 완전경쟁적이라고 한다면 노동력이 부족한 분야에서는 임금 및 노동조건이 상대적으로 개선되고 새로운 노동력이 유입되며, 반대로 노동력이 초과 공급된 분야에서는 노동력이 유출되는 경향을 보인다. 자본이 이윤률 격차를 중심으로 이동한다면 임금노동은 임금률 격차를 중심으로 상향 이동하는 것이다. 즉, 임금격차설은 저임금의 산업 및 지역에서 고임금의 산업 및 지역으로 이동하는 것으로 이른바 노동력의 공급 측면을 강조한 이론이다.

(2) 취업기회설

노동이 타산업, 타지역으로 유입(이동)되는 것은 그 산업의 생산이 확대되면서 노동에 대한 수요가 증가하여 취업기회의 확대에 따라 결정된다고 보며 노동력의 수요측면을 강조한 이론 취업기회설이다. 슐츠(Schultz)는 미국의 농업부문에서 일어나고 있는 계속적인 노동력 유출현상은 소득격차, 임금격차와 간은 노동의 상대가격에 의해 나타나는 것이 아니라 취업기회의 존재여부에 의해 규정되어야 한다고 주장하였다. 산업 · 지역간 노동이동은 도시 · 농촌간 임금격차의 원인뿐만 아니라 공업부문의 취업기회 확대가 농업 노동력을 흡수하였다는 것이다.

(3) 인적자본투자론

인적자본론의 노동이동에 대한 분석 시각의 출발은 노동자에게는 그들의 생애에 있어 삶의 질을 개선하기 위해서 많은 화폐적 또는 비화폐적 비용이 발생되며 이때의 비용을 인적자본에 대한 투자로 간주하는 데에 있다. 즉, 노동이동을 인적자원(human rexource)의 생산성을 향상시키는 투자행위로 파악하여 투자에 따른 비용과 수익을 고려함으로써 선택하는 것이다. 이 모형은 교육훈련에 대한 개인의 투자를 장기간에 걸쳐 수익을 회수한다는 비용－편익분석Cost-Benefit Analysis)으로 제시한다. 인적자본이론에서는 노동이동에 따른 순이익의 현재가치를 결정해주는 요인으로 다음의 네 가지를 제시하고 있다(김유배, 2009).

① 이동전의 직장과 새로운 직장간의 효용내지 수익의 차가 클수록
② 새로운 직장에서의 예상 근속연수 길수록
③ 장래에 기대되는 수익의 차를 현재가치로 할인해주는 할인율이 낮을수록
④ 노동이동으로 말미암아 발생되는 직접비용 및 심리적 비용 적을수록

이동에서 오는 순이익의 현재가치가 크게 된다는 것이다. 또한 인적자본이론은 상대적으로 낮은 근로소득을 얻게 될 가능성이 큰 지역으로부터 그 기회가 더 좋은 지역으로 이주의 흐름이 이루어질 것으로 예측한다.

2) 농촌 · 도시의 이동

산업혁명이 시작되기 훨씬 이전부터 농촌에서 도시로의 노동이동(labor mobility)은 이루어져 왔다. 전 세계적으로 살펴봐도 본격적인 산업화 · 공업화 이전에는 농경사회가 대부분이었다. 대부분의 노동력은 1차 산업이라고 할 수 있는 농업, 임업, 광업 등에 종사하며 생계를 이어왔다. 그러나 산업혁명을 기점으로 급속한 노동력의 이동은 시작된다. 농 · 어촌 지역의 많은 노동력은 도시로 유입되는데, 광공업과 서비스업을 중심으로 여러 산업이 도시를 중심으로 발전하였기 때문이다. 이러한 노동력의 이동에 대해서는 많은 학자들의 의견이 있는데, 대표적 이론을 살펴보면 다음과 같다.

(1) 페티-클라크 법칙(Petty-Clark's law)

수익의 크기가 농업 → 제조업 → 상업(서비스업)의 순서로 높다고 한 페티의 이론을 바탕으로, 클라크가 국민소득의 국제비교 또는 시계열(時系列) 비교를 통해 실증적으로 밝힌 노동력 구성비에 의한 산업구조 변화의 통계적 법칙이다. 영국의 페티는 당시 다른 유럽 국가에 비해 네덜란드의 1인당 소득이 높은 것은 농업보다도 제조업이나 상업에 종사하는 노동력이 많기 때문이라고 말하며, 농업보다 제조업이, 제조업보다는 상업의 이득이 높다고 하였다. 그 후 영국의 경제학자 클라크는 노동력인구가 농업에서 제조업으로, 다시 제조업에서 상업으로 이동하는 경향에 관해 19세기 후반 이후의 각국 통계를 수집하여 상세한 실증분석을 하였다. 경제발전에 수반하는 노동력 구성의 산업별 변화의 경향을 페티의 법칙이라 명명하였으나 현재는 일반적으로 '페티-클라크의 법칙(Petty-Clark's law)' 또는 '클라크의 법칙'으로 불리고 있다. 클라크는 농업의 노동인구 비율이 저하되고, 제조업에서는 비율은 상승하나 어느 수준에 이르면 정체 내지는 약간의 하락을 나타냈고, 상업 · 서비스업 등에서는 상승경향이 계속되고 있음을 밝혀냈다(조우현, 1998).

(2) 호프만의 법칙(Hoffman's law)

독일의 경제학자 호프만(Hoffman, W. G.)이 주장한 것으로, 호프만은 그의 저서[7]에서 한 나라의 공업화 과정을 3단계로 구분하여 다음과 같이 설명하고 있다. 제1단계에는 소비재생산부문이 압도적으로 크고, 제2단계에서는 생산재산업부문이 점차적으로 중요한 비율을 차지하게 되며, 제3단계에는 양 부문의 비중이 비슷하여지거나 생산재산업부문의 비중이 소비재산업부문의 비중보다 커진다는 산업구조의 고도화과정을 설명하고 있다. 그는 이러한 관계를 순생산액으로 표시한 생산재공업을 1.0으로 하여 소비재공업생산을 비율로 표시하였는데 이를 '호프만 비율'이라고 하며, 산업구조의 고도화에 따라 소비재공업생산의 비율은 점점 저하되는 것을 '호프만 법칙(Hoffmann's law)'이라고 한다.

최근에는 노동자 1인당의 설비투자액(자본장비율)을 기준으로 소비재산업을 경공업으로, 투자재산업을 중화학공업으로 바꾸고 중화학공업비율(제조업의 부가가치에서 중화학공업이 차지하는 비율)을 산출하는 데 이용하고 있다.

3) 노동력 이동의 분석 모형

농촌 · 도시 간의 노동력의 이동에 대한 설명은 주로 농업부문과 비농업부문간의 소득격차와 취업기회라는 두 가지 요인으로 설명되는 것이 대표적이다. 이는 비농업부문의 취업기회와 농촌 · 도시 간의 상대적 노동소득의 격차가 농촌지역의 노동력을 도시로 이동시킨다고 할 수 있다. 이를 좀 더 자세히 살펴보면 다음과 같다(배무기, 2006).

7) Hoffman, W.(1931). Studien und Typen der Industrialisrung.

(1) 토다로 모형

토다로(Todaro, M.)는 저개발국들에서 도시에 대량의 불완전 취업자와 실업자가 존재함에도 불구하고 농촌지역에서 도시에로의 노동이동이 계속되고 있는 현상에 주목하였다. 토다로는 농촌 · 도시 간의 이동현상을 농촌에 있는 노동력의 도시의 전통부문(비공식부문 : 영세자영업 또는 영세기업 등의 소규모 사업)으로 이동하고 그곳에서 숙련되면 근대부문(높은 수준의 임금부문)으로 취업한다고 파악하였다. 즉, 농촌지역의 노동력은 도시의 근대부문에 직접적으로 취업하기보다는 먼저 도시의 전통부문으로 이동하고, 그곳에서 일정기간 체류한 후 근대부문으로 다시 이동하는 단계적 이동을 취한다. 이러한 토다로 모형은 산업화과정에서 농촌노동력이 도시로 이동하는 모습을 설명해 준다. 즉, 도시에서의 인구의 자연증가율을 무시한다고 가정하면, 농촌노동력의 이동은 근대부문의 고용창출률, 근대부문에 대한 도시전통부분의 상대적 비율과 그것이 내포하고 있는 실업률, 나아가 도시와 농촌 간의 임금의 상대적 격차 등에 의존하는 것이 된다(배무기, 2006).

(2) 농민층분해론

농민층분해론에서는 다음과 같은 가정을 한다. 먼저 소농(小農)에 의한 소규모 농업인이 있고, 농업외부에 있어서 각종 산업에서는 비교적 자본주의화가 잘 진행되고, 따라서 농업부문에 있어서도 화폐경제가 깊숙이 침투되어 있다. 이러한 전제하에서 농업내부에 있어서의 생산성 격차와 경쟁의 결과 생산성(수익성)이 높은 소농은 상층인 대농경영으로 계층이 상승하게 되고 경쟁에서 이기지 못하는 소농은 하층이 되는 것이다. 따라서 대농이 된 상층농민을 제외하고는 주로 열악한 조건의 영세 소농은 하층으로 몰락하게 되어 일부는 농업내부의 농업노동자로 남을 수 있지만 대부분은 도시로 밀려나게 된다는 것이다. 이러한 농민분해론이 발전하여 농업내부에 있어서의 경영 간의 생산성 격차를 분해의 기본 요인으로 파악하여 그것을 Push 요인으로, 다른 한편에서는 농업외부의 노동시장으로부터의 노동력 흡입을 Pull 요인으로 파악하여 이원론적 이론으로 나타내었다(배무기, 2006).

4) 우리나라 노동의 이동

(1) 근로자의 이동

근로자의 이동은 직장을 옮기더라도 수행하는 업무는 동일한 '경력 내 이동'과 직장뿐만 아니라 하는 업무도 바뀌는 '경력 간 이동'으로 구분할 수 있다. 경력 간 이동은 특정 경력에서 축적한 인적자원의 상실이 크며, 산업을 바꾸어 이동하는 경우는 더 많은 손실이 있을 수밖에 없다(이병희, 2005). 또한 이러한 이동에 대한 자료는 정확한 추산이 어렵기 때문에 우리나라 근로자의 노동이동을 파악하기 위해서는 고용보험DB상 고용보험 피보험자격 취득 및 상실로 임금근로자의 입·이직을 살펴볼 수 있다. 이하 내용에 대한 데이터는 윤정혜(2019), 안우진 등(2021)의 연구를 인용하였음을 밝혀둔다. 고용보험 피보험자격 취득률과 상실률을 연도별로 살펴보면 |그림 2-3|과 같다.

(단위 : %)

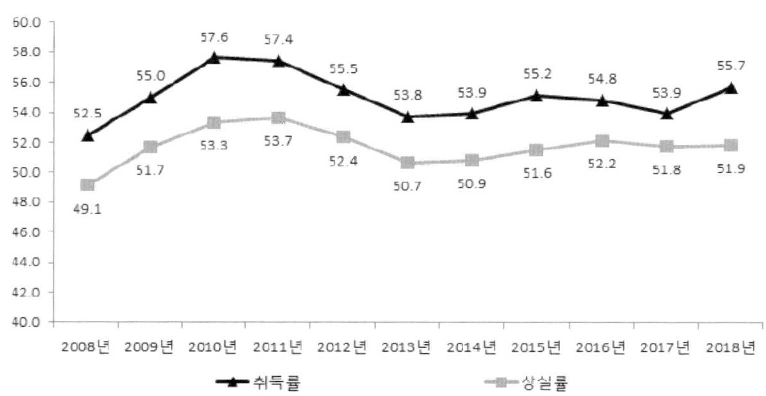

|그림 2-3| **연도별 고용보험 피보험자의 취득 상실 현황**

자료 : 한국고용정보원, 고용보험 DB

2018년 한 해 동안 고용보험 피보험자격을 취득한 자는 722만 건으로 전년 대비 5.8% 증가하였으며, 피보험자격을 상실한 경우는 672만 1천 건으로 전년 대비 2.6%

증가한 것으로 나타났다. 취득 및 상실 규모가 모두 증가 추세이며, 상실자보다 취득자 규모가 더 커 피보험자 규모는 지속적으로 증가하고 있다. 특히, 2018년에는 취득자 증가폭이 커지면서 피보험자 확대에 영향을 미친 것으로 확인된다. 피보험자격 취득자 중 여성이 지속적으로 증가하면서, 2018년 취득자의 경우 여성 비중이 48.9%로 남녀 간 규모 차이는 크게 감소하고 있다. 고용보험 피보험자격 취득자는 노동시장 진입 연령대인 청년층의 비중이 가장 높고, 연령대가 높아질수록 비중이 낮아지는 형태를 보인다. 하지만 인구고령화의 영향으로 고령층의 경제활동이 활발해짐과 동시에 정년연장, 고용보험 적용 연령대의 확대 등의 영향으로 50대 이상의 비중이 높아지고 있으며, 특히 취득자 중 60세 이상 비중이 2008년과 비교하여 2배 이상 높아진 것을 알 수 있다. 취득자의 연령대가 높아지면서 10년 전과 비교하여 취득자의 평균연령이 4세 가량 높아진 것으로 확인된다.

(2) 산업 간 노동이동

고용보험 피보험자격 취득－상실의 반복을 통한 직장이동 과정에서 산업간 이동 현황을 분석한 결과 |그림 2-4|와 같다. 고용보험 피보험자격 취득자 중 이전 취득 정보가 있는 재취득자를 대상으로 통계청 한국표준산업분류 대분류(21개) 수준에서 이전 직장에서의 산업과 재취업 일자리의 산업 일치 여부를 살펴보았다. 2018년 기준 피보험자격 재취득자의 44.8%는 이전 일자리와 다른 산업으로 재취업한 것으로 나타났다. 직장이동 과정에서 산업 변동 비율을 보면 2003년 카드대란, 2008년 금융위기는 직장이동 과정에서 타 산업으로 이동에 영향을 미친 것으로 보이며, 2009년 이후 지속적으로 감소 추세를 보이다 2015년 43.2%로 최저점을 찍고 다시 상승하는 양상을 띠고 있다.

(단위 : %)

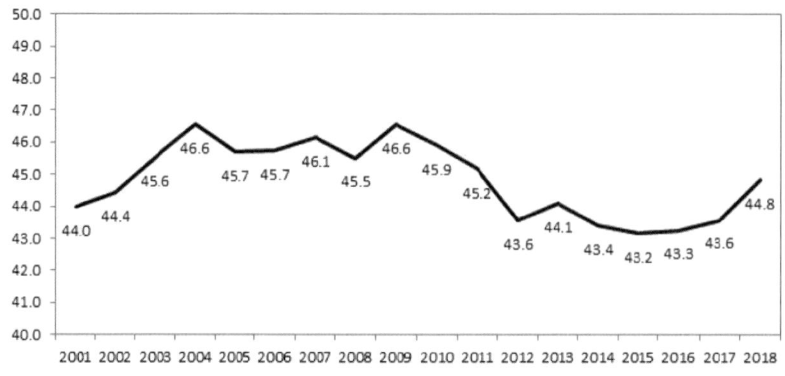

|그림 2-4| **연도별 고용보험 피보험자격 재취득자의 산업변동 비율**

자료 : 한국고용정보원, 고용보험 DB.

〈표 2-4〉를 살펴보면, 산업 간 이동을 보면 서비스업 내에서 이동 비율은 더 높아지고, 서비스업 외 산업에서 서비스업으로 이동한 비율도 커진 것으로 나타난다. 제조업에서 서비스업으로 재취업한 비중은 2013년 30.4%에서 2018년 35.8%로 5.4%p 높아졌다. 이와 반대로 타 산업에서 제조업으로의 유입은 감소한 것으로 확인된다.

〈표 2-4〉 **고용보험 피보험자격 재취득자의 산업간 이동** (단위 : %)

	2013년			2018년		
	제조업	서비스업	기타	제조업	서비스업	기타
제조업	65.8	30.4	3.8	59.2	35.8	4.9
서비스업	10.4	85.2	4.4	8.1	8.1	4.3
기타	7.9	28.8	63.2	6.6	6.6	65.7

주 : (1)한국표준산업분류 기준 하수 · 폐기물 처리, 원료 재생 및 환경복원업(E), 도소매업(G), 운수업(H), 숙박 및 음식점업(I), 출판, 영상, 방송통신 및 정보서비스업(J), 금융 및 보험업(K), 부동산 및 임대업(L), 전문, 과학 및 기술 서비스업(M), 사업시설 관리, 사업지원 서비스업(N), 교육 서비스업(P), 보건업 및 사회복지 서비스업(Q), 예술, 스포츠 및 여가관련 서비스업(R), 협회 및 단체, 수리 및 기타 개인 서비스업(S)이 포함됨.
(2) 기타는 제조업과 서비스업을 제외한 나머지 산업에 해당함.

자료 : 한국고용정보원, 고용보험 DB.

〈표 2-5〉를 살펴보면, 피보험자격 취득일자 기준 2009년 이후 직장이동 과정에서 산업 변동 비율이 낮아지면서, 타 산업 유입 비율은 산업별로도 전반적으로 감소하는 형태를 보인다. 2018년 들어 일부산업을 제외하고 소폭 증가하는 추세를 보이고 있는데, 이러한 결과를 보이는 것은 2018년 재취득자 중 재취업에 걸린 기간이 1년을 초과한 비중이 늘어나면서 나타난 결과로 보인다. 고용보험 피보험자격 재취득자 중 과반수 이상은 이전 직장에서 이직 후 3개월 이내 재취업한 것으로 나타나며, 재취업까지 걸린 기간이 1년을 초과하는 경우는 20% 초반 대 수준을 보인다. 2018년의 경우 1년 초과자의 비중이 24.8%로 전년보다 증가한 것으로 나타났다.

〈표 2-5〉 **타 산업 유입비율** (단위 : %)

	2013년	2014년	2015년	2016년	2017년	2018년
제조업	34.4	33.9	33.3	33.5	35.1	35.9
건설업	35.3	35.9	36.2	38.0	38.7	38.5
도매 및 소매업	58.5	56.7	56.3	56.1	55.4	55.8
운수업	41.5	40.2	41.5	41.2	41.4	45.7
숙박 및 음식점업	49.4	48.6	47.2	44.2	43.1	43.5
출판, 영상, 방송통신및정보서비스업	57.3	54.4	53.2	54.7	55.4	54.6
금융 및 보험업	56.6	54.0	55.2	55.5	56.5	59.7
부동산업 및 임대업	62.6	63.1	62.6	63.0	62.8	62.2
전문, 과학 및 기술 서비스업	59.3	60.1	60.2	60.8	62.1	61.7
사업시설관리 및 사업지원 서비스업	52.1	52.3	52.1	51.8	51.7	53.2
공공행정, 국방 및 사회보장 행정	32.5	30.4	29.9	32.2	32.9	37.0
교육 서비스업	32.6	29.0	30.3	30.7	29.9	36.6
보건업 및 사회복지 서비스업	30.4	30.2	27.8	26.5	26.2	26.9
예술, 스포츠 및 여가관련 서비스업	71.3	68.8	69.8	69.4	72.9	75.5
협회 및 단체, 수리 및 기타 개인서비스업	62.8	62.1	61.2	60.7	60.7	61.4

주 : (1) 재취득 직장의 산업 기준으로 이전 직장의 산업이 다른 비중.
(2) 취득자 중 차지하는 비중이 1% 미만인 산업(A,B,D,E,T,U) 제외.
자료 : 한국고용정보원, 고용보험 피보험자 취득-상실 연계 자료.

(3) 대학 졸업자의 지역 이동

지역대학 졸업자의 노동이동을 분석한 안우진 등(2021)의 연구를 살펴보면 유출률과 수급률을 기준으로 각 지역을 분석하였다. 유출률은 특정 지역의 해당 연도 학교유형별 졸업생의 총유출 인원에서 총인원을 나누어 유출률을 계산한 것으로 일반대학을 기준으로 청년층(19~34세) 인적자본 유출(2014~2018년까지 유출률≥60과 순유출률≥30인 지역)이 심각한 지역은 충남, 충북, 경북, 강원 지역인 것으로 파악되었다. 유출률 대비 수도권 유출률을 살펴보면, 유출률과 수도권 유출률이 50% 이상인 지역은 지난 5년간 일관되게 대전, 세종, 충북, 충남, 강원 지역으로 나타나고 있었다. 전문대학을 기준으로 청년층(19~34세) 인적자본 유출은 일반대학과 비교해 다소 다른 패턴을 보이며, 일반대학과 비교해 평균 40% 후반대로 상대적으로 낮은 유출률을 보이고 있었다. 전문대학 졸업자의 유출률과 수도권 유출률이 약 50% 이상인 지역은 지난 5년간 충남(세종 제외)이 유일하며, 수도권 유출률은 지난 5년간 충남, 강원, 충북, 전북, 제주 지역에서 큰 것으로 파악되었다.

권역별 청년층(19~34세)에 속한 일반대학 졸업자가 졸업한 권역에 취업하는 비중인 내부 수급률을 살펴보면, 수도권이 87~89%로 상당히 높은 비중을 나타내고 있었다. 제주권이 2014년 81.4%로 높은 비중을 보였으나, 이후 지속해서 내부 수급률이 하락하여 2018년에 61.3%를 기록하였다. 동남권은 2014년 77.9%를 기록한 후 감소하여 2018년에 70.0%를 기록하고 있으며, 호남권은 2014년 61.7%로 집계된 후 등락을 반복하다가 2018년에 60.6%를 기록했다. 대경권, 충청권, 강원권은 2014년에 각각 58.6%, 37.9%, 37.5%를 기록하였으며, 이후 감소 추세를 보이며 2018년에 53.4%, 35.3%, 32.8%를 각각 기록하고 있었다. 또한 지역별 청년층(19~34세)에 속한 일반대학 졸업자의 내부 수급률을 살펴보면, 서울의 경우 지난 5년간 60% 이상을 유지하며 지속적으로 증가하고 있다. 경기도는 2014년 40%대를 유지하다가 지속적으로 감소하여 2018년 35.9%로 감소하였다. 수도권에서 내부 수급률이 가장 낮은 지역은 인천으로 20%대의 내부 수급률을 나타내고 있었다. 충청권 내에서는 대전이 40%대의 높은 내부 수급률을 보여 주고 있지만 2018년에 36.7%로 감소하였으며, 나머지 충북, 충남, 세종 순으로 높은 내부 수급률을 보인다. 호남권에서는 전반적으로 광주, 전북, 전남 순으로 내부 수급률이 높고, 광주의 경우 지속해서 내부 수급률이 하락하고 있다. 대경권의 경우 대구가 2015년 54.0%의 높은 내부 수급률을 나타내다가 지속해서 하락하여 2018년에 38.3%를 기록하였으며, 경북은 지난 5년간 20% 후반대의 내부 수급률을 보이고 있다. 동남권은 상대적으로 높은 내부 수급률을 보였으나, 울산 지역은 2016년을 기점으로, 부산 지역은 2017년을 기점으로 하락 추세를 보였다.

CHAPTER

03

노동시장

Chapter 03

노동시장

자본주의 경제질서하에서 미시경제학과 거시경제학 모두 노동의 거래는 노동시장을 통하여 가격(임금)에 영향을 받아 이루어진다. 노동자는 소득을 벌기 위해 노동을 판매할 수밖에 없기 때문이다. 기업은 노동시장에서 노동의 수요자로 나타나며, 노동자를 고용하여 재화와 서비스를 생산하고 이를 상품시장에 판매함으로써 이윤을 추구한다. 여기서 노동을 사고팔고자 하여 서로 접촉하는 수많은 기업과 개인의 모임을 노동시장이라고 한다. 모든 시장에서는 판매자(공급)과 구매자(수요)가 있으며 이러한 수요와 공급에 의해 가격과 수량이 결정되는 것과 같이 노동시장에서도 이와 같은 이론이 적용되는 것이다.

1. 경제의 순환 : 생산물시장과 생산요소시장[1)]

1) 경제의 생산측면과 소득측면

(1) 생산물 시장

인간생활에 필요한 재화와 서비스는 일반적으로 기업에 의하여 생산되어 시장에 공급되고, 공급된 재화와 서비스는 시장을 통하여 거래되어 소비(수요)가 이루어진다. 재화는 자동차, 학교건물, 휴대폰, 볼펜과 같이 형체가 있는 것을 의미하고 서비스는 교통, 교육, 통신, 법률서비스와 같이 형체는 없으나 이러한 것을 이용함으로써 편리한 생활을 하게 된다. 이렇게 생산되어 소비가 이루어지는 추상적인 거래장소를 '생산물시장'[2)]이라고 한다. 이와 같이 생산물시장을 중심으로 재화와 서비스

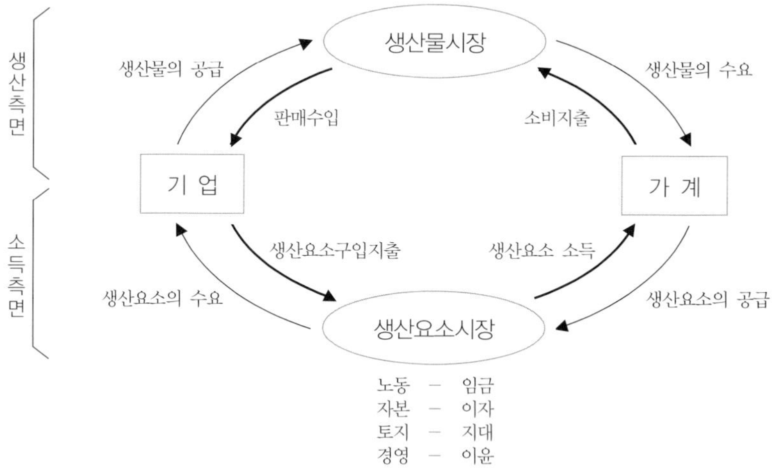

|그림 3-1| 폐쇄경제모형에서 생산물과 소득의 순환

1) Chapter 3. 노동시장은 한성덕 · 주석진(2018)에서 많은 부분 인용하였음을 미리 밝혀둔다.
2) 생산물시장은 동대문시장(서울), 자갈치시장(부산), 서문시장(대구)과 같이 지역을 나타내는 구체적인 시장도 있으나 특정한 장소가 아닌 사이버공간에서 이루어지는 거래도 생산물시장이다.

의 수요와 공급이 이루어지는 것을 |그림 3-1|[3]의 상단부분과 같이 생산측면(product side)이라고 한다.

(2) 생산요소시장

재화와 서비스가 생산되기 위해서는 생산을 위한 생산요소가 필요하다. 생산요소는 노동, 토지, 자본, 경영 등을 말한다. 기업은 이러한 생산요소를 구매하여 생산물시장에 공급할 재화와 서비스를 생산하고, 가계(개인)는 노동, 토지, 자본, 경영 대가를 받고 공급을 제공한다. 각각의 생산요소에 대한 대가는 각 가계(가정)의 소득이 되고 각 가정은 이러한 소득을 가지고 필요한 재화와 서비스를 생산물시장에서 구입하여 소비한다. 이렇게 생산요소의 거래가 이루어지는 추상적인 거래장소를 '생산요소시장' 또는 간단하게 '요소시장'이라고 한다. 노동이 거래되는 시장을 노동시장, 토지나 건물이 거래되는 시장은 부동산시장, 자본이 거래되는 시장을 자본시장이라 한다. 이와 같이 생산요소시장을 중심으로 노동, 토지, 자본, 경영 등의 생산요소의 수요와 공급이 이루어지는 것을 |그림 3-1|의 아래 부분에 표시한 것과 같이 소득측면(income side)이라고 한다.

2) 생산물시장과 생산요소시장 : 예시

재화의 생산이 이루어지면 생산과정에 참여한 생산요소들에 대한 대가로서 소득이 생긴다. 이해를 돕기 위하여 생산 및 소득측면에 대응되는 생산물시장과 생산요소시장을 중심으로 구체적인 수치를 넣어 |그림 3-2|와 같이 예시적으로 살펴보자.

시장에서 100만 원에 거래되는 보일러가 있다고 하자. 소비자는 이 보일러의 가격으로 100만 원을 지출하고, 소비자가 지출한 100만 원은 기업의 입장에서는 보일러의 판매수입이 된다. 기업이 보일러를 생산하기 위해서는 생산요소로서 노동력,

3) |그림 3-1|은 기업부문과과 가계부문으로 구성된 폐쇄경제모형이다. 여기에 정부부문과 해외부문이 포함되는 경우 개방경제모형이라고 한다.

토지, 자본, 경영 등을 요소시장에서 구입하여야 한다. 100만 원짜리 보일러 1대 속에는 |그림 3-2|와 같이 이들 각각의 생산요소에 대가로서 임금(60만 원), 지대(10만 원), 이자(10만 원), 이윤(20만 원)이 소득으로 가계에 귀속된다.

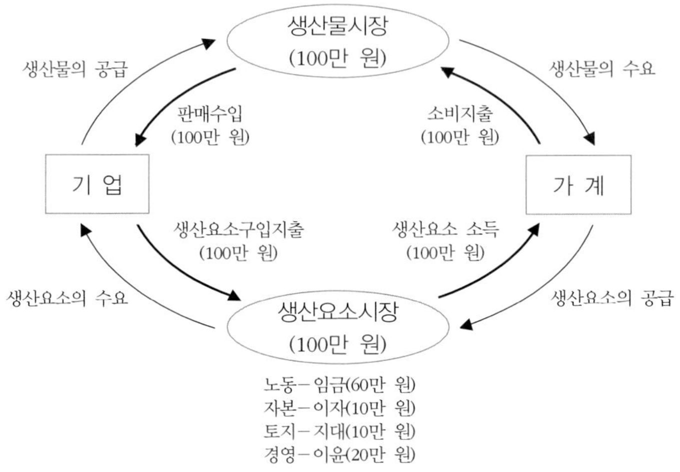

|그림 3-2| **폐쇄경제모형에서 생산물과 소득의 순환(예시)**

2. 노동시장의 개념 및 특성

1) 노동시장의 개념

노동시장(labor market)이란 노동력이라는 상품이 거래되는 곳을 말한다. 노동력의 공급자인 근로자와 그를 필요로 하는 사용자인 기업(구매자)이 만나는 장소이다. 즉, 노동시장은 노동의 수요와 공급이 만나는 추상적인 곳을 의미하며, 이러한 노동시장에서 '임금'과 '고용량'이 결정된다.

노동의 수요(demand of labor)는 기업에 의하여 이루어진다. 노동수요가 얼마나 되는가에 대한 통계수치는 경제활동인구 중 취업자 수가 노동의 수요량이 된다. 노동의 수요는 생산물(=상품과 서비스)시장에 의하여 유발 또는 '파생'되는 수요이다. 예를 들어 여성의류가 잘 팔리면 여성의류를 제조하는 기업에서 더 많은 노동력을 필요로 하듯이 생산물시장에서 여성의류의 수요가 증가하면 노동수요가 증가한다. 기업의 노동수요는 임금(wage, W)이 비싸면 노동수요량이 적고 임금이 싸면 노동수요량이 커진다.

2) 노동시장의 특성

노동시장을 추상적 개념으로 파악하고, 노동력의 거래에 영향을 미치는 제반조건 또는 사정까지를 포함하여 파악하는 방법은 다른 상품시장과의 차별적인 이유 때문이다. 노동시장이란 일반적으로 다음과 같이 상품시장과는 다른 특성을 가지고 있다(이준범, 1999; 김유배, 2009).

(1) 시장의 다원성

노동시장은 하나의 노동에 대한 시장만이 존재하는 것은 아니다. 실제에 있어서 여러 상이한 종류의 노동을 위한 수천의 시장이 존재한다. 노동자의 위치, 직업, 기술 등에 따라 다양한 시장이 존재하며, 상호관련이 있는 여러 가지 유형의 노동시장을 갖고 있는 것이다. 한국과 미국, 의사와 변호사의 시장이 각각 다르다. 한국의 자동차와 미국의 자동차가 다른 것처럼 생산물시장도 세분화되어 있기는 하지만 노동시장에 비해 훨씬 덜 세분화 되어 있다.

(2) 노동력과 인격

노동시장과 생산물시장을 구분 짓는 가장 중요한 특징은 바로 노동시장에서 거래되는 노동력이 바로 사람이라는 것이다. 생산물시장에서는 구매자와 판매자 간에 소유권이 거래된다. 그러나 노동시장에서는 사람이 가진 육체적·지적 노동력의 제공을 거래하는 것이다. 노동력의 제공에 있어서는 노동자의 인격을 떠나서 생각할 수 없다. 임금이나 근로시간, 작업환경 등과 같은 물리적 조건과 함께 상사의 감독방법, 인사정책의 공정성 및 근로자의 의사반영 등의 조건이 중요하다. 그러므로 거래쌍방은 서로 간에 인간적인 관계를 형성하게 되므로 근로자의 인격 역시 중요한 요소라 하겠다. 마샬(Marshall, 1956)은 노동력이라는 상품이 다른 상품과의 다른 점을 다음과 같이 제시하였다.

- 근로자는 자신의 노동력을 판매하지만 그 자신을 판매하는 것은 아니다.
- 근로자가 자신의 노동력을 판매할 때 근로자 자신이 그곳에 가서 노동력을 제공하지 않으면 안 된다(사용자의 지휘, 감독－법률적, 형식적 대등관계지만 현실은 그렇지 않음).
- 노동력이라는 상품은 사용 여부에 관계없이 시간의 경과에 따라 자동적으로 소모되는 상품이다.
- 노동력의 판매자(근로자)는 교섭에서 불리한 입장에 서기가 쉽다.
- 노동력 특히 일정한 노동능력을 추가적으로 공급하는 데에는 장시간이 요구된다.

(3) 노동력의 미표준화

여기에서도 생산물시장과는 많은 차이가 나타난다. 특히 자연원료 및 반제품 등은 완전히 표준화되고 있으며, 상표가 다르다고 하더라도 성능은 거의 동일한 경우가 많다. 그러나 노동력은 상품과는 다른 특성이 존재한다. 우선 근로자 개인의 지적 수준 및 육체적 조건, 교육수준 및 숙련도, 성별 등에 따라 다르며, 공식적인 교육의 정도와 형태, 작업경험의 기간, 특정한 직무훈련의 정도에 있어서도 다르다. 사용자들은 신입사원의 채용에 있어 각종 선별시험을 통하여 그들의 능력을 측정하기도 하고, 견습기간 및 인턴 등을 통하여 능력을 재확인하려고 한다.

(4) 판매장소의 미존재

일반적 상품을 사려고 할 때는 하나의 판매장소가 있다. 예컨대 전자제품을 살 때는 각각의 전자제품을 파는 시장(하이마트, 전자랜드, LG 플라자 등)이 존재하고 있지만 노동시장에 있어서는 이러한 정보망이 발달되지 못하고 있으며, 노동자의 입장에서 보면 정보의 흐름이 느리고 부정확하다. 이것이 노동자들로 하여금 새 직장을 탐색하는 데 비용을 증가시키거나 꼭 필요한 경우 이외에는 직장을 옮기지 않으려 하게 되며, 각 사용자로 하여금 임금을 비롯한 고용조건을 달리할 수 있게 하는 중요한 이유가 되고 있다.

(5) 제도적 변화

노동시장은 생산물 시장보다 제도적 변화의 영향을 더욱 크게 받는다. 생산물 시장이 주로 가격의 매개기능에 의해 조절되는 면이 많은 반면, 노동시장의 경우에는 노동력의 가격인 임금의 매개기능에 의해서만 그 수급관계가 주로 결정된다고 보기 어렵다. 왜냐하면 노동시장을 둘러싸고 있는 여러 가지 환경적 요인, 예컨대 정치 · 사회 · 경제적 환경 또는 공업화의 단계, 노동시장의 집중화 정도, 각종 노동보호입법의 추진, 교육제도, 여성의 경우 경제활동참가율의 변화, 인구 및 인구구성의 변화 등이 상호 복합적으로 작용하고 있기 때문이다.

3. 노동의 공급

한 나라의 노동공급은 경제사회발전의 초기단계에서는 사회적 이동(농촌→도시)에 의하여 이루어지나, 이론적으로는 총인구, 경제활동참가율, 노동시간, 노동력의 질 등 4가지 요인에 의하여 이루어진다. 노동공급은 노동자가 일정 기간 노동력을 매매하고자 하는 의도를 나타내며, 유량(flow)의 개념이다. 즉, 일정 시점에서의 공급이 아니라 일정 기간 동안에 있어서의 노동량의 공급을 의미한다고 할 수 있다.

1) 국가의 노동공급 결정요인

한 나라의 노동공급은 경제사회발전의 초기단계에서는 사회적 이동(농촌→도시)에 의하여 이루어지나, 이론적으로는 총인구, 경제활동참가율, 노동시간, 노동력의 질 등 4가지 요인에 의하여 이루어진다. chapter 2. 노동력의 개관에서 "경제활동인구로서 노동력"으로 설명한 바 있다. 여기서는 간략히 설명하도록 한다.

(1) 총인구 및 생산가능인구

총인구 또는 생산가능인구의 규모가 크면 클수록 노동공급은 크다. 2023년 기준 우리나라는 약 5,100만의 인구이고, 세계 1위의 인구국가는 인도로 약 14억 2천만의 인구를 비교하면 인도의 노동공급량은 인구수로 보아 약 28배의 차이가 난다. 총인구 및 생산가능 인구가 크다는 것은 그 만큼 노동의 공급의 규모가 크다는 뜻이 된다. 또한 노동공급은 생산가능인구가 중요시된다. 즉, 인구구조로 보아 피라미드 형태는 유년부양률이 높음을, 항아리형은 생산연령인구가 많으나 "노년부양률"의 문제가 생긴다는 것은 이미 배웠다. 총인구 및 생산가능 인구가 크다는 것은 그 만큼 노동의 공급의 규모가 크다는 뜻이 된다. 생산가능인구는 일반적으로 일정 연령 이상(우리나라 15세)의 인구로 노동의 의사와 능력을 가진 사람의 수로 이야기 한다. 그러나 15세 이상일지라도 현역군인 및 공익근무요원, 전투경찰, 형이 확정된 교도소 수감자, 외국인 등 자유로운 생산활동에 종사할 수 없는 사람은 제외하고 있다.

(2) 경제활동참가율

경제활동참가율이란 생산가능인구중 경제활동인구(취업자와 실업자의 합계)가 차지하는 비율을 말한다. 따라서 생산가능인구가 많다 해도 일을 하지 않으면, 즉 경제활동에 참가하는 비율이 낮다면 노동공급이 크다고 볼 수 없다. 경제활동참가율이 증가한다는 것은 노동공급이 증가함을 의미한다.

특히 노동의 공급규모를 결정한다는 면에서 경제활동인구 및 경제활동 참가율은 중요한 의미를 가진다. 아래 〈표 3-1〉은 2023년 5월 기준 우리나라 몇 개의 도시의 경제활동인구 정보이다. 총인구를 살펴보면 대전(144만 명)과 광주(143만 명)는 대전이 더 많은 것으로 나타난다. 이에 경제활동인구를 살펴보면 대전 825천명, 광주 784천명으로 인구가 많은 대전이 더 많은 노동의 공급을 하고 있음을 알 수 있다. 그러나 전라북도와 전라남도의 총 인구와 생산가능인구, 경제활동인구를 비교해 보면 총인구수－생산가능인구는 전라북도(1,763천명－1,553천명)가 전라남도(1,812천명－1,523천명)보다 적으나, 경제활동인구는 전라북도(1,024천명)가 전라남도(1,061천명)으로 더 많음을 알 수 있다.

〈표 3-1〉 **시 · 도별 경제활동인구 비교**

시도별	총인구	생산가능 인구 (천명)	경제활동 인구	취업자 (천명)	실업자 (천명)	비경제 활동인구 (천명)	경제활동 참가율 (%)	실업률 (%)	고용률 (%)	15~64세 고용률 (%)
대전광역시	1,445	1,292	825	801	24	467	63.8	3.0	62.0	68.0
광주광역시	1,426	1,279	784	766	18	495	61.3	2.3	59.9	65.1
전라북도	1,763	1,553	1,024	997	27	529	65.9	2.7	64.2	68.0
전라남도	1,812	1,523	1,061	1,046	15	462	69.7	1.4	68.7	73.4
경상북도	2,597	2,314	1,544	1,504	40	770	66.7	2.6	65.0	69.6
경상남도	3,265	2,840	1,838	1,795	43	1,002	64.7	2.3	63.2	69.2

자료 : 통계청(223). 경제활동인구조사.

(3) 노동시간

노동시간 또한 노동공급에 영향을 미치는 요소이다. 인구규모가 같고, 경제활동참가율이 동일하다고(동질의 노동) 가정했을 때, 노동시간이 많으면 많을수록 노동공급이 많아지기 때문이다. 일반적으로 선진국의 경우 임금이 상승할수록 개별 노동자에게는 노동의 효용보다 노동의 비효용이 더 커지는 경향이 있는데, 이는 여가에 대한 선호가 증대되어 노동시간이 단축되는 것을 의미하므로 전체적인 노동공급을 감소시키는 요인이 된다. 후술하는 개인의 소득–여가에서 알아보기로 하자.

(4) 노동력의 질

노동력의 질은 1960년대부터 시작된 인적자본이론(human capital theory)의 핵심이다. 앞서 제시한 생산가능인구 수, 경제활동참가율, 노동시간 등 3가지가 동일하다고 할 경우 노동력의 질적 수준이 높다면 생산성과 생산능력, 부가가치 능력은 훨씬 높아지게 된다. 노동력은 개인이 공급하는 것으로 이는 개인차가 있고, 능력에 있어서 모두 다르다. 노동력의 질적 향상은 교육훈련 및 기술의 개발로 이루어질 수 있다. 과거 값싸고 풍부한 노동력, 증가하는 경제활동참가율, 긴 노동시간 등이 노동공급을 증가시켜 우리나라의 경제발전에 원동력이 되었던 시대가 있었다. 그러나 세계화, 정보화, 네트워크화 등 국경 없는 무한경쟁시대를 맞은 우리의 현실과 미래의 대응을 위하여 노동공급에서 가장 중시되는 것은 '노동력의 질'이다. 노동력의 질은 1960년대부터 개화된 인적자본이론(human capital theory)의 핵심이다. '노동력의 질'과 관련된 문제는 양적 차원의 문제와 더불어 중요한 과제임에는 틀림없다.

이 밖에도 근로자 개인의 노력 및 책임, 숙련도 등을 들 수 있는데, 노동공급의 주체인 노동자들이 자신이 맡고 있는 직무에 어느 정도 충실하게 임하느냐의 여부를 의미하는 것으로 동일한 노동공급시간이라고 하더라도 개별 노동자들의 노동에 대한 노력의 정도에 따라 노동공급에 미치는 효과는 상이하다고 볼 수 있다. 이러한 노동에 대한 노력의 정도는 노동자의 육체적 건강과 신체적 조건, 실질임금의 수준, 성과급제도를 비롯한 임금지급방식, 노무(인사)관리와 같은 노동에 대한 통제방법 등에 따라 결정된다(김용원, 2007).

2) 경제활동 참가이론

(1) 비근로 소득 또는 타 가구원의 소득

소득은 여러 측면에서 일어날 수 있는데, 일반적으로 노동에 의한 근로소득과 이자, 재산, 상속 등의 비근로 소득으로 구분해 볼 수 있다. 어떤 가족의 경제활동에서 노동을 공급하는 이유는 소득을 얻기 위해서이다. 그런데 경제활동을 하지 않고도 소득을 얻는다면 경제활동을 할 이유는 줄어들게 된다. 일반적으로 소득이 일정수준이상 증가하게 되면 여가에 대한 선호가 증대하여 경제활동참가율은 낮아지게 되는 것이다. 예컨대, 홍길동 씨의 가족이 매달 300만 원의 소득으로 생활을 하고 있었는데, 유산상속으로 인하여 10억을 받았다면 경제활동 참가를 줄이고, 여가를 더 선호하게 된다는 것이다. 또한 홍길동 씨의 부인이 경제활동에 참가하여 소득이 늘어나게 된다면 소득의 증대로 인해 여가를 더 선호하게 된다는 것이다.

(2) 시간당 임금의 상승

일반적으로 시간당임금이 상승하게 되면 여가에 대한 비용이 비싸지기 때문에 경제활동참가율은 높아진다. 경제활동참가 예정자의 주관적인 요구임금률에 비해 노동시장에서의 임금률이 낮을 때에는 경제활동에 참가하지 않게 되지만, 노동시장에서의 임금률이 상승하여, 요구임금률보다 높아지게 되면 경제활동에 참가하게 되는 것이다.

(3) 개인의 여가

개인의 여가에 대한 태도, 즉 개인의 소득과 여가에 대한 선호는 경제활동참가율에 영향을 미친다. 여가(leisure)라 함은 일정한 주어진 시간(하루 24시간 또는 한주 168시간) 중 노동시장에서 보내지 않는 비취업시간을 말한다.

여가는 보통재이므로 사람들은 노동을 공급하여 얻게 되는 노동소득과 여가사이의 일정한 상충관계(trade off)를 바탕으로 한 선호체계를 갖고 있다고 가정할 수 있다. 후술하겠지만 여가와 소득간의 선호체계는 무차별곡선이라는 것으로 나타낼 수 있는데, 여가와 소득은 거의 모든 인간이 선호하는 것이므로 무차별곡선은 통상적으로 우하향한다. 여가-소득간의 관계에 대해서는 '개인의 노동공급'에서 자세히 살펴보기로 한다.

(4) 가계 내 생산

전통적으로 가계는 소비만 하고 기업이 생산을 담당하는 것으로 되어 있다. 그러나 가계에서의 소비 행위의 내용을 살펴보면, 시장에서 구입한 재화를 순간적으로 소비하여 효용(만족)을 얻고 있는 것은 아니다. 식사라는 소비를 보면 시장에서 구입한 재료를 일정 시간을 투입하는 가사노동을 필요로 하며, 이와 같이 재화 및 시간을 투입하여 생산된 것이 식사(밥, 김치, 소고기 국 등)이다.

식사에 국한되지 않고 우리가 소비하는 것은 모두 시간을 투입하여 효용을 극대화하려고 한다. 이처럼 시장재화와 가사노동을 결합시켜 상품을 만들며 이들 상품이 효용을 극대화한다고 볼 때 우리가 가계에서 소비하는 상품은 매우 노동집약적인 것도 있고, 자본(재화) 집약적인 것도 있을 수 있다. 가계생산기술의 향상, 즉 가계 내에서의 생산성이 높아지면 가사노동에 투자하는 시간은 절약되고 이를 바탕으로 경제활동에 참가할 수 있는 시간이 그 만큼 높아지게 된다는 것이다(배무기, 2006).

(5) 기타 노동공급에 영향을 미치는 요소

① 육아와 통근시간

경제활동참가에 영향을 주는 요인 중 육아와 자녀는 중요한 요소이다. 우리나라의 전통적인 면을 살펴보면 대체로 여성은 결혼과 동시에 또는 자녀 출산과 동시에 경제활동을 그만두게 된다. 또한 일을 그만두지 않더라도 자녀의 양육에 필요한 시간 때문에 출·퇴근에 제약이 있게 마련이다.

② 농가 · 비농가, 성별

일반적으로 농가가 비농가에 비해 경제활동참가율이 높다. 이것은 농가의 경우 아무 곳에서나 일을 하기 쉽고, 가구원 누구나 참가하여 일을 할 수 있기 때문이다. 대체로 비농가의 경우에는 경제활동을 할 수 있는 일정한 일터가 부족하기 때문이기도 하다.

농가 · 비농가를 떠나 성별의 경우에서는 남성이 여성보다 경제활동에서 우위를 점한다. 이는 여성의 경우 가사, 육아 등의 가정경제 내에서의 활동을 이유로 들 수 있다.

③ 조세정책 및 사회보장제도

조세정책과 사회보장제도 또한 경제활동 참가율과 관계가 있다. 감세정책은 노동자의 근로의욕을 고취시키고 소득증대의 효과를 가져다주고, 기업에게는 비용의 절감을 가져와 투자증대를 통한 고용증대로 경제활동 경제활동참가율을 높이는 효과를 가져다 줄 수 있다. 사회보장제도는 노동자들을 각종 위험으로부터 보호하여 안심하고 노동시장에 참여할 수 있게 하여 경제활동참가율에 긍정적인 영향을 줄 수 있다. 그러나 지나친 사회보장 급여의 수준은 노동에 대한 동기유발을 저해하여 경제활동참가율을 저하시킬 수 있다.

④ 기혼여성의 경제활동 참가결정요인

㉠ 기혼여성의 실질임금 : 노동공급의 가장 큰 결정 요소인 임금이 높다면 이들의 경제활동참가는 늘어나게 된다.

㉡ 남편의 임금 및 타 가구원의 소득 : 남편의 임금 또는 타 가구원의 소득이 높다면 앞서 살펴본 바와 같이 경제활동에 참가하지 않거나, 줄일 가능성이 높고, 반대로 낮다면 경제활동에 참가할 가능성이 높게 된다.

㉢ 교육수준 : 여성의 교육수준이 높으면 높을수록 경제활동참가는 높은 비율로 나타난다. 일반적으로 기혼여성 또한 교육수준이 높으면 높을수록 경제활동에 참가하는 비율은 높게 나타난다.

㉣ 자녀의 수와 자녀의 연령[4)]: 자녀의 수는 기혼여성들에게 있어서 경제활동에 대단히 제약되는 요인이다. 자녀의 수가 많으면 많을수록 양육에 드는 시간이 많아 경제활동에 참여를 어렵게 하고, 연령은 취학 이전의 유아일 경우 더욱 경제활동을 어렵게 하는 요인이 된다.

㉤ 기혼여성에 대한 기업의 수용태세와 실업률 : 기혼여성 노동력에 대한 기업의 수용태세는 시간제근로에 대한 편의제공이라든지 기혼여성 노동력에 대한 적합한 직종의 개발, 적합한 임금, 기타 부가급여 등의 경비를 들 수 있겠다. 이러한 수용태세가 긍정적인 기업일수록 기혼여성의 취업이 용이하다. 또한 실업수준이 전반적으로 높을 때는 취업기회가 감소하므로 기혼여성들 또한 취업가능성은 낮아지게 되고 경제활동참가율이 낮아지게 되는 것이다.

⑤ 사회구조 및 경제상황

사회가 고학력 인력의 필요 또는 고학력 사회로 갈수록 청소년의 경제활동 참가비율은 줄어들게 된다. 예컨대, 고등학교를 졸업하고 대학으로의 진학을 하게 되면, 이는 경제활동인구(실업자)가 아닌 비경제활동인구(학생)로 분류된다. 이러한 현상은 특히 학벌을 중요시하는 사회에서 볼 수 있는데, 우리나라의 경우 사회적 현상이 고학력을 선호하기 때문에 이러한 결과가 나타난다. 또한 경제상황은 실업과 더불어 경제활동참가에 영향을 미치게 된다.

---

4) 여성의 경제활동참가율은 수평축에 연령을, 수직축에 경제활동참가율을 잡아 표시해 보면 연령이 증가함에 따라 차츰 증가하다가 30세 전후의 시기(결혼, 임신, 출산, 육아 등)가 오면 낮아진다. 그 이후 일정 기간이 지나면(육아 및 양육 완료 등) 다시 높아졌다가 60세 전후 다시 낮아지는 M자형 곡선으로 나타난다.

3) 개인의 노동공급

(1) '소득-여가' 선택에 의한 예산선

홍길동 씨는 노동력이 있는 사람이다. 그는 일을 하여 소득(임금)을 벌 것인가?, 아니면 여가를 즐길 것인가? 에 대하여 선택하게 된다. 이러한 선택문제와 노동공급과의 관계를 예를 들어 설명하자. 홍길동 씨는 하루 24시간 중 8시간을 잠자고, 식사시간과 그 외의 필요시간으로 6시간을 소비한다면 홍길동 씨는 10시간의 여가시간을 갖게 된다. 여가시간에 일을 하면 수입이 생기고 놀면 여가를 즐기게 된다. 이제 시간당 임금이 2,000원($w_0=2{,}000$)이라면 홍길동 씨가 여가시간 10시간을 일하면 20,000원을 벌고 5시간을 일하면 10,000원을 벌게 된다.

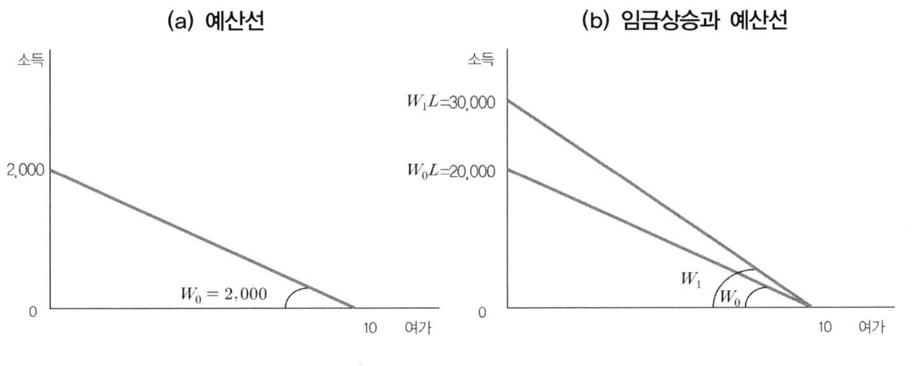

|그림 3-3| **소득과 여가와의 관계 : 예산선**

이러한 상황을 나타낸 것이 |그림 3-3|의 (a)이고, 이 선을 예산선(豫算線, budget line)이라고 한다. 그림과 같이 예산선은 시간당 임금(wage rate)이 주어졌을 때 '소득-여가'를 배분하는 선으로 이해하자. 시간당 임금이 2,000원에서 3,000원($w_1=3{,}000$)으로 상승하면 예산선은 그림의 (b)와 같이 변화한다. 그림 (b)의 Y축(소득)에 있는 $w_0L=20{,}000$원(=2,000원× 10시간), $w_1L=30{,}000$(=3,000원×10시간)은 여가시

간을 모두 일함으로써 얻어지는 소득을 의미한다. 시간당 임금은 기업측에서 제시하는 것으로서 홍길동 씨의 의사와는 관계없이 객관적으로 정해지므로, 예산선은 시간당 임금이 주어졌을 때 '소득-여가'에 대한 객관적 상황을 나타낸다.

(2) '소득-여가' 선택에 의한 무차별곡선

여가와 소득은 일반적으로 많을수록 좋은 것이며, 여가와 소득은 많을수록 주관적으로 느끼는 효용(效用, utility)이 높다고 하겠다. 이러한 것을 경제학적으로 한계효용이 '0'보다 크다고 말한다.. 여가와 소득의 관계를 입체적으로 표시한 것이 |그림 3-4|의 왼쪽 그림이다. $A' \rightarrow C'$ 로 이동하는 구간은 소득(임금)이 고정된 상황에서 여가시간이 증가함에 따라 효용이 증가하는 것을 나타내고, $B' \rightarrow D'$ 로 이동하는 구간은 여가시간이 고정된 상황에서 소득이 증가함에 따라 효용이 증가하는 것을 나타낸다.

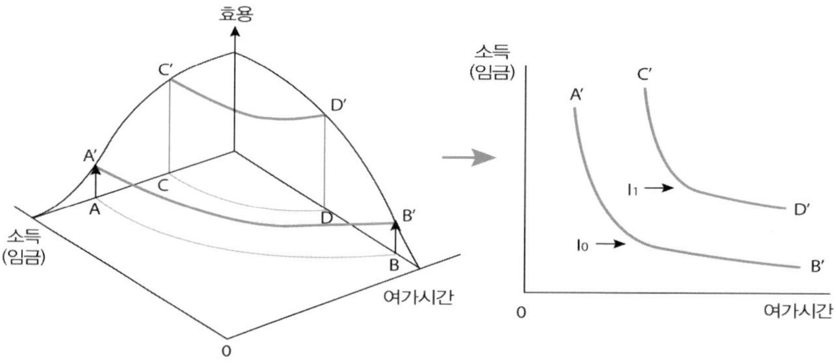

|그림 3-4| **소득과 여가와의 관계 : 무차별곡선**

그리고 $A' \sim B'$를 연결한 선은 효용수준이 같은 것을 나타내는 등고선을 의미하며, 효용등고선은 효용수준이 같기 때문에, 즉 차별이 없기 때문에 무차별곡선(無差別曲線, indifference curve)이라고 한다. $A' \sim B'$는 I_0 로, $C' \sim D'$는 I_1 로 표시하여

무차별곡선 I_0 와 I_1 을 평면상에 표시한 것이 |그림 3-4|의 오른쪽 그림이다.

홍길동 씨의 경우 무차별곡선 I_0 을 유지하면서 소득(임금)을 증가하려면 여가시간을 줄여야 하고 여가시간을 많이 가지려면 소득은 감소하게 된다. 무차별곡선 I_0 보다 더 높은 효용수준이 무차별곡선 I_1 을 유지하면서 소득(임금)을 증가하려면 여가시간을 줄여야 하고 여가시간을 많이 가지려면 소득은 감소하게 된다. 이러한 관계를 그림으로 나타낸 것이 |그림 3-4|의 오른 쪽에 표시한 2개의 무차별곡선이다.

여가와 소득의 한계효용이 모두 '0'보다 크므로 무차별곡선은 우하향(右下向)하고 그림에서 보듯이 I_0 와 I_1 으로 이동하면, 즉 무차별곡선이 원점에서 멀어질수록 보다 높은 효용을 나타낸다. 즉, I_0의 무차별곡선보다 I_1의 무차별곡선이 보다 높은 효용을 나타낸다. |그림 3-4|의 그림은 단순히 2개의 무차별곡선만을 표시하고 있으나 무수히 많은 무차별곡선의 집합이 생략된 것이다.

무차별 곡선의 개념

무차별 곡선에서는 소비자의 효용(效用; 주관적 만족)을 두 개의 서로 다른 소비생활에 대하여 어느 한쪽이 다른 쪽보다 소망스럽다고 느끼거나, 또는 두 생활이 동등한 만족도를 제공한다고 느끼게 된다. 즉, 효용을 서수적으로 측정할 수 있다고 가정하고 있는데, 서수적 방법이란, 예를 들어 귤과 사과를 먹는다고 할 때, 귤의 효용이 사과의 효용보다 꼭 2배 크다고 하는 것이 아니라 단순히 크다고만 하는 것이 효용의 서수적 측정이다. 귤의 효용이 사과의 효용보다 크기는 큰데 얼마나 큰지는 표시하지 않는 것이다.

■ 무차별곡선의 개념

① 배 3개와 사과 1개, ② 배 2개와 사과 2개, ③ 배 1개와 사과 3개 등과 같이 상품을 조합 또는 묶음으로 고찰하여 효용이 조합 ①과 ②를 비교할 때 조합 ①이 조합 ②보다 소비자에게 더 선호되는가 덜 선호되는가 아니면 두 조합이 똑같은가 하는 선호의 순서를 정하게 된다. 만약 소비자에게 똑같은 만족 혹은 효용을 주는 상품의 조합들 중에서 한 조합만 선택하게 한다면 이는 어떤 조합을 선택해도 상관없다는 말이다. 이와 같이 똑같은 만족을 주는 상품의 조합들에 대하여 소비자는 무차별(indifferent)하다고 말한다. 무차별한 상품의 조합점들을 이은 곡선을 무차별곡선(indifferent curve)이라고 말한다.

■ 무차별곡선의 특징

① 원점에서 멀리 떨어진 무차별곡선일수록 높은 만족수준을 나타낸다[상품을 많이 소비할수록 좋다는 다다익선(多多益善)의 결과임].

② 무차별곡선은 우하향한다(소비자가 동일한 효용수준을 유지하면서 한 상품의 소비를 증가시키기 위해서는 다른 상품의 소비를 감소시킬 수밖에 없다).
③ 무차별 곡선은 서로 겹치거나 교차할 수 없다.
④ 무차별곡선은 우하향하면서 원점을 향하여 볼록한 형태를 취한다(한계대체율 체감의 법칙; 한계대체율(MRS)은 무차별 곡선의 기울기이다).

(3) 노동공급량의 결정

합리적이고 이성적 선택을 하는 홍길동 씨는 무수하게 많은 자신의 무차별곡선에서 가장 효용이 높은 무차별곡선과 앞에서 본 예산선을 고려하여 자신의 여가시간과 노동시간을 결정할 것이다. 홍길동 씨가 시간당 2,000원을 받는 인적자본을 지닌 사람이어서 |그림 3-3|의 예산선을 택할 수밖에 없다고 하자. 그는 이 예산선과 |그림 3-4|의 무차별곡선과 접하는 점에서 노동시간과 여가시간을 택할 것이다. 이러한 상황을 나타낸 것이 |그림 3-5|이다.

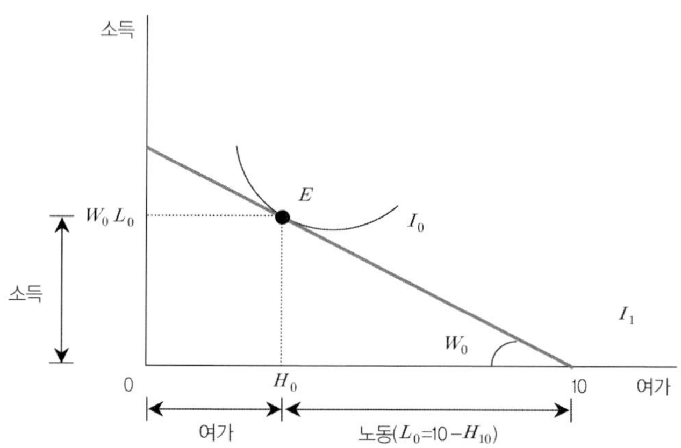

|그림 3-5| 노동공급량의 결정

총여가시간을 $H(=10$시간)로 표시하면 이 그림에서와 같이 임금이 W_0일 때 홍길동 씨는 예산선(객관적 여건)과 무차별곡선(주관적 여건)이 접하는 E점(균형점이라고 한다)에서 OH_0의 여가시간을 택하고 노동시간(L_0)은 $(10-H_0)$를 택하며, 노동소득(임금)은 $W_0 \times L_0$를 얻게 된다.

(4) 노동공급곡선의 도출

시간당 임금수준이 W_0일 때 홍길동 씨의 균형점은 |그림 3-6(a)|의 a점이며 노동시간은 L_0이다. 임금수준이 계속적으로 높아져 W_1에 이르면 균형점은 a→b점으로 이동하게 된다.

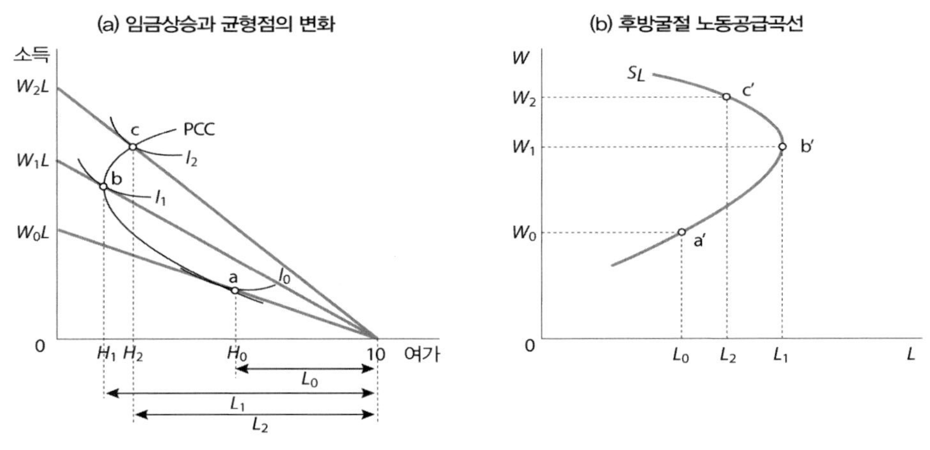

|그림 3-6| **개별노동공급곡선의 도출과 후방굴절 노동공급곡선**

이렇게 임금이 $W_0 \rightarrow W_1$으로 상승함에 노동시간이 $L_0 \rightarrow L_1$로 증가하는 상황을 |그림 7-6|의 (b)와 같이 나타내면 균형점이 $a \rightarrow b$로 이동하게 되고 이에 대응하는 점은 $a' \rightarrow b'$가 된다. |그림 7-6(b)|의 $a' \rightarrow b'$로 이동하는 궤적은 임금상승 시 노동공급(시간)이 증가하는 전형적인 노동공급곡선(labor supply curve)이 된다.

홍길동 씨가 매우 유능하여 시간당 임금이 $W_1 \rightarrow W_2$로 매우 높게 상승하면 어떻게 될까? 매우 높은 임금상승은 |그림 7-6(a)|에서 보듯이 $W_1 \rightarrow W_2$에 대응하는 홍

길동 씨의 균형점은 $b \rightarrow c$로 이동하고 이에 대응하는 노동공급곡선은 ｜그림 7-6(b)｜의 $b' \rightarrow c'$가 된다. $b' \rightarrow c'$로 이동하는 궤적을 후방굴절노동공급곡선(kinked or backward labor supply curve)이라고 한다. $b' \rightarrow c'$로 이동하는 이러한 노동공급곡선상에서 우리의 홍길동 씨가 노동공급을 한다면 그는 건강을 중시한다든지 삶의 질을 추구하는 등 '일' 보다는 '여가'를 중시하는 사람이라고 할 것이다. 경제적으로 어려웠던 과거에는 대부분의 경우 $a' \rightarrow b'$의 노동공급곡선상에서 노동공급을 하였으나 최근에 들어와서 $b' \rightarrow c'$의 노동공급을 중시하는 경향도 없지 않다고 하겠다.

(5) 대체효과와 소득효과

임금이 상승하는 경우 개개인이 노동공급(시간)을 더할 것인가, 줄일 것인가의 여부는 임금상승에 따른 대체효과(代替效果, substitute effect)와 소득효과(所得效果, income effect)의 상대적 크기에 달려있다. 소득효과란 임금이 상승하면 한 개인의 근로소득은 증가하고, 소득이 증가하면 여가와 여타의 소비재를 동시에 더 구입하려고 한다. 여가를 더 소비하게 되면 노동시간의 공급은 감소한다. 이와 같이 임금상승이 개인의 소득을 증대시켜 여가를 더 소비하게 하는 효과를 소득효과라고 한다. 임금상승의 소득효과는 여가를 늘리고 노동공급을 줄이는 것이다.

대체효과란 여가의 가격(임금)이 상승하면 우선 노는 것(여가)이 상대적으로 비싸진다. 소비자는 상대적으로 비싸진 자원(여가)을 덜 소비하려는 마음을 갖게 되는데, 이는 여가의 절약이라는 형태로 나타날 것이다. 따라서 여가에 대한 수요량은 감소하게 된다. 따라서 여가활동이 소득취득활동으로 용도전환(대체)된다. 이것을 임금상승의 대체효과라 한다. 임금상승의 대체효과는 여가를 줄이고 노동공급을 늘리는 것이다. 이들 효과는 ｜그림 3-7｜과 같이 나타낼 수 있고, 일반적으로 다음과 같이 요약된다.

- 대체효과 : 임금상승 → 여가의 상대가격 상승 → 여가소비 감소 → 노동공급 증가
- 소득효과 : 임금상승 → 실질소득 증가 → 여가소비 증가 → 노동공급 감소

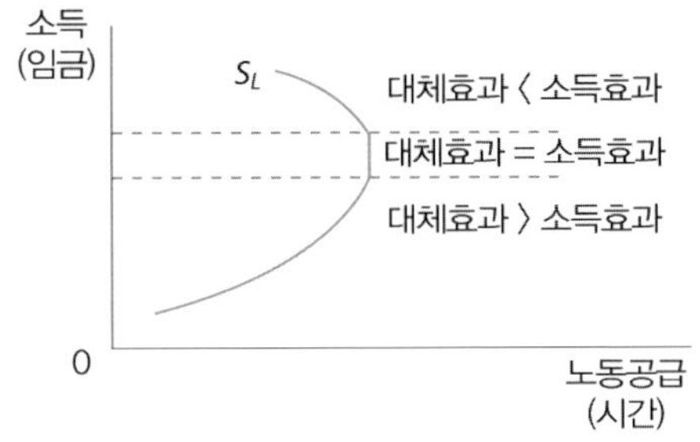

|그림 3-7| **대체효과와 소득효과에 따른 노동공급곡선의 모양**

여기에서 시간은 여가에 사용되거나 임금을 위한 노동공급(근로)에 사용된다고 가정하였기 때문에 소득효과는 여가시간에 대한 수요는 물론 노동공급의 시간으로 표현될 수 있다. 그러나 개인의 선호에 따라 이는 달라진다고 할 수 있다. 예컨대 노동공급을 하여 임금을 더 받을 것이냐 여가를 선택하여 다른 곳에서 즐거움을 더 찾을 것인가는 개인의 선호에 따라 달라진다고 할 수 있다. 여기에서 개인이 선택할 수 있는 두 가지 재화(노동공급-여가)중 선택하는 것이 정상재(正常財), 포기하는 것을 열등재(劣等財)라고 한다. 앞선 |그림 3-6(b)|을 살펴보면 대체효과가 소득효과보다 크면, 즉 여가가 열등재(劣等財)인 경우, 노동공급곡선이 우상향(→)하고 소득효과가 대체효과보다 더 크다면 후방굴절하는 노동공급곡선(→)으로 나타난다. 후방굴절형 노동공급 곡선에서 임금이 상승할 때, 소득효과와 여가와의 관계는 여가가 정상재일 때와 열등재일 때 아래와 같이 정리할 수 있다.

- 소득효과 : 임금상승 → 여가 열등재 → 여가소비 감소 → 노동공급 증가
  → 여가 정상재 → 여가소비 증가 → 노동공급 감소

근로소득세(세율)가 인상될 때의 개인의 노동공급은 어떻게 될까?

근로소득세의 부과 또는 세율인상이 노동공급시간에 궁극적으로 어떤 영향을 미칠 것인가는 소득효과와 대체효과의 크기에 달려 있다고 할 수 있다. 소득효과가 대체효과보다 큰 경우에는 근로소득세의 도입 또는 세율인상이 노동공급시간을 오히려 연장시키는 효과가 있을 수 있다. 예컨대 시간당 임금이 1200원이고, 1000원에 만족하는 사람이 세율 인상(10→20%)이 되었다면(실제소득은 1080원→960원), 소득효과가 더 큰 구간에서 다시 노동공급을 늘릴 수도 있다는 것이다. 그러나 두 가지 효과 중에 어느 것이 더 클 것인지는 사전적(事前的)으로 말할 수 없기 때문에 실제로 노동공급시간이 증가할 것인지 감소할 것인지는 사전적으로 알기 어렵다. 만약 소득효과와 대체효과의 크기에 관한 정보를 가지고 있든지 아니면 조사에 의하여 그것을 알 수 있다고 한다면 소득-여가의 선호체계에 의한 노동공급곡선의 설명이론은 유효하게 이용될 수 있을 것이다.

4) 시장전체의 노동공급

(1) 시장노동공급곡선의 도출

앞에서는 개별적인, 즉 홍길동 씨의 노동공급곡선을 경제이론에 따라 도출하였다. 개별 노동공급곡선의 합계가 시장전체의 노동공급곡선이 된다. 개별 노동공급곡선은 후방굴절하는 경우가 있으나 시장전체의 노동공급곡선은 일반적으로 우상향한다. 시장전체의 노동공급곡선을 그림으로 표시하면 |그림 3-8|과 같다.

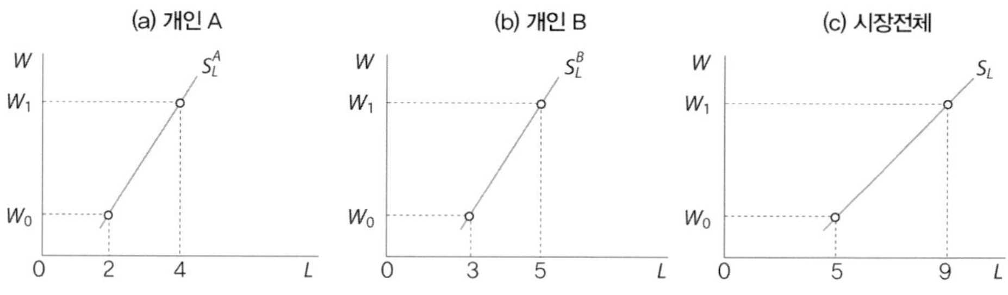

|그림 3-8| 시장전체의 노동공급곡선의 도출

노동을 공급하는 사람은 무수하게 많다. 이 그림은 단순화를 위하여 시장전체에 두 사람만이 있다고 가정하여 그린 것이다. 시간당 임금이 W_0(=2,000원)일 때 '개인A'는 2시간의 노동공급을 하고 '개인B'는 3시간의 노동공급을 하여 시장전체로는 5시간의 노동공급을 하게 된다. 같은 논리로 임금이 W_1(=3,000원)일 때 '개인A'는 4시간의 노동공급을 하고 '개인B'는 5시간의 노동공급을 하여 시장전체로는 9시간의 노동공급을 하게 된다. 따라서 시장전체의 노동공급곡선은 |그림 3-8|의 (c)가 된다.

(2) 전체 시장의 노동공급곡선 기울기

|그림 3-8(c)|의 시장전체의 노동공급곡선은 임금상승과 노동공급시간(노동공급량)과의 관계를 나타내고 있다. 노동공급곡선의 기울기가 완만하다는 것은 임금변화보다 노동공급의 변화가 크다는 것을 의미한다. 시장전체의 노동공급곡선의 기울기는 주로 다음과 같은 이유에서 결정된다.

노동공급곡선은 첫째, 노동의 이동가능성이 클수록 둘째, 노동의 이동비용이 낮을수록 셋째, 측정기간이 길어질수록 노동공급곡선의 모양은 완만한 모양으로 나타난다.

5) 노동공급의 탄력성

노동공급의 탄력성이란 임금의 변화에 따른 노동공급량의 변화정도를 의미한다. 즉, 임금변화율에 대한 노동공급량의 변화율을 의미하는 것으로 공식은 아래와 같다(임금 : W, 노동공급량 : L).

$$\text{노동공급의 탄력성} = \frac{\text{노동공급량의 변화율(\%)}}{\text{임금의 변화율(\%)}} = \frac{\frac{\Delta L}{L}}{\frac{\Delta W}{W}} = \frac{\Delta L}{\Delta W} \cdot \frac{W}{L}$$

예컨대, 1년 동안에 우리나라 근로자 평균임금이 100만 원에서 120만 원으로 인상되었고 근로자수는 같은 기간에 1,000만 명에서 1,100만 명이 증가되었을 때 노동공급의 탄력성[5]은 0.5(=10%/20%)이다.

노동공급의 탄력성이 무한대(∞)에 가깝게 되면 임금의 미세한 변화에도 노동공급량은 민감하게 반응한다. 노동공급곡선이 수평인 경우는 루이스(A. W. Lewis)의 이중경제모형에서 무제한적 노동공급이 가능한 경우인데, 일반적으로 저개발국에서는 농업을 중심으로 한 전통적인 경제부문에 과잉노동력이 존재하므로 근대적인 경제부문으로의 고용기회가 주어지면 장기간에 걸친 저임금 상태의 무제한적 노동공급이 가능하여 경제발전이 촉진된다고 한다. 반대로 노동공급의 탄력성이 '0'인 경우도 가정할 수 있는데, 이 경우에는 노동공급곡선이 수직선이 되며, 임금의 변화에도 불구하고 노동공급량이 전혀 변하지 않는데, 일정한 자격을 요하는 특수한 직업의 경우가 이에 해당한다(김용원, 2007).

이러한 노동공급의 탄력성을 결정하는 요인으로는 생산규모를 산정하는 인구수, 노동조합의 결성 여부와 교섭력의 강도, 여성 또는 기혼 취업의 용이성, 산업구조의 변화 등 매우 다양하게 이야기할 수 있다.

5) 노동공급의 탄력성이 1.0보다 크면 '탄력적', 1.0보다 작으면 '비탄력적'이라고 한다.

노동공급의 탄력성 값의 의미

노동의 공급과 수요의 탄력성은 임금의 변화율에 따른 공급과 수요의 변화율을 의미한다. 일반적으로 공급은 임금의 변화에 따라 정방향의 값으로 변화하지만 수요는 임금의 변화에 따라 음(−)의 값을 가지게 되는데, 유의할 점은 모두가 절대값으로 그 크기를 파악한다는 것이다. 즉, 절대값이 크면 클수록 탄력성의 값은 크다고 생각하면 된다.

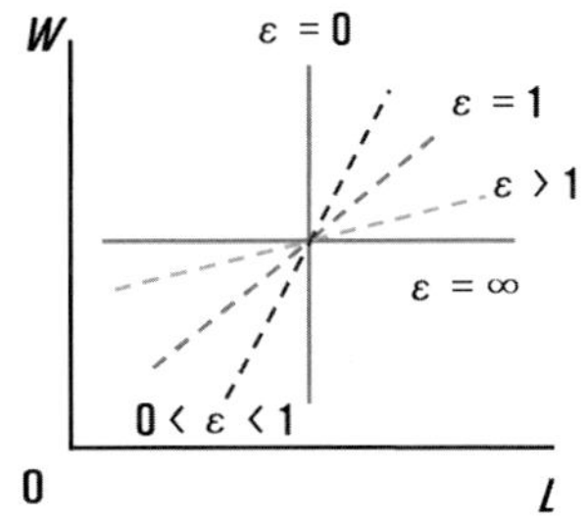

탄력성 값	개 요
ε = 0	완전비탄력적(수직선)
0 〈 ε 〈 1	비탄력적
ε = 1	단위탄력적
ε 〉 1	탄력적
ε = ∞	완전탄력적(수평선)

연습문제

- 가상적인 A 국가의 근로자 평균임금이 2030년도 200만 원에서 2031년도 250만 원으로 인상되었다. 같은 기간 근로자수가 5,000명에서 6,000명으로 증가되었을 때, 노동공급 탄력성을 구하는 공식과 값을 쓰시오.

4. 노동의 수요

앞서 노동시장에서도 언급했듯이 노동수요는 일정기간 동안의 수요를 의미하므로, 유량(flow)의 개념이다. 또한 기업이 판매하고자 하는 상품 및 서비스를 제공하는 데 쓰이는 수요이다. 즉, 기업이 생산한 제품에 대한 상품에 대한 수요가 없다면 기업의 노동에 대한 수요도 없게 될 것이며, 이러한 의미에서 노동의 수요는 최종생산물에 대한 수요에서 파생되었다는 의미에서 파생수요(derived demand)라 한다. 이 점을 반드시 상기하고 다음의 내용을 살펴보자.

1) 노동수요의 의의와 결정요인

(1) 노동수요의 의의

노동수요는 일정기간 동안 기업이 고용하고자 하는 의사가 있는 노동의 양을 의미한다. 이는 일정기간 동안 노동력의 이용을 의미하는 것으로 나타내는 양, 즉 유량(flow)의 개념에 속한다. 그러므로 노동의 공급과 마찬가지로 노동의 수요는 1개월, 3개월, 1년간 고용량이라는 식으로 일정기간을 표기하여야 한다. 또한 노동의 수요는 재화나 서비스의 수요와는 구별되는 다음의 특징이 있다.

① 파생(유발)수요

노동은 사용자가 어떤 상품을 생산하기 위하여 유발되는 것이다. 고용주가 노동을 수요함에 있어 1차적 목적은 고용주의 심리적 만족감이 아니라 상품생산을 행하고 기업이 생산 · 판매하여 이윤 극대화를 목적으로 하는 것이다. 이때 기업이 이윤을 실현하기 위해서는 기본적으로 그 상품에 대한 수요가 있어야 하는 것이다. 이와 같이 노동에 대한 수요는 최종생산물에 대한 소비자의 수요에서 파생(유발)된다는 의미에서 파생(유발)수요(derived demand)라고 한다.

② 결합수요

노동수요는 노동 그 자체에 대한 독립적 수요만으로 상품이 만들어지지 않는다. 상품을 생산하기 위해서는 공장, 생산설비, 기계 및 원재료 등 다른 투입물과 함께 이루어진다. 노동의 수요는 상품의 생산과 관련된 다른 생산요소의 발달정도와 이용가능성의 여부와도 밀접하게 관련되어 있다는 의미에서 결합수요(joint demand)라고 부른다.

(2) 노동수요의 결정요인

노동의 수요는 이윤극대화를 목적으로 주로 기업에 의해 결정된다. 상품의 생산, 판매를 통하여 총수입과 총생산비용의 차액인 총이윤은 노동의 수요를 결정하는데 가장 큰 요인이라 할 수 있다. 노동의 수요는 일반적으로 다음과 같은 요인에 의해 결정된다.

① 임금

노동에 대한 수요는 기본적으로 노동의 가격, 즉 임금의 의해 영향을 받게 된다. 일반적인 수요 · 공급 법칙에서 살펴봤듯이 임금이 상승하면 노동수요는 감소하고, 임금이 하락하면 노동의 수요는 증가하게 된다.

② 상품에 대한 수요

노동의 수요는 앞서 지적한 바와 같이 파생수요이다. 생산된 상품에 대한 소비자의 수요가 많다면, 기업은 이윤을 창출하기 위해 더 많은 노동을 투여하여 총수입의 증대를 이루려고 할 것이다. 앞서 이몽룡 사장의 예처럼 보일러에 대한 수요가 많다면 더 많은 생산을 하고자 노동의 수요를 일정수준까지 증가시키게 된다.

③ 타 생산요소의 가격

기술수준이 일정하다고 할 때, 노동의 수요는 다른 생산요소의 가격에 의해 영향을 받는다. 이러한 영향은 생산요소는 노동과 자본만 존재하고 이들 요소 간에 대체가 가능하다면, 자본에 대한 가격이 상승할 경우 기업들은 자본 대신 상대적으로 저렴한 노동의 수요를 늘이게 된다. 그러나 자본의 가격이 상승할 경우 이는 생산비를 증가시켜 상품의 가격에도 영향을 주어 상품의 수요가 감소할 수도 있다. 타 생산요소의 가격 상승이 노동의 수요에 미치는 영향은 상대적이지만 타 생산요소의 가격은 노동의 수요에 중요한 영향을 미친다.

④ 기술수준

기술수준 또한 두 가지 측면에서 생각해 볼 수 있다. 일반적으로 생산기술의 발전은 기업으로 하여금 적은 생산요소의 투입으로 많은 산출량을 얻게 하여 노동의 수요를 감소시킬 수 있지만, 반대로 기술의 진보 또는 발전은 생산비용을 감소시키기 때문에 상품가격을 하락시킴으로써 상품의 수요를 증대시킬 수 있다. 이러한 경우 생산기술의 발전은 노동의 수요를 증대시킬 수도 있다. 기술수준은 상대적으로 수요에 영향을 미치기 때문에 일률적으로 평가하기는 어렵지만 노동의 수요에 영향을 주는 것만은 분명하다.

⑤ 노동생산성

생산성의 증대 또한 노동의 수요에 대해 이중의 효과를 가지게 된다. 우선 생산성 증대는 일정한 양의 상품을 보다 적은 양의 노동 투입으로 생산을 가능하게 하므로 기업은 노동의 수요를 감소시킬 것이다. 그러나 앞서 기술수준에서 보았듯이 이 또한 상품의 가격을 하락시켜 상품에 대한 수요를 증가시키게 된다. 따라서 생산성의 증대는 노동수요의 감소효과와 증대효과를 동시에 가져올 수 있다.

2) 개별기업의 노동수요

(1) 생산함수

생산이란 생산요소를 적절하게 배합, 가공하여 인간에게 유용한 재화와 서비스를 창출함으로써 사회후생을 증대시키는 행위이다. 생산은 제품을 생산하는 것뿐만 아니라 재화의 포장, 운송, 저장 등 사회후생을 증대시키는 모든 행위를 포함하는 개념이며, 대부분 기업조직을 통하여 이루어진다. 생산은 주로 기업에 의하여 여러 가지 생산요소의 결합으로 이루어지는데 생산요소의 효율적인 결합을 위하여 노력하는 사업주의 경영능력도 하나의 생산요소라 할 수 있다.

기업은 재화와 용역을 생산하여 시장(생산물시장)에 내다 팔아서 이윤을 추구하는 경제단위이다. 기업은 이윤을 추구하되 가장 많은 이윤, 즉 이윤극대화(利潤極大化)를 추구한다. 이를 위하여 이윤극대화를 위한 생산량(Q)을 결정하고 생산량은 생산을 위한 생산요소의 투입에 의하여 결정된다. 생산요소는 크게 노동, 자본, 자연 등으로 분류되나 이론의 단순화를 위하여 노동(L)과 자본(K)을 생산요소로 이해하자.

노동과 자본 등 생산요소를 투입하여 생산량이 얼마가 되는가를 나타내는 것이 생산함수(生産函數, production function)이다. 생산함수는 단기(短期, short-run)와 장기(長期, long-run)로 나누어진다. 개별기업의 입장에서 건물, 기계설비와 같은 자본량은 짧은 기간에 증가시키는 것이 어려우나 노동량은 조절이 가능하기 때문에 이러한 경우 '단기생산함수'라고 하고, 긴 시간을 두고 자본량을 변화시킬 수 있는 경우 '장기생산함수'라고 한다. 이제 생산량을 Q, 노동량을 L, 자본량을 K라고 하면, 자본량은 단기에 변동이 없으므로(즉, $\overline{K}$) 단기생산함수와 장기생산함수는 다음과 같이 함수식으로 표시된다.

- 단기생산함수 : $Q = f(L, \overline{K})$; 자본은 변화가 없고($\overline{K}$), 노동량(L)이 변화한다.
- 장기생산함수 : $Q = f(L, K)$; 자본(K)과 노동량(L)이 다 같이 변화한다.

(2) 개별기업의 단기생산함수

기업의 수가 무수히 많은 완전경쟁시장의 경우 상품의 시장 가격은 그 상품의 수요와 공급에 의해서 결정되므로 가 각 기업은 그의 이윤을 극대화하기 위한 최적의 생산량을 결정해야한다. 이해를 돕기 위하여 다음과 같은 예를 들어보자. 이몽룡 사장은 보일러를 생산하는 소규모기업을 운영하고 있다. 보일러의 생산을 위한 자본(공장건물과 기계설비 등 고정요소라고 하고 $\overline{K}$로 표시한다)에 노동량을 투입하여 한 달 동안의 생산량을 기록한 것이 〈표 3-2〉이다.

〈표 3-2〉 **'이몽룡' 사장의 단기생산함수**

① 노동량	L	명	10	20	30	40	50	60	70	80
② 총생산량	Q	대	0	100	185	260	329	394	455	513
평균생산량	$AP_L = \frac{Q}{L}$	대	0	5.00	6.17	6.50	6.58	6.57	6.50	6.41
③ 한계생산량	$MP_L = \frac{\Delta Q}{\Delta L}$	대	0	10.0	8.5	7.5	6.9	6.5	6.1	5.8

이 공장은 10명의 근로자를 고용해서는 공장가동이 되지 않기 때문에 생산량은 '0'(Q=0)이고 노동량을 증가시키면 총생산량이 증가한다(노동량을 조정할 수 있기 때문에 가변요소라고 한다). 그러나 근로자 1인당 생산량, 즉 노동의 평균생산량(平均生產量, average product of labor; $AP_L = \frac{Q}{L}$)은 서서히 증가하다가 50명(AP_L =6.58대)을 넘어서면 감소하게 되는 것을 알 수 있다. 그리고 근로자를 1명 더 고용할 때(ΔL) 증가된 생산량(ΔQ)과의 관계를 나타낸 것이 노동의 한계생산량(限界生產量, marginal product of labor ;$MP_L = \frac{\Delta Q}{\Delta L}$)이다. 근로자를 50명에서 60명으로 증가하는 경우(ΔL=10명) 생산량은 329대에서 394대로 증가하여(ΔQ=65대) 한계생산량은 $MP_L = \Delta Q / \Delta L$ =6.5대가 된다. 한계생산량은 계속적으로 감소함을 알 수 있다. 이와 같이 고정요소($\overline{K}$)가 존재하는 단기에 가변요소(L)의 투입량을 증가시키면 어떤 단계를 지나고부터는 그 가변요소의 한계생산물이 감소하는 현상을 '수확체감의

법칙'(또는 한계생산물체감의 법칙)이라고 한다. 수확체감의 법칙(收穫遞減의 法則, law of diminishing returns)은 기업별로 차이는 있으나 단기에 거의 모든 산업에서 나타나는 일반적인 현상이다.

유의해야 할 점은 지적 자본(생산물)에서는 '수확체증의 법칙(收穫遞增의 法則, increasing returns of scale)[6]'이 성립된다는 것이다. 즉, 업무처리 과정에서 습득한 지식이나 노하우는 그것을 쓸수록 더욱 발전하며, 새로운 노하우를 발견하는 토대가 된다.

(3) 시장가격과 한계생산물가치

이몽룡 사장이 생산하는 보일러는 시중에서 20만 원에 거래된다. 그리고 이몽룡 사장과 똑같은 보일러를 생산하는 기업은 대단히 많아서 보일러 가격을 혼자서 결정할 수가 없어 시장가격이 형성되면 우리의 이사장은 시장가격에 맞추어 생산하고 판매하여야 한다. 이러한 경우 이몽룡 씨의 기업은 가격순응자(價格順應者, price taker)이다. 따라서 이몽룡 씨 혼자서 보일러 가격을 올려서는 판매가 되지 않으므로 20만 원의 시장가격에 맞추어 생산하여야 하는 운명이다(표 3-3의 ④란). 생산자는 물론 소비자도 시장가격에 따라 제품을 생산하고 소비하는 이러한 시장을 완전경쟁시장(完全競爭市場)이라고 한다. 또한 보일러 업계에서 근로자의 임금은 130만 원을 지급하지 않으면 근로자를 고용할 수가 없다고 한다(표 3-3의 ⑥란).

⑤란에는 한계생산물가치(value of marginal product of labor; VMP_L)가 계산되어 있다. 한계생산물의 가치는 한계생산량에 시장가격을 곱한 것으로서, 한사람이 더 고용되어 더 생산된 것을 시장에 내다 판아 벌어들이는 가치(액수)를 의미한다.

6) 투입된 생산요소가 늘어나면 늘어날수록 산출량이 증가하는 현상을 의미하는 것으로 지식기반경제에서 주력 산업이라 할 수 있는 정보 · 문화산업, 소프트웨어산업, 서비스산업 등에서는 생산량이 증가하더라도 추가 비용이 들지 않는 수확체증의 특성을 보인다.

〈표 3-3〉 '이몽룡'사의 제품가격과 한계생산물 가치

① 노동량	L	명	10	20	30	40	50	60	70	80
② 총생산량	Q	대	0	100	185	260	329	394	455	513
③ 한계생산량	$MP_L = \frac{\Delta Q}{\Delta L}$	대	0	10.0	8.5	7.5	6.9	6.5	6.1	5.8
④ 가격	P	만원	20	20	20	20	20	20	20	20
⑤ 한계생산물가치	$VMP_L = MP_L \times P$	만원	0	200	170	150	138	130	122	116
⑥ 1인당 임금	W	만원	130	130	130	130	130	130	130	130

노동의 한계생산물은 흔히 노동생산성(勞動生産性)이라고 하며 자본의 한계생산물은 자본생산성(資本生産性)이라고 부른다. 표에서 보듯이 한계생산물의 가치는 수확체감의 법칙에 따라 점점 떨어진다.

(4) 개별기업의 이윤함수

생산에는 생산요소의 구입에 드는 비용(생산비)이 많다. 즉, 자본에 대한 이자, 노동에 대한 임금, 경영에 대한 이윤, 토지에 대한 임대료 등이 있겠으나, 단순화를 위하여 이들 중에서 노동에 대한 대가로서 임금만을 이몽룡 씨의 생산비로 가정하여 이윤을 계산하자.

이윤(利潤, profit; π)은 총수입(總收入, total revenue; TR)에서 총비용(總費用, total cost; TC)을 뺀 것이다. 총수입은 생산량에 제품가격을 곱한 것이고, 총비용은 노동량에 임금을 곱한 것이므로 이러한 관계를 수식으로 표시하면 다음과 같고,

- 총수입 = 가격 × 생산량 : $TR = P \times Q$
- 총비용 = 임금 × 노동량 : $TC = W \times L$
- 총이윤 = 총수입 − 비용 : $\pi = TR - TC$

총수입, 총비용, 총이윤을 계산한 것이 〈표 3-4〉의 ⑦, ⑧, ⑨란이다. 이 표를 보면 이몽룡 사장은 기업이윤을 내려면 노동력(근로자)을 40~70명 사이에서 고용하여

야 한다. 40명, 70명을 고용하는 경우 기업이윤은 없으며 이러한 경우 손익분기점(損益分岐點, break-even point)에 있다고 한다. 최대이윤은 80만 원으로서 이때의 노동량은 50명과 60명이다. 이몽룡 사장의 입장에서는 자사제품의 시장점유율을 높이기 위하여 60명을 고용하여 394개의 제품을 생산할 것이다.

〈표 3-4〉 **'이몽룡'사장의 이윤함수**

① 노동량	L	명	10	20	30	40	50	60	70	80
② 총생산량	Q	대	0	100	185	260	329	394	455	513
③ 한계생산량	$MP_L = \frac{\Delta Q}{\Delta L}$	대	0	10.0	8.5	7.5	6.9	6.5	6.1	5.8
④ 가격	P	만 원	20	20	20	20	20	20	20	20
⑤ 한계생산물가치	$VMP_L = MP_L \times P$	만 원	0	200	170	150	138	130	122	116
⑥ 1인당 임금	W	만 원	130	130	130	130	130	130	130	130
⑦ 총수입	$TR = P \times Q$	만 원	0	2,000	3,700	5,200	6,580	7,880	9,100	10,260
⑧ 총비용	$TC = W \times L$	만 원	1,300	2,600	3,900	5,200	6,500	7,800	9,100	10,400
⑨ 총이윤	$\pi = TR - TC$	만 원	-1,300	-600	-200	0	80	80	0	-140

(5) 개별기업의 노동수요곡선의 도출

앞의 예에서, 보일러의 시장가격은 20만 원이다. 20만 원은 보일러를 한대 팔면 들어오는 수입으로 한계수입(marginal revenue)이라고 한다. 1인당 임금수준이 130만 원인 상황에서 이몽룡 사장의 회사가 단기에 최대이윤(80만 원)을 내는 고용량은 60명이다. 이몽룡 사장이 근로자 60명을 고용하는 것은 표에서 보듯이 1인당 임금(130만 원)과 한계생산물의 가치(130만 원)가 같다는 것을 알 수 있다. 이를 통하여 완전경쟁시장에서 개별기업의 노동수요는 한계생산물가치와 임금수준이 일치할 만큼의 노동량이며, 이를 식으로 정리하면 아래와 같고, 그림으로 표시한 것이 |그림 3-9|의 (a)이다.

- 한계생산물가치 = 한계생산량 × 제품가격 = 임금
- $VMP_L = MP_L \times P = W$
- 130만 원 = 6.5대 × 20만 원 = 130만 원

즉, 임금이 130만인 경우 이몽룡 사장은 60명을 고용할 때 극대이윤이 생기며, 130만 원은 명목임금(名目賃金, nominal wage)이라고 한다. 아래 |그림 3-9|의 (a)는 개별기업의 노동수요가 명목임금의 함수임을 보여준다. 130만 원을 넘는 임금상승이 있으면 이몽룡 사장은 노동량을 줄일 것이고, 그 이하로 하락하면 노동량을 증가시킬 것이다. |그림 3-9|의 (b)는 노동수요가 실질임금(實質賃金, real wage)의 함수임을 나타낸다. 위의 식은 아래와 같이 변형된다.

$$W = MP_L \times P \qquad \Rightarrow \qquad \frac{W}{P} = MP_L \left(\frac{130\text{만원}}{20\text{만원}} = 6.5\text{대} \right)$$

즉, 명목임금 130만 원은 실질적으로 보일러 6.5대(실질임금)와 같다는 말이다. 따라서 개별기업의 노동수요는 |그림 3-9|의 (b)와 같이 실질임금의 함수로 표시할 수 있다.

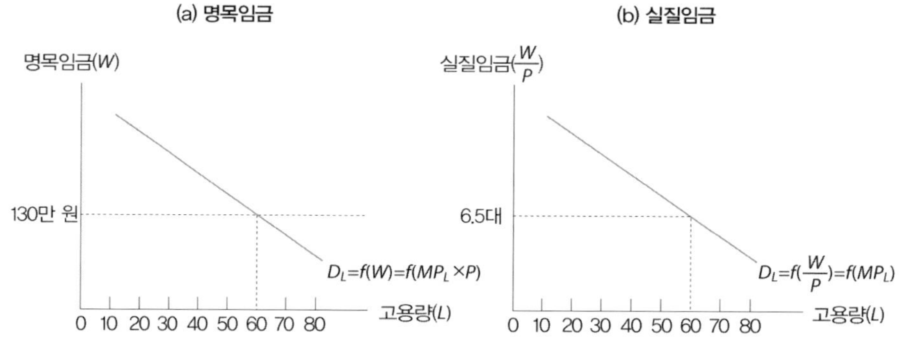

|그림 3-9| **개별기업의 노동수요 : 명목임금(W), 실질임금($\frac{W}{P}$)의 함수**

이상에서 살핀 개별기업의 노동수요를 쉽게 표현하면, 한 명의 근로자가 새로이 취업하여 더 생산한 제품(한계생산물)을 시장에 판매하여(한계생산물 가치) 자신의 임금(명목임금)으로 가져갈 때 기업은 극대이윤을 얻게 된다는 말이다. 만일 임금이 한계생산물가치보다 낮으면 기업은 이윤을 늘리기 위해 노동을 더 수요 하려고 할

것이나, 임금이 한계생산물가치보다 높으면 기업은 노동의 수요를 줄이게 되는 것이다.

생산물시장과 생산요소시장이 완전경쟁적인 경우, 각 생산요소(여기서는 노동)는 각 생산요소가 기업의 수입에 기여한 가치만큼의 보수를 받게 될 때 기업은 극대이윤을 얻게 된다는 것을 뜻한다. 이 같이 각 생산요소의 가격(임금)이 각 생산요소의 한계생산물가치와 일치하는 점에서 결정되어야 한다는 이론은 한계생산성이론(marginal productivity theory)이라고 한다.

연습문제

■ 아래의 표를 보고 최적고용단위를 결정하고 근거를 설명하시오.

(단, 노동 1단위 임금 : 150원, 생산물 1개 단가 : 100원)

노 동	1단위	2단위	3단위	4단위	5단위	6단위
생산량	2	4	7	8.5	9	9

3) 시장전체의 노동수요

(1) 산업의 노동수요곡선

전체 산업의 노동수요곡선은 개별기업의 노동수요곡선을 수평적으로 합계한 것이다. 앞의 예에서 보일러를 생산하는 회사는 이몽룡 회사도 있고 성춘향 회사도 있을 수 있듯이 수많은 기업들이 있다. 이들 기업에서 각 임금수준에 대응하여 고용하는 노동량을 수평으로 합계한 것을 산업의 노동수요곡선으로 이해하자. 이몽룡 사장의 기업이 속한 산업의 각 임금수준에 대응하여 기업에서 고용한 단기의 노동수요는 |그림 3-10|과 같이 나타낼 수 있다.

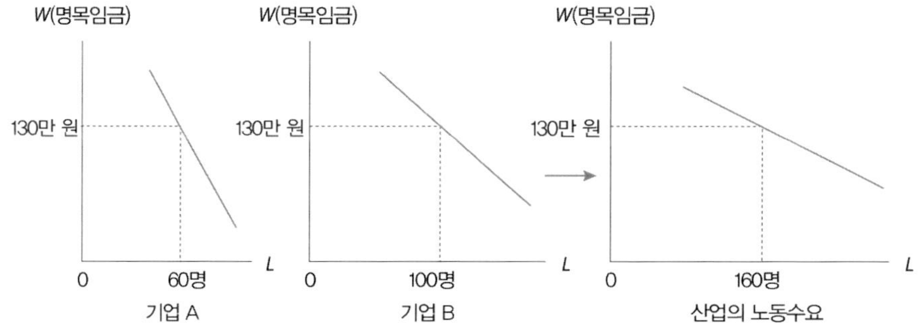

|그림 3-10| **이몽룡 기업(A)이 속한 산업의 단기노동수요**

(2) 우리나라의 산업별 노동수요

우리나라의 산업별 노동수요를 직접적으로 파악하기가 어렵기 때문에 통계청의 자료를 가지고 파악할 수 있다. 산업별 취업자수를 연도별로 농림어업, 광공업, 제조업 등 몇 개로 구분하여 추이를 살펴보면 〈표 3-5〉와 같이 나타나고 있다. 산업별 취업자의 추이는 농업, 임업 및 어업, 광공업의 구성비율이 증가 추세를 보이고 있다. 또한 사회간접자본 및 기타서비스업, 건설업, 전기 · 운수 · 통신 · 금융업이 지속적으로 증가 추세를 보이고 있다. 제조업은 코로나-19 팬데믹이 극심하였던 2020~2021년 감소 후 2022년부터 회복 현재 증가추세를 보이고 있다. 그러나 도소매 · 숙박음식점업이 지속적인 감소추세를 보이고 있는 것을 나타났다. 4차 산업혁명 이후 노동수요가 산업별로 변화되는 모습을 나타내는 것으로 이러한 산업별 취업자의 구성은 향후에도 가속화될 전망이다.

〈표 3-5〉 **산업별 취업자의 구성 변화** (단위 : 천 명)

산업별	2015	2016	2017	2018	2019	2020	2021	2022	2023.05
계	26,178	26,409	26,725	26,822	27,123	26,904	27,273	28,089	28,835
농업, 임업 및 어업	1,337	1,273	1,279	1,340	1,395	1,445	1,458	1,526	1,654
광공업	4,618	4,603	4,589	4,529	4,444	4,389	4,380	4,512	4,474
제조업	4,604	4,584	4,566	4,510	4,429	4,376	4,368	4,503	4,464
사회간접자본 및 기타서비스업	20,222	20,534	20,857	20,953	21,284	21,071	21,435	22,051	22,708
건설업	1,854	1,869	1,988	2,034	2,020	2,016	2,090	2,123	2,117
도소매 · 숙박음식점업	6,011	6,045	6,083	5,965	5,966	5,647	5,451	5,495	5,611
사업 · 개인 · 공공서비스 및 기타	9,278	9,532	9,734	9,800	10,139	10,227	10,536	10,944	11,422
전기 · 운수 · 통신 · 금융	3,079	3,088	3,053	3,154	3,160	3,181	3,358	3,490	3,558
도매 및 소매업	3,816	3,754	3,795	3,723	3,663	3,503	3,353	3,313	3,309
운수 및 창고업	1,429	1,426	1,405	1,407	1,431	1,482	1,586	1,655	1,651
숙박 및 음식점업	2,195	2,291	2,288	2,243	2,303	2,144	2,098	2,182	2,302
전문, 과학 및 기술 서비스업	1,055	1,101	1,092	1,096	1,157	1,164	1,219	1,288	1,387
사업시설 관리, 사업 지원 및 임대 서비스업	1,331	1,391	1,374	1,311	1,312	1,347	1,397	1,423	1,454
공공행정, 국방 및 사회보장 행정	948	1,004	1,058	1,110	1,076	1,112	1,143	1,213	1,287
교육 서비스업	1,835	1,862	1,907	1,847	1,883	1,798	1,840	1,902	1,932
보건업 및 사회복지 서비스업	1,781	1,861	1,921	2,046	2,206	2,336	2,534	2,714	2,916
협회 및 단체, 수리 및 기타 개인 서비스업	1,232	1,224	1,222	1,236	1,233	1,189	1,135	1,119	1,126

자료 : 통계청(2023). 경제활동인구조사 결과

4) 노동수요의 탄력성

노동수요의 탄력성이란 임금의 변화에 따른 노동수요량의 변화정도를 의미한다. 즉, 임금변화율에 대한 노동공급량의 변화율을 의미하는 것으로 공식은 아래와 같다(임금 : W, 노동수요량 : L).

$$\text{노동수요의 탄력성} = \frac{\text{노동수요량의 변화율(\%)}}{\text{임금의 변화율(\%)}} = \frac{\frac{\Delta L}{L}}{\frac{\Delta W}{W}} = \frac{\Delta L}{\Delta W} \cdot \frac{W}{L}$$

산출되는 공식은 노동공급의 탄력성의 공식과 유사하게 노동의 공급을 노동의 수요로 바꾸면 된다. 이러한 노동수요의 탄력성에 대해 탄력성의 크기를 결정하는 요인은 마샬(A. Marshall)에 의해 제안되었고, 이후 힉스(J. R. Hicks)에 의해 체계화되었다. 힉스-마샬 법칙은 바로 노동수요의 탄력성을 결정하는 요소를 말한다. 이러한 힉스-마샬 법칙은 다음의 네 가지로 요약될 수 있다.

① 최종생산물에 대한 수요의 탄력성(생산물 요소의 탄력성)

노동에 대한 수요는 여러 번 지적한 바와 같이 파생수요이다. 따라서 노동의 수요도 노동이 생산요소로 들어가는 최종 생산물수요의 탄력성에 영향을 받을 수밖에 없다. 최종생산물에 대한 수요가 탄력적일수록 노동에 대한 수요 또한 탄력적이게 된다.

② 총생산에서 차지하는 노동의 비용

기업이 어떤 제품을 생산하는 데 노동비용의 비중이 낮다면 임금의 상승은 단위당 비용에 적은 영향을 미치게 된다. 따라서 생산물 가격이나 매출 등은 고용량에 적은 영향을 미치게 되는 것이다. 그러나 노동비용이 높다면 임금의 상승은 단위당 비용에 많은 영향을 미치게 된다. 즉, 노동의 비중이 높다면 수요의 탄력성은 높아지고, 반대인 경우는 낮아지게 된다.

③ 노동의 대체 가능성

노동은 다른 생산요소(자본)와 함께 생산물을 만들게 된다. 만일 다른 조건이 같을 때, 임금이 상승하게 되면 기업은 상대적으로 비싼 타 요소로 대체하고자 하는 요인이 발생한다. 이때 노동을 대체할 수 있는 다른 생산요소의 대체가능성이 크냐 작으냐에 따라 그 효과는 달라지게 된다. 여기에서 다른 요소와의 대체가능성이 클수록 노동에 대한 수요탄력성도 크게 된다. 즉, 대체효과가 클수록 노동에 대한 수요의 탄력성도 커진다.

④ 노동과 함께 사용되는 생산요소의 공급탄력성

임금이 상승하게 되면 생산물의 생산비가 증가하여 제품가격이 상승하게 되고, 제품에 대한 수요는 감소한다. 이렇게 되면 노동을 포함한 다른 생산요소의 수요도 감소하게 된다. 임금이 상승하여 기업측에서 다른 생산요소의 투입량을 증가시키려고 할 때 자본의 공급탄력성이 크다면 기업은 노동을 자본으로 대체시키기가 쉬울 것이므로 자본의 투입량을 증대시키게 될 것이다. 그렇게 되면 상대적으로 노동의 수요가 감소하게 되고, 노동의 수요도 탄력적이 될 것이다. 즉, 노동과 결합하여 사용되고 있는 다른 생산요소의 공급탄력성이 작을수록 노동수요의 탄력성도 작아지고, 다른 생산요소의 공급탄력성이 클수록 노동의 수요탄력성도 커지게 된다.

이외에도 노동수요의 탄력성은 노동조합과도 관계가 있다. 일반적으로 노동수요의 탄력성이 작을수록 노동조합의 세력은 커질 것이다. 임금협상의 경우 노동수요가 비탄력적일 때에는 임금이 인상되더라도 고용량의 감소는 작을 것이므로 노동조합은 유리한 입장에 서게 된다. 또한 Hicks-Marshall에 따라 노조가 조직된 산업의 상품에 이용되는 조합원을 대체하는 생산요소의 이용가능성이 적을수록 노동수요의 탄력성도 작아진다. 따라서 노동조합은 비조직 분야에서의 상품이용 가능성을 작게 하고 비조합원을 동원하여 생산활동을 계속할 가능성을 봉쇄해야 그 세력을 강화할 수 있기 때문에 한 산업 전체 상품시장에서의 조직화를 추구하며, 노동자 전체를 포함하는 조직을 추구하게 되는 것이다.

연습문제

■ 시간당 임금이 500원일 때 1,000명을 고용하던 기업에서 시간당 임금이 400원으로 감소하였을 때, 1,100명을 고용할 경우, 이 기업의 노동 수요탄력성을 계산하시오.(단, 계산과정과 정답을 모두 기재)

5. 노동시장의 균형

1) 임금과 고용량의 결정

노동시장(labor market)의 기능은 하나의 국민경제 또는 하나의 직종에 있어서 노동력의 수요와 공급이 주어질 때 어떻게 균형임금과 균형고용량을 결정해 주느냐에 있다. 즉, 노동시장이란 노동의 수요와 공급이 만나는 추상적인 곳을 의미하며, 노동시장의 기능은 "임금"과 "고용량"을 결정하는 시스템이다. 어떤 직종에 있어서 근로자의 직업선택의 자유와 사용자의 구직 및 구인에 있어서 완전한 자유 등으로 경쟁시장의 조건하에 있다고 가정하자. 이 직종에 얼마만큼의 고용이 결정되며 균형임금은 얼마로 될 것인가 살펴보면 다음과 같다.

|그림 3-11|에는 어떤 직종에 대한 노동력의 공급곡선과 기업으로부터의 수요곡선이 표시되어 있다. 우리는 수요자와 공급자가 결국 양 곡선이 만나는 E점 균형을

이루며, 균형고용량이 $\bar{L}$로 되고 균형임금률이 $\bar{W}$로 되는 것을 알 수 있다. 노동시장이 존재하기 때문에 어떤 개인이나 또는 기관이 이를 하나하나 배치시키지 않더라고 이와 같이 균형고용량과 균형임금이 결정되는 것이 노동시장의 기능이다. 이 기능은 다른 무엇으로도 대체하기 어려운 일을 해주는 중요한 기능이라는 것을 알 수 있다. 또한 그림에서 A구간은 초과공급으로 이때 실업이 발생하며 B구간은 초과수요가 발생하는 구간이다.

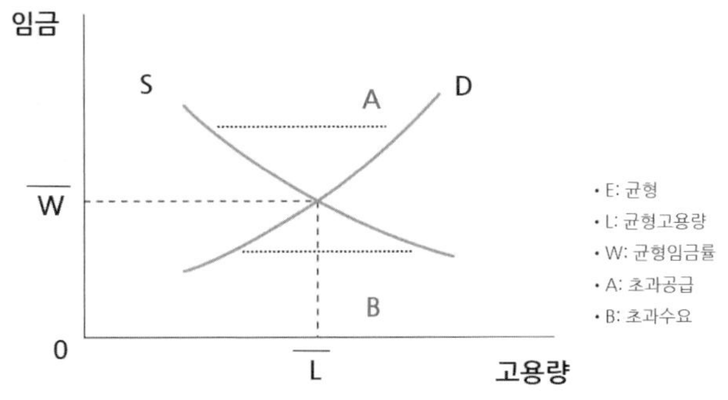

|그림 3-11| **노동수요와 공급의 균형**

2) 공급 · 수요의 변화와 대응

(1) 공급 · 수요곡선의 이동(shift)

공급과 수요는 일반적으로 가격에 영향을 받는다. 그러나 시간이 경과함에 따라 노동의 공급량과 수요량 자체가 증가할 수 있다. 이는 공급 · 수요곡선 상에서의 이동이 아니라 곡선 자체가 이동(shift)되는 현상을 보이는 것이다. 즉, 시간이 경과함에 따라 교육 및 훈련으로 인하여 이전하지 못하였던 노동의 공급이 가능하게 되어 노동공급량이 늘어날 수 있다. 또한 산업의 변화와 함께 노동의 수요량 자체가 늘어날 수 있다. 예컨대 공장의 증설은 노동의 수요량을 증가시키는 요인이 될 것이다. 이처럼 공급과 수요를 결정해 주는 요인이 달라질 수 있고, 그것이 공급곡선이나 수요곡선을 이동(shift)시킬 수가 있다.

첫째, 공급곡선의 이동(shift)이 있는 경우에 노동시장이 어떻게 기능을 해주는가를 살펴보면 다음과 같다. |그림 3-12(a)|에는 공급곡선이 좌 · 우측으로 이동된 것이 나타나 있다. 공급곡선의 좌측이동은 공급이 줄어든 것을 의미하고, 우측의 이동은 공급이 늘어난 것을 의미한다. 개별근로자에게 있어서 노동공급스케줄에 영향을 미치는 요인은 비노동소득의 변화, 기타 가구원의 임금 또는 노동소득의 변화, 취업활동에 대한 선호의 변화 등이 있을 수 있다. 이 직종에 대한 최초의 수요공급의 균형점은 E_0점이었고, 이에 대응하는 균형고용량은 L_0점, 균형임금은 W_0이었다. 그런데 공급곡선의 우측 이동에 의하여 E_2점에서 새롭게 균형을 이루게 되면 이에 대응하는 L_2고용량은, 임금은 W_2가 된다. 이 직종에 대한 노동공급량의 증가는 다른 시장이 불변인 한 균형고용량의 증가와 균형임금의 감소를 초래한다. 이와는 반대로 노동공급량의 감소는 균형임금의 증가를 초래한다.

둘째, 노동력의 수요가 변화하면 노동시장은 새로운 균형점으로 유도하는 기능을 하며 |그림 3-12(b)|에는 수요곡선의 이동(shift)이 나타나 있다. 개별기업 수준에서 노동에 대한 수요곡선을 이동 또한 노동공급과 마찬가지로 우측으로의 이동은 수요의 증가를 의미하고, 좌측으로의 이동은 수요의 감소를 의미한다. 이러한 수요를 이동시키는 요인은 기술의 변화, 최종생산물가격의 변화, 노동 이외의 타생산요소의 가격변화 등을 들 수 있다.

어떤 직종에 수요가 그림과 같이 증가(우측이동)하게 되면 단기적으로 노동공급상의 제약 때문에 높은 임금을 경험하게 된다. 새로운 균형점 E_2는 더욱 높아진 임금을 의미하므로 공급자들이 L_0, L_2만큼의 노동공급을 늘여 대응하며 공급곡선이 이동하게 된다. 새로운 균형점에서 고용량 L_2, 임금은 W_2으로 되며 수요변화의 결과 고용량과 임금이 모두 증가하게 된다. 이와 동일한 원리로 수요가 감소된 경우(좌측이동)에는 고용량과 임금이 모두 감소하게 되어 새로운 균형점인 E_1으로 이동하게 되는 것이다.

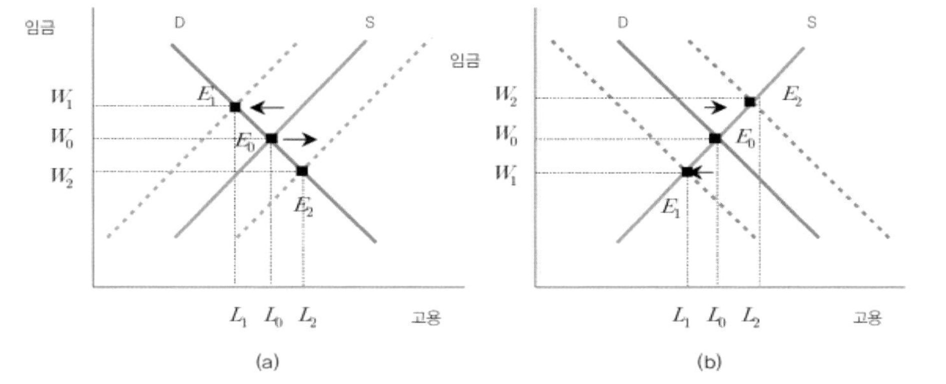

|그림 3-12| **공급 및 수요곡선의 이동과 균형**

(2) 우리나라의 연도별 근로자 추이

한 나라의 노동수요는 얼마나 되나? 이러한 것을 파악하는 것은 현실적으로 어렵다. 따라서 통계청의 경제활동인구조사에 의하여 나타나는 경제활동 참가율 및 취업자로 이를 파악해 볼 수 있다. 우리나라의 종사상 지위별 취업자의 수를 나타낸 것이 〈표 3-6〉이다. 1963년 통계를 실시한 이래 경제성장과 함께 취업자는 지속적으로 증가하다가 1997년 IMF 체제하에 들어서면서 감소하게 된다. 이후 경제가 회복하였으나 코로나-19의 유행이 시작된 2019년부터 감소 및 정체현상을 보이다 2022년 회복 후 2023년까지 취업자 수는 조금씩 증가하는 추세를 보이고 있다.

〈표 3-6〉 **연도별 취업자의 변화** (단위 : 천 명)

	1963	1985	1995	1998	2010	2019	2020	2021	2022	2023 (5월)
계	7,563	14,970	20,414	19,938	24,033	27,123	26,904	27,273	28,089	28,835
비임금근로자	5,178	6,866	7,515	7,641	6,922	6,683	6,573	6,520	6,588	6,759
자영업자	2,817	4,679	5,569	5,616	5,643	5,606	5,531	5,513	5,632	5,791
• 고용원이 있는 자영업자	-	845	1,520	1,392	1,515	1,538	1,372	1,307	1,365	1,435

• 고용원이 없는 자영업자	-	3,834	4,049	4,225	4,127	4,068	4,159	4,206	4,267	4,356
• 무급가족종사자	2,361	2,187	1,946	2,025	1,279	1,077	1,042	1,007	955	968
임금근로자	2,383	8,104	12,899	12,296	17,111	20,440	20,332	20,753	21,502	22,076
• 상용근로자	-	-	7,499	6,534	10,178	14,216	14,521	14,887	15,692	16,310
• 임시근로자	-	-	3,598	4,042	5,107	4,795	4,483	4,634	4,678	4,681
• 일용근로자	963	1,390	1,802	1,720	1,826	1,429	1,328	1,231	1,132	1,085

주 : -는 과거 통계자료가 조사되지 않아 없는 경우임.
자료 : 통계청(2023). 경제활동인구조사 결과

(3) 우리나라의 연도별 임금변화 추이

우리나라의 노동수요(취업자 수)는 앞서 살펴보았듯이 지속적으로 증가해 오고 있다. 이와 함께 임금도 지속적으로 상승하고 있는데 |그림 3-13|은 최근 10년간의 임금변화 추이를 나타낸 것이다. 연도별 임금총액 추이는 지속적으로 상승하고 있으며, 2021년도 상용 근로자 1인 이상 전 산업(농림어업, 공공부분 제외) 사업체의 전체 근로자 1인당 연간 월평균 임금총액은 3,689천 원으로 전년대비 4.6%가 증가한 것으로 나타났다.

(단위 : 천원)

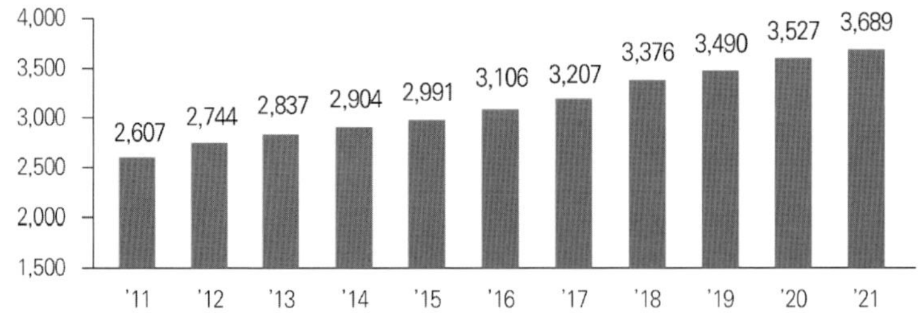

|그림 3-13| **노동시장(건설업)의 균형 : 임금과 고용량의 결정**

자료 : 고용노동부(2021). 2022년판 고용 노동백서

노동시장에서 노동수요(취업자 수)와 노동공급(경제활동인구 중 실업자를 제외)이 만나 임금이 결정된다. 우리나라의 임금근로자의 변동은 앞선 〈표 3-5〉에서도 보았듯이 건설업의 취업자 수는 지속적으로 증가하고 있다. 이러한 건설업을 중심으로 연도별로 노동의 수요와 공급의 관계를 정리한 것이 |그림 3-14|에 나타나 있다.

노동시장에서 건설업의 노동수요(취업자 수 10,950천 명)와 노동공급(경제활동인구 중 실업자를 제외)을 통계청(2023)의 자료를 바탕으로 살펴보면 다음과 같다. 먼저 건설업의 취업자 자료를 연도별로 살펴보면 2013년(1,780천명), 2015년(1,854천명), 2023년(2,117천명)으로 앞선 〈표 3-5〉에서도 보았듯이 노동의 수요가 늘어났다. 또한 건설업임금실태조사(통계청, 2023)의 하루 평균 임금을 살펴보면 2013년 1분기(141,724원)과 2015년 1분기(158,590원), 2023년 1분기(255,426원)으로 지속적으로 증가하고 있다. |그림 3-14|는 이러한 노동의 수요와 공급을 통계청(각 년도, 노동과 임금부문)의 자료를 살펴본 결과로 2013년~2023년의 기간에 노동수요와 노동공급이 증가하면서 임금수준의 상승을 보여주고 있다.

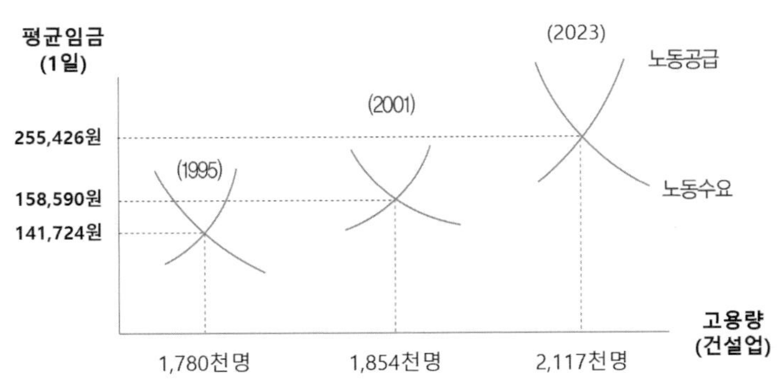

|그림 3-14| **노동시장(건설업)의 균형 : 임금과 고용량의 결정**

CHAPTER
04

노동시장의 구조와 임금의 결정

Chapter 04

노동시장의 구조와 임금의 결정

노동시장의 구조는 여러 형태로 분류할 수 있다. 대표적으로 완전경쟁시장과 불완전경쟁시장으로 구분하며, 불완전경쟁시장이 현실에서 나타나고 있는 시장으로 구분할 수 있겠다. 또한 이러한 노동시장의 구조에 따라 임금이 결정하게 된다. 가령 우리나라에서 높은 임금을 자랑하는 자동차 산업의 노동시장은 진입장벽이 높다. 노동수요에 비해 노동공급이 매우 많은 초과공급 현상으로 나타나는 것이다. 이는 여타의 직종 · 산업보다 더 좋은 근로조건이기 때문이다. 최근 몇 년간 수시 채용을 하던 현대자동차는 2023년 초반 생산직 공채에 18만 명이 몰렸다는 뉴스가 사회를 떠들썩하게 만들었다. 이는 노동시장에서 특히 자동차 산업에서 현대자동차의 독과점력이 높기 때문에 임금 또한 타 산업보다 높게 적용될 수 있기 때문일 것이다. 즉, 상품에서의 독과점력이 높은 기업은 초과공급이 될 것이고 임금도 높은 반면, 사람들이 힘들어하는 3D 업종에서는 임금이 낮으며, 구인난이 지속적으로 유지될 것이다. 이러한 노동시장의 구조와 임금이 어떻게 결정되는지를 여기에서 보도록 한다.

1. 노동시장의 구조

노동시장은 노동력을 공급하는 노동자와 노동력을 수요하는 사용자(기업) 간에 상품으로서의 노동력 거래에 관한 일정한 조건(임금수준, 노동시간 및 기타 근로조건)이 결정되고, 이에 따라 노동력의 계약이 성립되는 기구이다. 노동시장은 다른 시장에 비하여 경쟁관계가 불충분하며, 상품으로서의 노동력의 질적 차이가 심하고, 노동력의 수급예측이 곤란하며, 가격형성이 불공평할 뿐 아니라 노동력의 유동성도 부족한 것이 특징이다. 따라서 노동력이라는 상품의 수급관계가 조절되는 노동시장에서는 노동력이라는 상품이 갖는 특수성으로 인하여 일반 재화시장의 경우와 같은 가격결정 기능, 즉 거래자의 성격, 목적 등은 문제가 되지 않는다. 일반적으로 노동시장에 대한 견해는 다음과 같다.

첫째, 경쟁노동시장가설(competitive labor market hypothesis)은 노동시장을 경쟁적이며 연속적인 비구조적 단일시장으로 파악하는 가설이다. 여기에서는 기술, 숙련, 지역적인 특성을 제외하면 모든 노동자들 사이에는 질적 차이가 존재하지 않는다고 본다. 따라서 노동시장은 경쟁상태하의 조건에서 수급조절기능을 원활하게 수행한다.

둘째, 분단노동시장가설(segmented labor market hypothesis)은 노동시장을 두 개 이상이 분단되고 상호 관련성이 부족한 시장으로 보는 제도학파 또는 정치경제학의 입장이다. 여기에서는 상당히 다른 속성을 가진 노동자들이 여러 가지 제도적 장치로 인하여 분단된 상태의 노동시장에서 노동력을 제공한다. 따라서 노동시장에서 상호 교류나 이동이 사실상 제한되어 있고 임금과 기타 근로조건에 있어서도 현저한 차이를 나타낸다.

노동시장에 대한 신고전학파 중심의 주류경제학의 경쟁노동시장이 가진 한계를 여러 가지 관찰 또는 실증적 연구에 의해 비판하였고 이것을 토대로 하여 나타난 것이 분단노동시장가설이다. 이 분단노동시장이론은 여러 가지 사회적 · 경제적 ·

제도적 요인들로 인하여 구조화되어 있다는 주장이 제도학파 학자들에 의해 제기되었으며, 스미스의 보상원리에 대한 반론으로 나타난 비경쟁집단원리에 기초를 두고 있는데 이는 밀과 케인즈에 의해 처음으로 전개되었고 이후 제도학파의 학자들에 의해 더욱 발전되었다. 지지하는 학자들의 견해는 다르지만 분단노동시장가설의 이론은 크게 직무경쟁이론, 내부노동시장이론, 이중노동시장이론, 급진파이론 등으로 나누어진다.

1) 직무경쟁이론

노동시장에서 노동자들의 경쟁대상은 임금이 아닌 취업의 기회로 파악함으로써 임금경쟁이론에 대응하는 직무경쟁이론을 서로우(L. C. Throw)는 전개하였다.

직무경쟁이론에 의하면 임금은 노동수요와 노동공급의 상호작용과 시장의 경쟁원리에 의해 결정하기보다는 사회적 관습과 제도적 요인들에 의해 결정되는 경향이 높다. 노동시장에서 기업의 역할은 단지 노동시장에서 결정된 임금에 따라 일정수의 노동자들을 고용하는 것이 아니라, 노동자들이 취업할 수 있는 직무 및 직장의 수와 종류를 결정한다는 것이다.

또한 기업은 기업 내부에 직무위계를 가질 수도 있는데, 기업 내부의 이러한 직무위계의 각 단계에서 필요한 인원을 선발하여 채용한다. 기업이 노동자를 채용할 때에는 임금을 고정시켜 놓고 그 직무에 바람직한 질과 속성을 가진 노동자를 선발채용한다. 사회적 관습이나 제도적 요인에 의해 결정된 고정적인 임금수준에 대하여 노동자들은 높은 수준의 직무를 얻기 위해 서로 경쟁하며, 기업은 자신들의 평가에 따라 노동자들을 최상의 직무로부터 최하의 직무로 배분한다. 따라서 이 경우의 노동시장은 유동성이 제약받는 구조적 노동시장의 성격이 강하다.

따라서 노동시장은 사회적 · 제도적 요인에 의해 심대한 영향을 받을 뿐만 아니라 노동수요자에 의해 주도적으로 운행되는 성향이 강하다는 점과 내부노동시장의 존재를 암묵적으로 강조하고 있다고 볼 수 있다.

2) 내부노동시장이론

던롭(J. T. Dunlop), 커(C. Kerr) 등은 기업의 규모가 대형화되고 노동조합이 성장함에 따라 기업 간의 노동시장과는 연관성이 미약한 기업 내부의 노동시장이 형성된다고 하여, 노동시장을 외부시장(external markets)과 내부시장(internal markets)으로 양분하면서 내부노동시장이론을 주장했고 도린거(P. B. Doeringer)와 피오르(M. J. Piore)는 이러한 던롭과 커의 개념을 확대 · 발전시켜 구체화하고 있다.

내부노동시장은 한 사업장에서 임금의 결정과 직무의 배치 · 전환 · 승진 · 현장훈련 등이 외부노동시장과 단절된 채 기업내부에 마련된 일련의 관리적인 규칙과 절차에 의해 고용관계가 형성된 것으로 이해될 수 있다. 내부노동시장은 사업장 외부의 외부노동시장과는 엄격히 분리되어 있으며, 외부노동시장과의 연결은 신규채용에 대한 입직문(ports of entry)과 이직의 퇴직문을 통해서 이루어진다(배무기, 2006).

(1) 내부노동시장의 형성요인

내부노동시장의 형성요인으로는 기능의 특성과 현장훈련, 관습, 장기근속 가능성과 기업규모 등을 들 수 있다(배무기, 2006).

첫째, 기능의 특수성과 현장훈련이다. 노동자의 기능이 기업의 특수적인 것일수록 기업은 필요한 숙련공을 기업 자체의 훈련을 통해 양성해야 하고, 양성된 숙련공을 장기간 근속하도록 해야 하므로 내부노동시장을 강화할 필요가 있다. 기업특수적인 기능을 형성하는 훈련은 공식적 교육보다는 현장훈련(OJT)에 의해 내부노동시장의 필요성이 증대된다. 대부분의 현장훈련에서는 훈련을 통해 전수되는 지식과 기술이 체계화되거나 기록되지 않은 채 선임자의 경험과 시범을 통해 신참에게 전수된다. 그리고 기업의 내부에서 기업특수적인 현장훈련을 받은 노동자는 시간이 갈수록 다른 기업의 노동자와는 이질적인 노동자가 된다. 훈련된 특수한 기술은 특정한 기업에서만 유용하기 때문에 기업이 부담하는 훈련비용은 증가된다. 따라서 기업은 훈련받은 노동자의 이동을 감소시키려 한다. 노동자들도 훈련된 기술은 다른 기업에서는 별로 유용하지 않기 때문에 그 기업에서 장기간 근속하기를 원한다. 따라서 기업 내부의 임금과 기타 근로조건의 결정은 외부노동시장과는 별도로 이루어진다.

둘째, 관습이다. 관습은 기업 내에서 주로 과거의 관례나 관행에 의해 전해지며, 이는 채용, 훈련, 임금 지불 등 노사관계 전반을 지배한다. 노동관습은 내부노동시장의 고용안정성의 부산물로서 다시 내부노동시장을 강화시키는 작용을 한다.

셋째, 장기근속 가능성과 기업의 규모이다. 내부노동시장은 기업과 노동자 간의 장기간의 고용관계가 유지되어 생기는 관계이다. 장기근속의 전망에 중요한 영향을 미치는 요인은 기업의 규모인데, 대기업의 경우 내부노동시장의 형성 가능성이 높다. 그 이유는 대기업은 폐업이나 전업에 따른 비용부담이 크며, 많은 수의 종업원의 관리를 위해 복잡한 관리조직을 구성하게 되고, 노동자 사이의 분업 및 협업관계를 조정하기 위해 위계적 직무체계도 마련해야 하기 때문이다.

(2) 내부노동시장의 전망

내부노동시장의 전망은 기업의 경쟁력, 기업의 성장속도, 기술과 산업구조의 변화로 볼 수 있다.

첫째, 기업의 경쟁력은 개별기업 단위로 보면 경쟁력이 강한 첨단 분야의 기업일수록 내부노동시장의 발전 가능성이 크다. 첨단 분야의 고급인력은 외부노동시장에서 구하기 어려워 기업 스스로 이러한 인력을 양성해야 하기 때문이다.

둘째, 기업의 성장속도는 충분한 승진기회를 제공할 수 있는 기업의 지속적인 성장은 내부노동시장의 유지에 꼭 필요한 조건이다.

셋째, 기술과 산업구조의 변화는 빈번한 고용조정이 이루어지는 상황에서는 내부노동시장의 유지가 곤란하므로 기술의 변화와 이를 반영하는 산업구조의 변화는 내부노동시장의 유지를 어렵게 한다.

3) 이중노동시장이론

이중노동시장이론(dual labor market theory)은 노동시장이 이질적인 1차 노동시장과 2차 노동시장으로 분단되어 있다는 것이다. 1차 · 2차 노동시장 간의 노동자 이동은 제한적이며 임금과 기타 근로조건도 상이한 여건 하에서 결정된다고 한다.

1차 노동시장은 주로 내부노동시장을 중심으로 형성이 되며, 우세한 자본력, 기술력, 시장지배력 등으로 높은 성장률과 이윤율을 실현하는 독점적 핵심기업에 의해 제공되는 직장이다. 여기에서는 상대적으로 높은 임금과 많은 인적자본에 대한 투자기회, 양호한 근로조건, 다양한 승진기회, 고용의 안정성 등이 보장될 뿐만 아니라 승진, 보수, 책임, 권한, 지위 등이 경력과 더불어 향상된다.

2차 노동시장은 열악한 자본력, 기술력, 불안정한 시장 수요 등으로 낮은 이윤율과 성장률을 나타내는 경쟁적인 주변부기업에 의해 제공되는 직장이다. 이 사장은 저임금, 열악한 근로조건, 승진기회의 부재, 낮은 현장훈련 기회 등의 특징을 갖는다. 그 결과 고용이 불안정하고 높은 이직률과 결근율을 보이며, 생산의욕이 낮고 불복종과 규율 위반의 현상이 빈번하게 나타난다.

동질적인 노동자라 하더라도 1차와 2차 노동시장에 고용된 노동자들은 질적으로 다른 노동자가 되며, 양 시장의 노동자들은 비경쟁적 관계에 되어 상호 이동성이 제한될 수밖에 없다. 이중노동시장이론은 인적자원을 생산성을 통한 임금결정요인으로 파악하기보다는 고용주의 차별기준으로 파악하고 있다는 점과 기술을 강조하여 노동시장분석에서 현장훈련을 중요시하고 있다는 점에서 직무경쟁이론, 내부노동시장이론 등과 매우 유사하다고 볼 수 있다.

4) 급진파이론

급진파이론(radical theory)은 마르크스주의 경제학의 변증법적 분석방법에 의해 자본에 의한 노동시장의 의도적 분단에 초점을 맞추어 노동시장의 특성을 분석하였다 노동시장가설 중에서도 자본주의 경제체제에 대한 가장 명시적인 비판을 제기하였으며 계급간의 모순을 강조하였다.

이 이론은 이중노동시장이론과 많은 점에서 유사하지만 제국주의경제가 후진국경제를 수탈하는 방식으로 1차 노동시장이 2차 노동시장을 착취한다고 주장한다. 이 이론은 두 가지 특징을 갖는데, 하나는 자본주의적 생산관계하에서 자본가계급이 노동자계급을 착취하기 위해 자본가들이 노동시장을 의도적으로 분단시킨다는 주장이며, 다른 하나는 기술을 자본가들이 그들 계급의 이익을 위해 조작하는 변수로 파악하고 있다.

2. 임금의 결정

임금(wage)[1]은 근로를 제공하고 그 대가로서 얻는 소득이다. 이 임금은 계약에 의하여 결정되는 소득이라는 점에서 이윤과 다르며, 또 근로에 대한 보수라는 점에서 이자, 지대와 성격을 달리 한다. 또한 임금은 사용자의 입장에서 보면 근로의 대가로 생산요소에 따른 비용이며, 근로자의 입장에서 보면 노동력의 대가(보수)이며 생활의 원천이 되는 주된 소득원이다(우재현, 2001). 이러한 임금의 의의 및 체계를 알아보기 전 임금의 결정은 어떻게 되는지 임금 이론에 대해서 먼저 알아보자.

1) 근로기준법 2조에 따르면 '임금'이란 사용자가 근로의 대가로 근로자에게 임금, 봉급, 그 밖에 어떠한 명칭으로든지 지급하는 일체의 금품을 말한다.

1) 임금이론과 임금결정

(1) 임금생존비설

임금생존비설(the subsistence theory of wages)은 임금철칙설(the iron law of wages)이라고도 불리며 17C 중상주의[2]를 배경으로 탄생으로 탄생하였다. 산업혁명 이후 임금노동자의 수적 증대와 근대적 노동시장의 형성이 임금의 중요한 요소로 부각되자 임금의 결정요인에 대한 스미스(Smith, A.), 리카도(Ricardo, D.), 맬서스(Maltus, T.) 등 고전학파 경제학자들의 관심이 증대되었다. 이 학설의 이론적 지주는 당시 지배적이었던 맬서스의 인구법칙[3]이었다. 이 임금생존비설은 “임금을 지배하는 철과 같이 잔혹한 법칙”, 즉 임금철칙으로 이해되었으며, 자본주의 사회에서는 임금이 장기적으로 근로자의 최저생존비에 머무르지 않을 수 없다고 설명하였다.

이 학설은 장기적으로 임금에 대한 노동공급이 완전탄력적임을 가정하고 있으며 한계생산력체감의 법칙도 암묵적으로 가정하고 있다는 점과 노동에 대한 수요측의 변화가 임금수준에 미칠 수 있는 영향을 완전히 무시한 것이 특징이라 할 수 있다.

이러한 생존비설은 ‘생존비’라는 개념이 애매하고 그것이 임금에 의하여 영향을 받아 논리상의 문제가 발생한다는 점과, 맬서스가 말한 생존비는 편의품, 오락비를 포함하는 ‘관습적 생활수준’을 의미한다고 하나, 관습적 생활수준은 고정적이거나 독립적인 것이 아니고, 그 시기의 지배적인 근로소득에 주로 의존되고, 근로수득이 생존비를 규정하고 생존비가 다시 임금수준을 결정하는 순환논법에 빠지게 되는 점은 한계로 지적된다. 또한 역사적으로 임금은 최저생존비에 머무르지 않고 계속 증가하였고, 임금의 상승, 생활수준의 향상에도 불구하고 출생률은 오히려 저하되었다는 측면에서 비판을 받았다(김용원, 2007).

2) 중상주의자들은 국부의 증대를 위하여 외국무역에 대한 국가의 강력한 규제를 요구하고, 국제경쟁력을 강화하기 위하여 임금을 극소화할 것을 요구하였다.

3) 인구법칙에 의하면 임금이 생존비 이상으로 상승하면 근로자들은 인구와 노동공급을 증가시켜 결국 임금을 생존비수준으로 인하시킨다고 하였다. 만약 임금이 생존비 이하로 되면, 기아, 사망률의 상승, 혼인의 연기, 기타 도덕적 절제에 의하여 노동공급이 감소되고 임금이 다시금 생존비수준으로 상승한다는 것이다.

그러나 이러한 임금생존비설이 꼭 오류만 있는 것은 아니었다. 논리상의 문제점은 있지만, 당시 비농업부문의 산업발전이 극히 낮았고 농촌과 도시를 불문하고 노동력이 공급과잉상태에 있는 경우에는 임금수준이 거의 생존비수준에 머물러 있었고, 맬서스 이론을 계승한 루이스(Lewis, A. W.)에 의하여 무제한적 노동공급이론[4])을 전개하였는데, 이는 오늘날 후진제국에서 상당한 타당성을 지니고 있다. 한국노동시장에 적용을 해보면, 열악한 조건으로 노동력이 거의 무제한적으로 공급되고 있는 일부 분단시장 내에서 일부의 지나친 저임금업종의 임금결정에 임금생존비설은 상당한 타당성이 있다.

(2) 임금기금설

임금생존비설이 노동의 공급을 강조하였다면, 임금기금설(wage fund theory)는 노동의 수요측면을 강조한 이론이다. 19세기 밀(Mill, J. S.)에 의해 주창된 이 학설은 어느 한 시점에서 노동자의 임금으로 지불될 수 있는 부(富)의 총액 또는 기금이 정해져 있고, 이 기금은 시간이 지남에 따라 변화될 수 있다는 것이다. 즉, 저축의 증대와 부의 축적으로 기금이 증가될 수는 있지만 어느 한 순간에는 이미 사전적으로 결정되어 있다. 그러므로 임금을 수취하는 사람들은 이 기금을 자신들 사이에 배분할 수밖에 없고, 따라서 평균 실질임금수준은 근로자의 수와 직접적인 관계를 가진다는 것이다. 특정 사회의 어느 시기에 임금으로 지불되는 자본부분, 즉 임금기금의 규모는 일정하므로 시장임금의 크기는 임금기금을 노동자의 수로 나눈 값이 된다.

$$\text{임금수준(賃金水準)} = \frac{\text{임금기금(賃金基金)}}{\text{근로자 수(勤勞者 數)}}$$

4) 방대한 농업사회와 무제한적으로 노동이 공급되는 조건하에서는 임금수준이 결국 생존비에 의하여 결정될 수밖에 없다는 이론이다. 즉, 어떤 경제가 전환점에 이르기까지는 미숙련노동력이 도시에 무제한적으로 공급될 수 있다. 이때 도시와 농촌에는 모두 생존임금원리가 지배하기 때문에 도시와 농촌 간의 임금격차에 의하여 노동력이 이동되지는 않게 된다.

이 가설의 전개는, 자본가의 금전적인 수단은 자본, 이윤 또는 소득으로 구성되는데, 자본이란 어떤 연도에 그것을 가지고 생산을 시작하는 것이라고 할 수 있고, 생산의 연도말까지는 이윤이 발생하지 않는다. 그런데 불변자본 부분을 제외한 자본이 임금지불에 사용된다. 자본가의 이윤(소득)은 연도 말에 가서야 실현되므로 그것으로 임금을 지불할 수는 없다. 그렇지만 자본가가 연도 말에 이윤을 획득했을 때 그 중의 일부를 자본축적을 위하여 저축한다면, 그것이 다음 연도의 임금기금의 일부로 추가될 수 있다는 것이다.

임금기금설은 한 나라에 있어서 임금기금은 일정한데 기금의 증가와 감소 또는 근로자의 수의 감소와 증가에 따라 임금이 상승 또는 하락한다고 보는 것으로 노동조합의 교섭력을 통한 임금인상은 불가능하며, 노동자의 생활개선은 노동자 자신의 가족 수를 줄이거나 기업의 번영에 기여함으로써 임금기금을 증대시키는 것으로만 가능하다는 노동조합의 무용론이 제기되어 노동자들로부터 반발을 사게 되었다. 따라서 밀은 스스로 이 이론을 포기함으로써 임금기금설은 영향력이 쇠퇴하고 후에 시니어(N. W. Senior)의 신임금기금설(new wage fund theory)이 다시 등장하게 되었다.

임금기금설은 높은 임금은 높은 실업률을 유발시킨다고 하여 고용이론에 영향을 주었으며, 임금상승 시도는 반드시 물가상승을 초래하여 명목임금의 상승을 가져준다는 임금－물가 악순환론, 임금은 기업의 지불능력에 의존한다는 지불능력설, 임금상승은 한계생산력의 증대에 의해 가능하다고 하는 생산성임금론과 한계생산력설 등에 영향을 미쳤다. 임금기금설은 노동수요, 즉 기업의 사정을 도가 지나치게 강조하여 나온 논리임에 분명하나, 때때로 한국 사회에서 임금기금설이 전개되고 있다는 것은 다시 생각해 볼 문제임에 틀림없다.

Senior 신임금기금설

전체 자본의 규모가 일정하더라도 임금기금부분은 일부분에 지나지 않기 때문에 임금기금의 크기는 노동의 생산성과 노동자의 수에 의해 결정된다고 주장한 이론이다. 즉, 신임금기금설은 임금기금의 신축성을 인정하였다. 시니어는 노동의 생산성과, 이들 상품생산에 고용된 근로자의 수에 의해 임금기금이 결정된다고 주장하였다. 노동생산성은 ① 근로자들의 근면성, 기술, 체력과 지력 ② 자연의 조력 ③ 자본이용 ④ 정부간섭의 유무에 의존한다고 하고, 이중 ③ 자본이용을 강조하였다. 따라서 신임금기금설은 임금기금을 더 이상 고정적으로 생각하지 않으며 근대임금이론인 한계생산력설에 매우 가깝게 생산성을 강조하기에 이르렀다.

(3) 노동가치설

마르크스(Marx, K.)에 의해 주창된 노동가치설(labor value theory of wages)은 노동력재생산비설이라고도 하는데, 밀(Mill)과 비슷한 시대에 활약하였으며, 고전학파가 수립한 임금생존비설에서 생각하듯이 평균 실질임금수준이 생존비와 같다는 점을 수용하였다. 다만 관습이 생존수준을 결정하는 데 미치는 영향을 강조하였다.

마르크스는 임금의 생존비수준을 수용하였지만 그것에 도달하는 과정은 임금생존비설과는 달랐다. 맬서스의 이론을 거부하는 한편 임금을 생존비 수준으로 저하시키는 근본적인 힘은 근로자의 무지와 무절제가 아니라 자본주의적인 불황에 의하여 야기되는 실업이라고 하였다.

노동가치설에 의하면 노동력의 가치는 노동자계급의 유지와 재생산에 필요한 생존수준을 생산하는 데 필요한 노동시간에 의해 결정된다. 노동만이 모든 가치를 창조하고 그 때 생산된 총 가치는 임금으로 근로자들에게 지불되는 것보다 크며, 그 큰 부분을 잉여가치로서 자본가가 수취한다. 근로자들이 임금으로 받는 필요노동 이상의 잉여노동을 하지 않으면 안 되는 것은, 자본가가 생산수단을 독점적으로 소유하기 때문이며, 근로자들이 필요노동시간과 잉여노동시간을 합친 만큼의 시간을 노동하지 않고자 한다면 취업할 수가 없다.

(4) 한계생산력설

한계생산력설(marginal productivity theory)은 19세기 후반에 한계주의(marginalism)의 등장으로 나타난 이론이다. 임금기금설이 현실적으로 임금이 상승하는 현상을 이론적으로 해명하지 못하자 한계개념을 도입하여 임금결정의 문제를 설명한 이론이다. 즉, 한계혁명의 결과로 등장한 신고전학파의 가격결정이론을 임금결정에 적용했는데, 임금은 최종단위의 노동이 생산하는 생산물의 가치인 노동의 한계생산물가치에 의해 결정된다는 것을 핵심내용으로 한다.

노동의 수요를 통하여 이론을 전개하며, 노동공급은 주어진 것으로 가정하고 있어 공급에 대한 설명은 없다. 시장은 완전경쟁시장을 가정하고, 노동의 수요에 대한 두 가지 명제를 기초로 설명하였다(배무기, 2006).

① 개별적 기업들은 그들이 이윤을 얻을 수 있을 때까지 고용량을 늘린다. 즉, 고용노동 단위당비용이 기업에 대한 근로자의 기여분과 같아질 때까지 고용을 확대한다.

② 이윤극대화를 위한 기업 간의 경쟁을 통해 그 기업의 생산물에 기여한 근로자의 한계생산물의 가치와 임금이 같아지게 된다.

한계생산력설은 한계생산력이 바로 임금을 결정한다고 하지는 않는다. 그러한 의미에서 한계생산력설은 임금이론이 아니라고 할 수 있다. 한계생산력설에서는 임금은 노동시장의 수요와 공급에 의하여 결정된다고 한다. 즉, 기업수준에서는 고용이론이며, 노동시장 또는 산업수준에서는 임금의 결정에 있어 수요측면을 적극 강조하였다는 의미에서 임금이론이라고 할 수 있다.

이 이론은 임금수준의 현실적 변동을 설명하는 데 설득력을 갖는다. 특히 장기간에 걸친 임금의 변동, 상호 경제적 조건과 구조가 다른 국가, 지역, 산업 간의 임금격차를 한계생산물(가치)의 개념으로 설명함으로써 많은 지지를 받고 있다. 그러나 한계개념의 도입으로 이론의 추상적인 면과 노동수요측면의 분석에 초점을 두고 있기 때문에 노동공급측면이 경시되었다는 점, 특히 단기간의 적용에 있어 적용이 어렵다는 점은 한계로 지적되고 있다.

(5) 교섭세력설

19세기 말 이후 산업사회의 제반문제는 주로 노사 간의 단체교섭을 통해 해결하는 방식으로 변모하는 과정에서 노동조합의 성장과 더불어 근로자측의 교섭력이 현실의 임금결정에 상당한 영향력을 미치게 되었다. 교섭력설(theory of bargaining strength) 또는 교섭세력설은 주창하는 학자들에 따라 내용에 차이는 있으나 고용기회나 노동공급량에 불리한 영향을 미치지 않으면서도 일정한 범위 내에서 임금이 교섭력 강도에 의하여 변경될 수 있다는 것이다.

대부분의 교섭력설을 지지하는 학자들은 사용자와 교섭을 벌이는 개별근로자들의 불리한 위치로부터 논의를 전개하고 있는데, 아담 스미스(Smith. A)의 『국부론』에서는 사용자들은 단결이 용이하나 근로자들은 부족한 재정적 뒷받침 때문에 교섭에서 오래 버틸 수 없다는 점을 지적하였다. 또한 손톤(Thornton, W. T.)은 노동이란 저장이 불가능하므로 궁박판매(窮迫販賣)가 불가피하다고 지적하였고, 다른 학자들은 노동시장에 대한 근로자들의 지식 부족과 교섭능력의 부족을 지적하기도 하였다.

이러한 개별근로자들의 불리한 위치 때문에 실제 임금의 교섭에서는 불리한 임금을 받게 되므로, 노동조합을 결성하여 교섭력을 강화시키거나 파업(strike)을 위한 기금 등을 증가하게 되면 임금이 교섭력 방향에 의하여 인상될 수 있다는 것이다.

(6) 기타 임금수준의 결정기준

앞서 살펴본 임금 이론들은 그 시대의 경제적 상황이나 노동시장의 현황을 반영하는 것으로 노동의 수요와 공급에 대한 각각의 측면을 강조하고 있었다. 이러한 임금은 기업에서의 지불능력과 근로자의 생계비, 생산성 및 노사의 교섭능력, 노동의 수요와 공급 등 여러 요인이 복합적으로 작용한다. 그렇다면 각각의 요인에 따른 임금의 결정기준에 대해서 알아볼 필요성이 있다.

① 비교임금

비교임금(going wage)은 타 기업에서 지불하는 임금의 수준을 의미하는데, 노동자 또는 노동조합의 임금인상요구가 어느 일정시기에 보편적으로 집중될 때, 특정 산업 또는 동일 업종의 다른 기업의 임금 인상률이 하나의 임금인상 기준으로 적용하게 된다는 것이다. 비교임금은 임금관리의 측면에서 볼 때 몇 가지 문제가 지적되는데, 임금은 일반적인 임금시세만을 중요시하는 것은 올바르지 않고, 비교대상을 선정함에 있어서도 동일한 노동시장뿐만 아니라 상품시장의 공통성도 동시에 고려해야 한다는 것이다.

② 지불능력

기업체가 임금수준을 결정하는 데 영향을 주는 주요한 요인이다. 임금이 기업의 지불능력을 초과할 경우 기업이 도산하여 기업이나 노동자 모두에게 해(害)가 된다는 것이다. 이러한 논리는 기업의 임금결정과정에서 가장 빈번하게 사용되고 있는 논리이며, 노동조합이나 노동자에게도 어느 정도 설득력 있게 받아들여지고 있는 기준이다.

③ 생계비

임금이 최소한 노동자가 생활하는 데 필요한 생계비 수준은 되어야 한다는 것이다. 노동자에게 있어서 임금은 유일한 소득원천이라 할 수 있으므로 최소한의 생활보장을 할 수 있는 생계비 기준이 임금수준을 결정하는 절대적인 기준이라고도 할 수 있으며, 노동자의 이익을 대변하는 노동조합의 기본적인 입장이기도 하다.

④ 노동생산성

노동생산성의 증가에 따른 임금인상 또는 그 범위 내에서 임금인상을 허용한다고 할 경우 노동의 투입량에 대한 생산량을 의미하는 노동생산성은 중요한 임금결정의 기준이 된다. 커(Kerr, C.)의 연구결과를 살펴보면 한 국가에서 노동자의 생산성 증대와 실질임금은 정(正)의 관계가 있다는 것을 입증하고 있다. 노동생산성을 임금 결정의 기준으로 사용할 때 발생하는 문제점은 생산성의 향상이 반드시 노동의 투입량에 의한 것인지 파악하기 힘들며, 산업별, 직종별 임금격차를 발생할 수 있다는 점이다.

⑤ 사회적 균형 및 경제동향

노동력의 수급여건에 따른 사회일반의 임금수준과 동일업종의 임금수준을 고려하여 사회적 균형을 이룰 수 있도록 하여야 한다. 또한 임금수준은 한 나라의 경제성장의 정도 및 1인당 국민소득에 비례하는데, 성장률이 높은 산업과 자본집약적 산업, 사양사업 등의 구조를 파악하는 것이 필요하겠다.

2) 임금의 의의 및 체계

(1) 임금의 의의

임금에 대해서는 두 가지의 상반된 견해가 있는데, 하나는 임금이 노동 또는 서비스의 대가로 근로자는 임금을 통해 자신이 생산에 기여한 바를 모두 지불받는다는 신고전학파의 견해가 있다. 다른 하나는 임금을 노동력의 재생산비, 즉 노동력의 가격이라고 보는 노동가치론의 주장인데, 여기에서는 노동자들이 생산에 기여한 바의 일부만 받고 지불되지 않는 나머지는 이윤으로 자본가에게 귀속된다고 본다.

(2) 임금의 체계

임금은 사용자에게는 유능한 인재를 확보·유지하고, 전체 조직의 목적을 달성하도록 유인할 수 있는 수단인 반면 근로자에게는 삶의 기반인 동시에 중요한 동기부여의 원천이다. 임금체계란 근로자 개개인에게 지급되는 임금이 무엇을 기준으로 결정되는가를 의미한다. 임금체계는 임금의 구성항목 중 가장 중요한 기본급의 결정요인, 즉 기본급 차등요인을 기준으로 분류되는데, 일반적인 기본유형은 연공급, 직능급, 직무급, 성과급으로 구분할 수 있다(노동부, 2008).

〈표 4-1〉 **임금체계의 기본 유형**

임금체계	내 용
연공급	학력, 근속 등의 가치
직능급	직무수행능력의 가치
직무급	역할, 책임, 난이도 등 직무의 가치
성과급	성과의 가치

① 연공급

연공급(年功給)은 속인급(屬人給)이라고도 한다. 연령, 근속, 학력, 성별 등에 따라 임금을 결정하며, 생활안정을 중시한다. 채용 시 개인의 학력차이를 전제로 하여 연령이나 근속연수의 상승에 따라 임금을 상승하는 임금체계이다. 선진국으로 갈수록 직능급 또는 직무급으로 더 높은 비율을 차지한다. 연공급은 우리나라와 일본에서 많이 사용하고 있는데, 근속연수에 비례하여 상승하는 임금형태로 종신 또는 장기고용이 전제되고 있기 때문에 귀속의식을 증대시키고, 이직률이 낮게 나타난다(이영면 · 이동진, 2008).

1997년 외환위기를 기점으로 우리나라에서는 호봉제에서 연봉제로의 전환이 가속화되고 있다. 연공임금체계가 근로자의 장기근속을 유도하고 생활을 안정시키는데 도움을 주는 측면이 있어, 고도 성장기에는 나름대로 순기능적 역할이 있었지만, 급격한 기술혁신과 저성장시대 도래로 순기능보다는 역기능 역할이 부각되고 있다는 것이다(김동배 외, 2005; 엄동욱, 2008).

② 직무급

직무급(職務給)은 속인급과 대비되는 개념으로 속무급(屬務給)이라고도 한다. 직무의 중요성과 곤란도 등에 따라서 직무의 질과 양에 대한 상대적 가치를 평가하고 그 결과에 의하여 임금을 결정하는 방식이다. 직무분석 및 직무평가를 기초로 가치

기준을 평가한다. 직무의 상대적 가치를 측정한 후에 임금을 지급하는 방식이기 때문에 인적자원의 적재적소 배치가 가능하고, 동일노동 동일임금을 실현할 수 있는 합리적 임금체계이다.

③ 직능급

직능급(職能給)은 직무급과 연공급의 혼합형태를 보인다. 직무급이 일에 대한 임금이라 정의하고, 연공급이 사람에 대한 임금이라면, 직능급은 직무수행능력에 대한 임금이라 할 수 있다. 즉, 직무를 전제로 한 사람에 대한 임금이다. 직무급이 직무평가에 의해 이루어지는 반면, 직능급은 종업원의 능력을 직능고과에 의해 평가하고 그 결과에 따라 임금을 결정하는 것이다.

〈표 4-2〉 **연공급, 직무급, 직능급의 비교**

구 분	장 점	단 점
연공급	• 정기승급을 실시함에 따른 종업원에게 생활의 안정감과 장래에 대한 기대를 가질 수 있음 • 사내의 위계질서 확립, 실시가 용이 • 평가의 객관성	• 동기부여의 효과가 미약하며 소극적 근무태도를 야기 • 비합리적인 인건비 지출 • 전문기술인력의 확보곤란 • 능력업무와의 연계성 미약 • 개인의 능력활용이 쉽지 않음
직무급	• 직무에 기초를 두는 임금의 결정이 가능하게 함으로 동일노동 동일임금의 원칙에 따라 임금배분의 공평을 기할 수 있음 • 임금수준의 설정에 객관적인 근거를 부여함 • 직무분석, 직무평가의 과정에서 경영조직의 개선, 작업조직의 개선, 작업방식의 합리화가 가능 • 적재적소의 인사배치에 의해 노동력의 효율적 이용이 가능 • 불합리한 노무비 상승의 방지	• 직무급의 기초가 되는 직무평가가 주관적이고, 명확성이 떨어질 수 있음 • 기술변화, 노동시장의 변동 등으로 직무내용을 변경할 필요성이 생길 수 있음 • 적정배치를 하기 어렵고, 직무구성과 인적능력구성이 일치하지 않게 되면 효과를 거두기 어려움 • 직무내용의 정형화, 고정화로 직무수행에 유연성이 떨어지기 쉬움

구 분	장 점	단 점
직능급	• 능력개발이 직능등급 상승으로 이어지므로 종업원에게 자기개발 욕구의 동기부여가 쉬움 • 기업실정에 맞게 유연하게 운용할 수 있음 • 보상기회가 확대되고, 기존의 획일적 보상에서 보상의 개별화로 능력에 맞는 처우가 될 수 있음 • 제도가 운영에 있어 공정하고 명확하게 이루어진다면 다른 제도보다 구성원에게 공정한 것으로 납득성을 가져올 수 있음 • 최저생계보장이 이루어지고, 보상에 있어 직종에 구분이 없으므로 기존의 생산직의 불만요소를 감소시킬 수 있음	• 직무수행능력의 파악과 평가가 쉽지 않음 • 자칫 연공주의로 흐를 가능성도 있음 • 직무성격상 직능급보다는 직무급이 적합한 직종이 있으므로 운영 시에는 직종 간 차이를 고려해야 함 • 50세 이후에는 능력개발에 한계가 있으므로 그 이후에는 부적절할 수 있음

자료 : 한국노동연구원(1998). 직능급 도입을 위한 평가제도 개선방안

④ 성과(능률)급 제도

근로자의 작업량에 따라 임금을 지급하여 근로의욕을 자극하는 임금제도를 총칭하는 것으로 일정한 작업량을 시간단축 척도로 사용하는 할증임금제도와 능률향상에 따른 추가이윤을 배분하는 이윤배분제도 등이 있다. 이러한 능률급의 지급방법은 개인별로 적용하는 단순성과급, 복률성과급, 할증성과급이 있고, 집단적으로 적용하는 스캔론 플랜, 러커플랜, 이윤배분제도 등이 있다. 이 중 집단적으로 적용하는 방법에 대해 자세히 살펴보면 아래와 같다.

㉠ 스캔론 플랜(Scanlon plan) : MIT 교수였던 스캔론(N. Scanlon)이 창안한 제도로 1930년대 세계적 공황의 시기에 노사의 대립보다는 공동협력의 방법으로 어려움을 이겨낼 것을 주장한 것이다. 제안제도를 통해 종업원의 지식을 활용함으로써 위기를 극복하고, 이익을 얻을 수 있으며, 그 이익의 일부를 노동자에게 보너스로 지급한다는 것이다(이준범, 1999). 현재 노사협력차원의 성과배분 임금제로 집단을 중심으로 일체의 개인보상을 하지 않으며, 이 제도의 실시에 의하여 생긴 노무비의 절약분은 참가자 전원에게 배분된다. 성과의 배분은 다음과 같은 기준에 의해 월단위로 실시된다.

• 과거 일정 기간의 실제노무비를 산출하여 기준율로 정함
• 근로자 개인의 배분은 각자의 실제노동시간에 따르는 기본급총액에 비례하여 지급
• 기준율을 적용하여 그 달의 기준노무비를 산출
• 실세노무비와 기준을 비교하여 노무비 절약액을 산출
• 절약액은 일정 비율로 회사 측과 근로자 측에 배분

㉡ 러커플랜(Rucker plan) : 미국의 러커(Rucker)에 의해 제창된 개념으로 부가가치에 대한 임금총액의 비율, 즉 분배율을 미리 정해 놓고 매출액의 증가나 인건비의 절약 등 부가가치 생산성의 증감에 따라 자동적으로 임금총액을 계산하는 방식이다. 분배상의 특색은 첫째, 전체 경제의 분석에서 얻어진 분배율을 개별기업에 적용하고, 둘째, 분배율은 생산가치에 대한 노무비의 비율을 가리키며, 셋째, 성과분배를 노사협력을 위한 자극으로 보고 있다. 러커플랜의 중요한 목표는 노사협력관계의 확립, 유지, 생산성 향상 및 공정배분으로 생활수준 향상을 이루는 데 있다. 노사 간에는 생산분배위원회가 조직되어 운영되며, 근로자는 이 위원회를 통해서 생산가치의 증대를 위한 의사결정과정에 참가하여 자신들의 근로의욕을 높인다.

부가가치에서 차지하는 노무비의 비율(분배율)을 정해놓고, 부가가치의 증감에 따라 자동적으로 분배액을 결정하는 러커플랜(Rucker Plan)과 부가가치 대신에 매출액을 취하는 스캔론 플랜(Scanlon Plan)은 모두 미국에서 생산성향상운동의 일환으로 제안된 것이며 성과배분방식(成果配分方式)이라고도 한다.

㉢ 이윤배분제(Profit sharing plan) : 1886년 미국의 토웬(Towen)이 제창한 것으로 노사 간의 미리 정해진 계산기준에 의해 기업이 근로자에게 임금 외에 추가급부로 이윤의 일부를 분배하는 제도이다. 노사관계의 개선 및 작업능률의 증진, 근로자의 생활안정 등을 목적으로 실시하고 있다. 근로자에게 시가보다 낮은 가격으로 주식을 분배하여 이익을 배당한다든지, 근로자에게 복리후생을 위한 기업이윤의 일부를 투입하는 방법 등으로 분배한다. 근로자의 이익배당과 분배율을 근속연수와 연관시킴으로써 근로자의 장기근속을 유도하게 되고, 기업의 이윤창출이 자신의 이윤배당액을 증가시킴으로써 근로의욕 및 능

률증진을 시킬 수 있으며, 노사관계의 개선에 도움을 준다. 최근 우리나라에서 실시하고 있는 종업원지주제는 이윤배분제의 좋은 예로 볼 수 있다.

⑤ 연봉제

노동부가 매년 실시하는 「연봉제 · 성과배분제 실태조사」는 연봉제를 '근로자 개인의 능력 · 실적 및 공헌도를 평가하여 연간 임금액을 책정하는 개인별 성과급제'로 정의하고 있다(김동배 · 정진호, 2006). 개인의 능력, 실적 및 공헌도에 대한 평가를 바탕으로 계약을 통해 연간 임금액을 결정하는 실적중심형의 임금형태이다. 연봉제는 임금의 구성항목들을 통합한 연봉금액을 계약에 의하여 결정하는 것으로 보통 기본급, 수당, 상여금 등의 구분 없이 지급되는 것이 특징이다. 최근 우리나라 대기업에서는 관리직, 전문기술직 등과 같은 특수직종에서 연봉제를 많이 채택하고 있다. 이는 과거 연공서열형 인사관리가 능력 있는 인재를 채용하는 유인으로써 작용하였으나, 이제는 그 힘이 많이 약해졌기 때문이다. 산업이 고도화됨에 따라 유능한 인재를 고용하는 방법은 고임금이라는 유인책을 제공할 수밖에 없어진 것이다.

(3) 우리나라의 임금체계

임금은 여러 가지 항목으로 구성되는데, 임금체계는 구성항목의 내용과 비중을 의미한다. 선진국에서는 임금은 대부분이 기본급이며, 간혹 성과배분적 상여금이 부가되는 형태를 취하는 반면, 우리나라의 임금은 기본급의 비중이 낮을 뿐만 아니라 많은 수당으로 구성되어 있다. 대체로 우리나라의 임금구조는 크게 기본급, 수당, 상여금의 3가지로 구성된다(우재현, 2001).

① 기본급

기본급은 근로기준법에 의한 기본근로시간을 근로한 데 대한 임금으로 1일 8시간, 1주 40시간 분의 임금을 의미한다. 우리나라의 노동법은 임금구조의 복잡성을 고려하여 통상임금과 평균임금[5)]이라는 용어의 조작적 정의를 도입하여 법정제수당 및 퇴직금 등의 산정기초임금으로 사용하도록 하고 있다.

㉠ 통상임금 : 통상임금이란 근로자에게 정기적이고 일률적으로 소정근로 또는 총 근로에 대하여 지급하기로 정한 시간급 금액, 일급 금액, 주급 금액, 월급 금액 또는 도급 금액을 말한다(근기법시행령 제6조). 통상임금은 기본급 외에 약정수당 중 정기적이고 일률적으로 소정근로에 대하여 지급하기로 한 고정적 수당을 더하여 산정한다. 약정수당 중에서 정기적이고 일률적이지 아니하거나 소정근로에 대한 대상성이 인정되지 않는 수당은 통상임금에서 제외된다.

㉡ 평균임금 : 평균임금이란 이를 산정하여야 할 사유가 발생한 날 이전 3개월 동안에 그 근로자에게 지급된 임금의 총액을 그 기간의 총일수로 나눈 금액을 말한다. 근로자가 취업한 후 3개월 미만인 경우도 이에 준한다(근기법 2조).

이러한 내용들을 종합해 볼 때, 일반적으로 기본급과 통상임금, 평균임금 사이에는 다음과 같은 관계식이 성립한다.

$$\text{기본급} \leq \text{통상임금} \leq \text{평균임금}$$

〈표 4-3〉 **통상임금과 평균임금의 적용**

구 분	통상임금	평균임금
적용규정	• 해고예고수당 • 휴업수당 • 연차휴가수당 • 연장 · 야간 · 휴일가산수당 • 기타법에 유급으로 표시된 보상	• 퇴직금 • 휴업수당 • 연차휴가수당 • 휴업보상 · 장해보상 · 유족보상 • 장례비, 일시보상, 분할보상 등 • 재해보상 • 감급의 제한

5) 통상임금 근로기준법 시행령[대통령령 제32130호, 2021.11.19., 일부개정]을 평균임금은 근로기준법[법률 제18176호, 2021.5.18., 일부개정]을 참조하기 바란다.

김동배와 류성민(2008)의 연구를 살펴보면, 기본급 결정요소별 비중에는 차이가 있지만 각 결정요소의 순위에 대해서는 연공(근속, 연령, 경력, 학력 등), 능력(직무수행능력, 역량 등), 직무가치(직무난이도, 중요도, 책임 등), 성과(업무성과)의 순으로 노사의 의견이 일치하고 있다.

② 수당

수당은 그 지급이 법적인 의무사항인지 아니면 노사 간 단체협약, 취업규칙 등에서의 약정사항인지에 따라서 다음과 같은 법정수당과 법정외 수당(약정수당)으로 구분할 수 있다.

㉠ 법정수당 : 법령의 규정에 의하여 사용자에게 지급할 의무가 있는 수당들을 말한다. 시간외 근무수당(연장근로수당, 휴일근무수당, 심야특근수당 등), 연월차수당, 생리수당 등이 이에 해당한다.

㉡ 법정외 수당 : 사용자에게 법령에 의한 지급의무는 없으나 노무관리상의 필요에 의하여 단체협약이나 취업규칙 등에 의하여 지급되는 수당으로 가족수당, 직책수당, 근속수당, 자격수당 등 여러 가지가 있다. 이러한 수당은 법적인 구속력을 가지는 것은 아니며, 회사 자체 내의 규정 및 자치적인 수당으로 우수한 인재채용을 위한 방법으로도 사용된다.

③ 상여금(bonus)

상여금은 의미는 원래 보너스로서 경영성과가 있는 경우 성과배분의 목적으로 지급되는 임금을 말한다. 그러나 우리나라에서는 과거 저임금 시절 임금보존을 위한 역할을 해 왔기 때문에 노사 모두 상여금이 성과급적 임금이라기보다는 일정한 기간을 주기로 하는 정기적인 임금의 성격으로 생각하고 있는 경향이 강하다(우재현, 2001).

이러한 기본적 임금구조를 바탕으로 우리나라의 임금은 월간 기준으로 지급되는 정액급여 및 초과급여와 연간기준으로 지급되는 특별급여가 있다. 단체협약 또는 취업규칙 등에 의해 고정적으로 지급되는 고정적 임금[6](정액급여와 고정적 상여금 : bonus)과 변동적 임금(초과근로 또는 작업성과에 따라 변동적으로 지급되는 초과급여와 변동적 상여금)으로 구성된다.

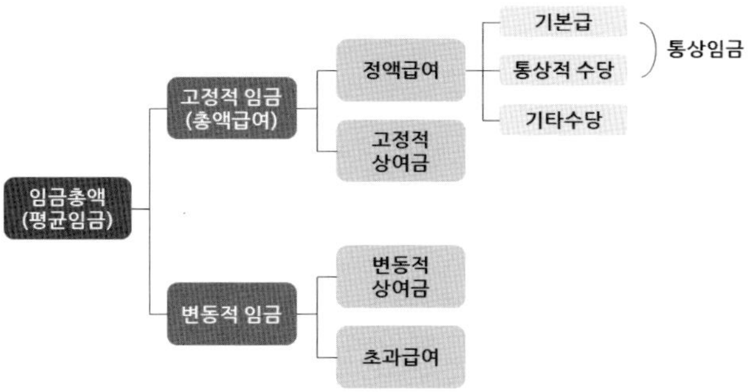

|그림 4-1| **한국의 임금체계**

3) 최저임금제도[7]

최저임금제(minimum wage system)는 국가가 법적 강제력을 가지고 근로자의 보호를 위하여 정부가 임금결정에 직접 개입하여 최저액을 규제하는 제도이다. 즉, 저임금근로자에 대하여 임금의 최저액을 보장함으로써 근로자의 생활조건을 향상시키고, 기업경영의 합리화와 기업 간의 경쟁력을 촉진하여 국가경제의 건전한 발전에 기여함을 목적으로 한 것이다. 최초의 최저임금제도는 1894년 영국의 식민지였던 뉴질랜드에서 시작되었고, 미국이 1938년, 프랑스가 1950년, 대한민국은 1986년 12월 31일에 도입하여 시행하고 있다.

6) 고정적 임금은 총액임금이라고도 한다.
7) 최저임금법은 근로자에 대하여 임금의 최저수준을 보장하여 근로자의 생활안정과 노동력의 질적 향상을 꾀함으로써 국민경제의 건전한 발전에 이바지하는 것을 목적으로 한다.

(1) 최저임금제의 결정기준

우리나라의 최저임금에 있어서의 결정기준은 "근로자의 생계비, 유사 근로자의 임금, 노동생산성 및 소득분배율 등을 고려하여 정한다(최저임금법 제4조 1항)"고 되어 있다. 최저임금제도의 기본원리에 관한 논리적 배경을 보면 공정임금(fair wage), 생활임금(life wage), 기업의 지불능력 세 가지를 들 수 있다.

① 공정임금

공정임금은 한계생산력을 바탕으로 하여 근로자의 한계생산력에 적합한 임금을 말하며, 그 이하의 임금이 불공정임금으로 간주되는 것이다. 우리나라의 임금실태에 적합한 최저임금제는 우선적으로 저임금 산업에 관한 것이라야 한다는 점에서 공정임금의 원칙이 현실적인 기준이 될 수 있는 것이다 .

② 생활임금

생활임금은 근로자가 생활할 수 있는 임금을 요구하는 가운데서 최저임금의 원칙의 하나로 인정된 것이라 할 수 있다. 이것은 최저임금제가 근로자의 생활을 확보하는 것을 목적으로 하고 있다는 점에서 산업최저한으로서의 의미를 갖는다고 하겠다.

③ 기업의 지불능력

최저임금제의 실시목적이 근로자의 지나친 저임금을 해소함으로써 경제적 약자인 근로자를 보호하고 사회적 불안을 제거하여 근로자의 생산의욕을 고취한다고 볼 때, 이러한 문제를 해결한다는 이유로 기업의 지불능력이 되어서는 안 된다. 임금은 앞서 살펴보았듯이 산업 간, 직종 간, 기업규모별로 격차가 있기 때문에 기업의 지불능력을 고려한 적정의 최저임금을 산정해야 할 것이다.

또한 일반적으로 최저임금법의 결정기준에 대한 ILO조약 및 권고를 종합하면 ㉠ 근로자들의 생활욕구, ㉡ 비교 가능한 임금 및 소득, ㉢ 산업의 지불능력, ㉣ 경제발전의 요인 등이 공통적인 결정기준으로 나타나고 있다.

(2) 최저임금의 결정방식

국가마다 최저임금의 방식이 다른 것은 사회, 문화적 차이 외에도 경제발전의 단계 및 의회제도, 사법제도 등의 발전단계와 노사의 협력 및 노동운동의 발전과도 밀접한 연관이 있다. 이러한 각각의 결정방식에 대한 내용은 〈표 4-4〉와 같다.

〈표 4-4〉 **최저임금의 결정방식**

결정방식	내 용
법률 (미국 등)	• 최저임금 수준을 직접 의회에서 결정하는 방식 • 국민의 다양한 의견 수렴 가능(전국적 최저한도 확보가능) • 최저임금액의 결정이 국회 내의 정치적 세력관계에 영향을 받을 수 있음 • 입법과정이 및 법률의 제정 등 절차가 복잡함 • 경제여건의 변화에 신속한 대응이 어려움
최저임금위원회 또는 임금위원회 (우리나라, 일본)	• 최저임금 수준을 노사대표와 공익대표로 구성된 위원회에서 갖는 방식 • 위원회가 심의하여 정부에 권고하고 정부가 최종적 결정 • 노사와 공익대표 모두의 참여로 국민경제 전체로 볼 때 적정수준이 결정 • 심의과정에서 노사 간의 갈등으로 결정지연 가능성 • 가장 널리 채택되고 있는 제도
단체협약의 효력확장	• 전국, 지역적으로 단체협약에서 결정 • 최저임금의 적용을 협약당사자 이외에도 확장하여 적용 • 미조직 노동자의 보호 및 사용자 간의 공정경쟁의 보장 가능 • 노조의 파업을 배경으로 한 교섭이기 때문에 다른 방식보다 높은 편 • 노사 간의 자율적 교섭관행이 미성숙한 곳에서는 적용이 어려움
중재재판소 또는 노동위원회	• 중재재판소나 노동위원회 등 노사관계 조정을 담당하는 기관이 결정 • 결정한 임금을 최저한도로 법적 구속력을 가짐 • 오스트레일리아의 연방최저임금제도가 대표적임
사용자 간 협정	• 사용자가 일방적으로 결정하는 방식 • 기업의 사정이나 지불능력만을 고려한 제도 • 노동자측의 생계비, 기타 최저임금제의 사항을 포괄하지 못하고 있음

(3) 최저임금제의 기대효과

최저임금제의 실시로 기대할 수 있는 효과는 다음과 같다(우재현, 2001).

① 저임금과 임금격차의 개선

지나친 저임금과 산업 간, 직종 간 그리고 지역 간의 임금격차를 개선하는 효과를 갖는다. 저임금근로자에게 최저생활을 보장할 수 있도록 하는 한편, 사용자와 정부에 있어서는 건실한 노동력 재생산을 가능하게 하여 기업과 국민경제의 성장, 발전에 기여하게 된다.

② 노동력의 질적 향상과 기업근대화의 촉진

저임금 개선을 통해 노동력을 질적으로 향상시키고, 기업에게 충격을 주어 기업 경영의 근대화를 촉진시키는 충격효과를 들 수 있다. 기업은 최저임금제 도입을 계기로 고임금, 고능률 효과를 초래하는 동시에 노동절약적 투자가 확대되고 경영 전반에 대한 개선, 즉 합리화와 효율화에 박차를 가한다는 것이다.

③ 기업 간 공정경쟁의 확보

최저임금제의 실시로 기업 간의 공정경쟁을 확보할 수 있다. 저임금을 바탕으로 한 전근대적 경영이 개선되지 않을 수 없게 되므로 임금조건에 관한 한 동일업종에서는 동일한 경쟁조건이 마련되는 것이다.

④ 노사관계의 안정화 촉진

세계 최초로 최저임금제를 실시한 뉴질랜드는 항만에서의 파업을 발생시킨 노사분규를 해소하기 위하여 도입했던 결과 분규의 해소는 물론 분규의 발생을 미연에 방지하고 산업평화의 확보에 기여한다는 적극적 효과를 거둔 바 있다.

⑤ 유효수요증대로 경기활성화

이 제도의 실시로 근로소득이 상승하고 소득재분배 상태가 개선됨으로써 사회전체의 유효수요를 증대시켜 경기를 활성화시키는 효과를 갖게 된다.

⑥ 사회복지정책의 기초

선진국의 경험에 미루어 볼 때 최저임금제는 전후(戰後)에 정착하게 된 가장 중요한 노동정책의 수단임을 알 수 있다. 오늘날 대부분의 근로자들은 임금을 주 소득원으로 하고 있는데, 이러한 최저임금제의 도입으로 그 이하의 임금을 받는 근로자 또는 소득이 없는 근로자들의 생활에 대한 부조 및 정책자료의 근거가 되고 있다.

(4) 최저임금제의 부정적 효과

앞서 살펴본 기대효과들은 최저임금제의 긍정적 효과로 볼 수 있다. 하지만 최저임금제가 반드시 긍정적 효과만 있는 것은 아니다. 최저임금제의 부정적 효과에 대해서는 다음과 같다(김용원, 2007; 배무기, 2006; 우재현, 2001).

① 고용에 대한 부정적 효과

시장임금보다 최저임금수준이 높게 적용되면 생산요소간의 상대적인 가격수준이 왜곡되지 않을 수 없으며, 그렇게 될 때 생산요소의 상대적 가격들이 더 이상 각 요소의 상대적인 사회적 희소성 또는 기업이 판단하는 요소의 가치를 반영하지 못하게 된다. 그 때문에 기업에서는 상대적으로 비싸진 노동서비스의 사용을 줄이고자 할 것이며, 따라서 고용이 감소하고 실업이 발생하게 된다.

② 희생자 집단의 발생

어떤 사회에서 최저임금제가 전 산업에 적용되지 않고 부분적으로만 적용될 경우에는 최저임금제도의 도입으로 적용산업에서 제외된 근로자들은 비적용부문에 집결하게 되고, 그곳의 임금을 저하시키며 보다 소망스럽지 못한 임금상태로 고용되거나 아니면 실직하게 된다.

※ 주된 희생자 집단 : 청소년, 고령자, 장애자, 여성 및 미숙련자 등으로 구성되며, 이들이야말로 최저임금제도가 보호하고자 하는 집단들이다.

③ 지역 간의 경제활동의 배분을 왜곡

자본, 노동 등의 자원의 부존상태는 지역에 따라 다른 것이 일반적이므로 노동이 풍부한 곳의 임금이 상대적으로 낮은 것과 같이 지역 간에 다소 간의 임금격차가 있게 마련이다. 그러나 만약에 동일한 수준의 최저임금이 전국적으로 적용되게 되면 지역의 부존자원상태에 따라 이제까지 능률적으로 특화되어 왔던 생산요소의 사용비율 내지 산업구성에 왜곡이 발생하게 되고, 이것이 장기적으로 지역 간의 경제활동의 배분을 왜곡시키며, 결과적으로 전체적인 생산량의 감소를 초래하게 된다.

④ 소득분배의 역진적 효과

최저임금수준이 강제될 때 그 수준 이하의 임금을 받고 있던 소득이 낮은 사람들 중에 일부는 새로운 최저임금을 받을 수 있지만, 상당수는 실직될 수 있으며, 최저임금수준 이상의 근로자들은 아랫부분으로부터의 상승압박 때문에 임금이 연쇄적으로 인상될 가능성이 있다. 따라서 최저임금제로 말미암아 소득이 매우 낮은 사람이 실직함으로써 그 사람의 소득과 부를 상대적으로 높은 임금을 받는 사람들에게 재분배하는 역진적인 효과를 가져오게 된다.

⑤ 기술습득을 위한 유인제도에 부정적 영향

원래 취업생활에서 초기에는 기술훈련을 습득하는 관계상 근로자가 그 교육비의 일부를 부담한다는 의미에서 임금수준이 보다 낮아지는 경우가 많다. 그러나 최저임금제도에 의하여 그와 같은 것이 억제되고 저수준의 기술자와 고수준의 기술자 간의 임금격차를 인위적으로 축소시키게 되면 교육훈련 내지 기술투자에 대한 수익률은 감소하게 된다. 그것이 결국 전체적으로 보다 적은 양의 교육훈련투자를 야기시키고 노동력의 평균적인 질을 저하시켜 생산량을 저하시키고 빈곤을 가속화시키게 된다.

(5) 우리나라의 최저임금제도[8)]

우리나라의 경우 1953년 근로기준법을 제정하면서 최저임금제 실시 근거를 두었으나, 당시 경제여건상 최저임금제 수용이 어렵다는 판단하에 실제운영은 하지 않다가 근로자의 저임금 해소와 일정 수준이상의 생활수준보장을 위해 최저임금제 도입필요성이 증가함에 따라 1986. 12. 31. 최저임금법을 제정·공포하고 1988. 1. 1.부터 실시하게 되었다.

① 최저임금법의 내용 및 현황

적용대상 사업장 규모와 업종을 점진적으로 확대, 2000년 11월 24일부터 1인 이상 모든 사업장의 모든 근로자에 대하여 적용하기 시작하였다.

〈표 4-5〉 **연도별 최저임금 적용대상 확대**

시 기	1988. 1. 1	1989. 1. 1	1990. 1.1	1999. 9. 1	2000. 11. 24
대상규모	10인 이상	10인 이상	10인 이상	5인 이상	1인 이상
대상업종	제조업	광업, 건설업	모든 산업	모든 산업	모든 산업

최저임금의 결정은 노·사·공익대표 각 9명으로 구성된 최저임금위원회에서 매년 인상안 의결 후 정부에 제출하면 고용노동부장관이 결정고시(8월 5일)한다. 결정, 고시된 최저임금은 다음연도 1월 1일부터 12월 31일까지 적용된다.

〈표 4-6〉 **연도별 최저임금 현황** (단위 : 원)

구 분	2011 (1.1.~12.31.)	2020 (1.1.~12.31.)	2021 (1.1.~12.31.)	2022 (1.1.~12.31.)	2023 (1.1.~12.31.)	2024 (1.1.~12.31.)
시간급	4,320	8,590	8,720	9,160	9,620	9,860
일급(8시간)	34,560	68,720	69,760	73,280	76,960	78,880

8) 노동부(2008). 고용백서에서 내용을 발췌

② 최저임금의 임금산정

최저임금의 산정범위는 근로기준법 제2조의 규정에 의한 '임금'으로 고용노동부 장관이 정하는 것은 최저임금 산입범위에서 제외(법 제6조 제4항)한다.

〈표 4-7〉 최저임금의 산정에서의 임금

최저임금 산정 시 불산입되는 임금	최저임금 산정 시 산입되는 임금
• 매월 1회 정기적으로 지급하는 임금외의 임금 • 소정의 근로시간 또는 소정의 근로일에 대하여 지급하는 이금외의 임금 • 기타 최저임금액에 산입하는 것이 적당하지 않은 임금(생활보조 또는 복리후생을 위한 수당 등)	• 단체협약, 취업규칙, 근로계약에 임금항목으로 미리 명시 또는 관례에 따라 지급하는 임금 • 미리 정하여진 지급조건, 지급률에 따라 소정 근로에 대하여 매월 1회 이상 정기적, 일률적으로 지급하는 임금 또는 수당 • 기타 직무, 직책수당, 물가조정수당, 기술, 면허, 특수 작업수당 등

4) 부가급여제도

부가급여란 종업원을 위하여 사용자가 개별적 또는 단체적으로 지불하는 것으로서 종업원에게 화폐가 아닌 형태로 지불하는 모든 보상을 의미한다. 부가급여는 사용자가 정립하는 퇴직금, 연 · 월차휴가, 생리휴가, 산전후 휴가 등 유급휴일에 대한 지급료, 의료보험 및 사회보험제도에서의 사용자 부담 보험료, 회사부담의 교육비, 식사제공 및 상품권제공 등의 모든 항목을 의미한다. 이러한 부가급여는 사용자와 근로자 모두가 선호하는 형태를 띠고 있는데 그 이유를 살펴보면 아래와 같다(김유배, 2004; 배무기, 2006).

(1) 사용자의 부가급여 선호이유

① 조세와 보험료부담 감소 : 사용자는 사회보험에 대한 사용자측 기여분이나 보험료를 근로자의 임금액에 비례적으로 납부하는 경우가 많다. 그런데 부가급여분 만큼 임금액이 감소되면 사용자에게는 그만큼 조세나 보험료부담이 감소된다.

② 채용 희망근로자의 기호에 알맞은 부가급여제도를 제공

③ 정부 규제회피의 수단 : 사용자는 정부가 독과점을 이유로 임금 등에 대한 규제를 강화할 때 그것을 회피하는 수단으로서 임금인상 대신 정부측에서 식별하기 어려운 부가급여수준을 높일 수가 있다.

④ 장기근속 유도 : 사용자는 이직률이 높은 데서 오는 각종 퇴직, 채용 및 훈련비용을 절감하고 장기근속을 유도하는 방편으로 이용한다.

⑤ 기업의 노무관리수단 : 사기를 진작시키며 근로자의 기업에 대한 충성심을 발휘하게 하고 근로자에 대한 내부통제를 용이하게 하는 데 이용된다.

(2) 근로자의 부가급여 선호이유

① 현물급여의 이점 : 사용자와 마찬가지로 조세상의 혜택이 주어진다. 일정한 금액을 현금으로 받으면 근로자는 근로소득세를 부담하게 된다. 그러나 그것이 비현금 형태로 제공될 때에는 조세를 감면받을 경우가 많다. 또한 할인권 내지 상품권 등은 대량으로 할인된 가격으로 구입이 가능하기 때문에 더욱 저렴한 비용으로 구입이 가능하다.

② 연기된 보상[9]의 이점 : 연금 또는 퇴직금의 형태와 같이 보통은 정년퇴직 이후의 노령기에 이를 수령하게 되고 이 시기의 근로자의 임금소득은 보통 낮기 때문에 부담하게 되는 세율도 낮은 것이 보통이다(조세상의 혜택). 또한 노후대책의 기능으로 매월 추가적인 세 부담 없이 저축된 금액을 퇴직 이후에 받게 되므로 노후에 경제적 어려움이 해소될 수 있다.

(3) 노동조합의 부가급여 선호이유

일반적으로 노동조합이 조직되어 있는 기업이 부가급여수준이 보통 높다. 이것은 노동조합의 간부가 통상적인 임금인상투쟁에서 얻는 명성보다도, 어떤 새로운

9) 연기된 보상이란 노동소득이 현재 발생하지만 화폐형태로 지불되는 것은 연기 내지 유예되는 것이다. 연금이나 또는 임금후불설적 입장을 취할 때의 퇴직금이 여기에 속한다.

부가급여제도를 획득함으로써 자신의 노동조합지도자로서의 입장을 더 강화할 수 있기 때문이다. 즉, 노동조합은 노조원(근로자)의 욕구에 맞춰 임금인상 시 부가급여를 선호한다는 것이다.

(4) 부가급여의 종류

부가급여는 노사 간의 단체협약에 의하여 규정되는 것이 보통이나, 〈표 4-8〉과 같이 법령에 의하여 소위 '법정복리비'로서 지급되는 것도 있으며, 이 밖에도 사용자의 단독결정이나 노사 간의 단체협약에 의하여 제공되는 '법정외 부가급여'도 있다.

〈표 4-8〉 부가급여의 종류

법정복리	법정외 복리
• 휴일 • 휴가(월차휴가, 연차휴가, 생리휴가, 산전산후 유급휴가 등) • 휴게시간 • 퇴직금 등	• 복리후생시설 • 상여금 • 학자금 지급, 교육훈련 • 정기승급 • 주택자금 대출 • 의료비 지원 등

5) 물가와 생산성 임금제[10)]

(1) 물가와 임금

임금은 노사 간의 임금교섭을 통하여 매년 결정되는데, 이러한 임금을 화폐단위(貨幣單位)로 나타낸 것을 명목임금(名目賃金)이라 한다. 즉, 명목임금은 그 당시의 화폐를 표시하였을 뿐 물가상승과 같은 상대적 비교가 없기 때문에 실질임금(實質賃金)과는 대비되는 개념이다. 실질임금은 화폐의 가치를 비교년도로 해서 구매력을 알아보는 것으로 실질적인 화폐의 가치를 의미한다고 볼 수 있다.

10) 이창욱(1995). 생산성과 임금에 관한 연구와 김대모(2005). 적정임금 결정방법으로서의 생산성 임금제의 논리적 근거의 내용을 발췌하였음

이렇게 볼 때, 명목임금이 아무리 높게 상승하였더라도 물가가 그보다 더 높은 비율로 상승했다면 실질임금은 하락하게 되는 것이다. 이러한 실질임금의 변화는 근로소득이나 실재구매력 또는 복지수준의 변화를 나타내는 지표로 이용된다.

원래 임금이 물가에 영향을 미치는 과정은 복잡하다. 임금인상이 있더라도 생산성의 증가가 얼마나 있느냐에 따라 임금이 물가에 미치는 영향에서 차이가 나타난다. 만약 생산성증가보다 임금증가가 빠른 경우에 기업은 생산물단위당 노동비용이 증가하여 임금인상을 제품가격상승으로 전가시키고자 할 것이기 때문이다. 이렇게 할 때 기업의 비용증가를 제품가격에 반영할 수 있을 것이냐의 결정은 시장에서의 독과점력이 있느냐의 문제와도 관계가 있다(배무기, 2006).

또한 임금의 상승은 기업의 노동수요와도 관련이 있는데[11], 노동력 대신 다른 요소로 대체하고자 욕구 및 대체 가능성에 따라 영향을 미치게 된다. 만약 요소 간 대체 가능성이 크지 않아 노동에 대한 수요가 경직적인 경우 기업은 소비자에게 노동비 상승분만큼의 제품가격이 상승하게 될 것이고, 결국 임금상승이 물가상승으로 이어지는 영향을 미치게 될 것이다.

(2) 생산성 임금제

생산성 임금제는 거시적 차원에서의 임금수준 결정방법 중의 하나로서 명목(실질)임금 인상률을 명목(실질) 노동생산성 증가율과 같게 하는 것이다. 생산함수가 일차동함수(투입량증가율=생산량증가율)라는 것과 생산요소 간의 대체탄력도가 1이라는 가정하에서 다음과 같이 표시되는 통상적인 개념의 생산성임금제를 유도할 수 있다.

실질임금인상률 = 노동의 평균생산물 또는 실질노동생산물의 증가율
명목임금인상률 = 노동의 평균생산물 가치 또는 명목노동생산물의 증가율
= 실질노동생산성 증가율 + 물가상승률

11) 노동의 수요탄력성에 영향을 미치는 요인을 참고하기 바람

즉, 물가상승률이 3%이고, 실질생산성 증가율이 5%라면 명목임금은 다음의 식과 같이 구할 수 있는 것이다.

물가상승률(3%) + 실질생산성 증가율(5%) = 명목임금(8%)

통상적인 개념의 생산성 임금제란 실질임금상승률이 실질노동생산성 증가율과 같아지도록 또는 명목임금인상률이 명목노동생산성증가율과 같아지도록 임금을 결정하는 방법을 말한다. 한국경영자총협회 및 한국노동조합총연맹에서 노동생산성을 감안한 임금인상률을 요구할 때 적정임금[12)]을 산출하는 근거로 사용되기도 한다. 이와 같은 이유는 많은 사람들이 이 같은 방법이 임금을 결정하는 타당한 이유로 생각하기 때문이기도 하다.

적정임금상승은 경쟁시장의 논리에 따라 “모든 시장이 경쟁적이면 여기서 결정되는 임금수준은 노동의 기여도와 같아질 것이다”라는 명제를 세울 수 있을 것이다. 만일 임금수준이 노동의 기여도보다 높으면 노동수요가 감소하고 노동공급이 증가하여 임금수준이 떨어질 것이고, 반대의 경우는 노동의 수요는 증가하고 노동공급은 감소할 것이다. 또한 신고전학파 경제모형에 의하면 “생산물시장과 노동시장이 모두 경쟁적일 경우에는 임금은 노동의 한계생산가치(VMP_L)와 같은 수준에서 결정된다”는 명제가 성립한다. 즉, 이 두 가지 사실에 기초하여 “임금은 노동의 기여도와 같은 수준에서 결정되어야 한다”는 임금결정방법이 도출될 수 있으며, 아래의 식과 같이 표현될 수 있으며, 이 식을 본래의 의미의 생산성임금제라 볼 수 있다.

$$W = VMP_L = P \cdot MP_L$$

12) 적정임금이란 그 개념 자체가 실증적이기보다는 규범적 개념이다. 즉, 개개인의 가치관에 따라 구체적 개념이 달라질 수 있는 것이다. 거시적 차원에서의 적정임금 결정방법으로서의 생산성임금제는 노동에 대한 보수(임금은 생산에 대한 노동의 기여도와 같은 수준으로 경정)와 임금 자체 때문에 소득분배가 악화되어서는 안 된다는 두 가지 가치 중 하나에는 동의할 수 있어야 한다. 이를 산출하는 공식은 (적정임금상승률 = 실질 경제성장률 − 취업자 증가율 − 디플레이션)으로 구한다.

이 식은 다음과 같이 변형이 가능하다.

$$w = \frac{W}{P} = MP_L$$

여기서, W = 명목임금

VMP_L = 노동의 한계생산가치

P = 생산물가격

MP_L = 노동의 한계생산

w = 실질임금수준

어떤 변수의 x의 변화율 또는 증가율($\frac{dx}{x}$)을 $\hat{x}$로 표시하고, 위의 식을 증가율로 나타내면,

$$\widehat{W} = V\widehat{M}P_L = \widehat{P} + M\widehat{P_L} \quad \text{또는} \quad \widehat{w} = MP_L$$

로 나타낼 수 있다. 그러나 계측상의 어려움으로 인해 MP_L은 쉽게 구하지 못한다. 그렇다면 노동투입 및 생산의 변동량이 아닌 총량에 관한 통계자료로 이를 구할 수 있는데, 노동의 평균생산(AP_L)은 생산함수가 1차 동함수라는 가정과 생산요소간 대체탄력도가 1이라는 가정을 전제하면 다음과 같은 식이 성립된다.

$$M\widehat{P_L} = A\widehat{P_L}$$

즉, 위의 식들을 정리하면 다음과 같이 되는데 이것이 통상적인 의미의 생산성임금제이다(김대모, 2005).

$$\widehat{W} = \widehat{P} + A\widehat{P_L} = V\widehat{A}P_L \quad \text{또는} \quad \widehat{w} = A\widehat{P_L}$$

AP_L = 노동의 평균생산 또는 통상적 개념의 실질적 노동생산성

VAP_L = 노동의 평균생산가치 또는 통상적 개념의 명목 노동생산성

(3) 생산성임금제의 적용에 따르는 문제점

생산성임금제는 결국 비교적 쉽게 측정할 수 있는 부가가치 노동생산성의 변화에 따라서 임금인상을 결정하는 방식이므로 노사 간의 원칙적인 합의만 된다면 어느 한쪽 또는 양쪽이 불리한 주장을 하지 않는 한 임금교섭에서 노사 간의 큰 이견을 줄일 수 있을 뿐만 아니라 순조롭게 합의·도달할 수 있는 제도이다.

경제적인 가치판단에 있어서 합리적인 방법임에도 불구하고 실제 적용상에는 다음과 같은 문제점이 있다.

① 개별기업에의 적용에 대한 문제점

개별기업의 경우 노동생산성증가율(전년 대비)은 편차가 매우 심하여 이를 실제임금인상률로 적용하기가 곤란하며, 만일 적용할 경우 기업 간의 임금격차가 심해진다. 이론적으로 개별기업 고유의 특성 때문에 생산함수가 일차동차함수라는 가정과 대체탄력도가 1이라는 가정이 성립되지 않을 가능성이 크다.

② 임금인상 결정과 생산성 측정의 차이가 발생

생산성임금제를 적용함에 있어서 한 년도의 임금인상률을 당해 연도 노동생산성증가율과 관련시키려면 결국 예측치에 의존할 수밖에 없으므로 예측치가 맞지 않을 때를 대비하여 임금인상률 자체를 분기별로 조정하거나 특별상여금제 등을 활용하는 사후조정장치를 두어야 할 것이다.

③ 계산자료의 신뢰성

노사 양측이 재무재표 자료에 대한 신뢰성을 갖지 않는 한 생산성임금제의 적용은 불가능하다. 따라서 서로 신뢰할 수 있는 자료를 토대로 적정임금수준을 산정하여야 할 것이다.

3. 임금격차이론[13)]

임금격차는 동일시점에서의 산업, 직종, 기업, 직업, 성, 연령, 학력, 생산성 등 여러 가지 차이로 인하여 발생하는 임금 수준의 차이를 의미한다. 일반적으로 근로자의 개인적 조건이라고 할 수 있는 요소는 성, 연령, 학력, 경력, 숙련도, 직무 등을 들 수 있고, 기업 간의 조건으로는 산업 간의 격차, 기업규모 간의 격차, 직종간의 격차 등을 설명할 수 있다.

또한 임금격차이론은 노동수요 특성별 임금격차를 발생하게 하는 경쟁적 요인과 경쟁외적 요인으로 구분할 수도 있다. 경쟁적 요인으로 노동생산성의 차이(인적자본의 투자량), 효율임금정책, 보상적 임금격차, 노동의 보이지 않는 질적 차이(능력, 도덕성, 규율에 대한 복종, 협동, 팀웍 등), 단기 불균형 과정에서의 임금격차(과도형 임금격차)로 볼 수 있다. 경쟁외적 요인으로 독점지대의 배당(기업규모, 집중도 정부와의 관계 등 독과점적인 대기업에 취업하고 있는 근로자의 배당 – 한국담배공사의 근로자가 받는 높은 임금), 노동조합의 효과, 비효율적 연공급제도, 차별화와 노동시장의 분단 등으로 구분된다.

1) 직종별 임금격차

직종의 다름에 따라 나타나는 직종간의 임금의 차이를 직종별 임금격차(職種別賃金隔差, occupational wage differentials)라고 한다. 완전경쟁시장하에서의 A, B 두 직종 간에 근로자가 동질적이고, 노동시장에 대한 완전한 정보가 있으며, 노동이동이 자유롭고 이동에 따르는 비용 및 진입장벽이 없다면 임금 격차는 없어지게 될 것이다. 그러나 A와 B 직종 중 어느 한 직종의 임금이 높을 때, 근로자들은 그 직종으로

13) 임금격차는 배무기(2006)의 내용을 일부 발췌하였음

이동을 할 것이다. 이 때, 이동에 있어서 더 높은 교육훈련 수준 및 열악한 환경조건이라면 임금이 높다고 해서 이동이 발생하지는 않는다. 이러한 직종간의 임금격차가 나타나는 원인은 여러 가지가 있는데, 아담 스미스(Smith. A)는 보상적 임금격차(compensating wage difference)로 설명하였다.

(1) 보상적 임금격차

직종들 간에는 상대적으로 근로자에게 유리한 것도 불리한 것도 있다. 보다 유리한 직종은 높은 임금, 직장의 쾌적함, 위신, 명성, 일에 대한 만족감 등을 제공하는 것이고, 반대로 어떤 직종에서는 불만족스럽거나 사회적으로 평가를 받지 못하며 전망도 밝지 못한 경우에는 그 점에 대해서 보상해 줄 만큼의 높은 임금이 지불되어야 한다는 것이다. 경쟁조건하에서 직종 간에 자유로운 노동이동을 통하여 이루어지는 화폐적(금전적) 이익의 균등화가 아니고 금전적 · 비금전적 이익(또는 불이익)을 합친 순이익의 균등화이다. 즉, 여러 직종에서의 균등한 보상원리를 적용해야 한다고 하였다. 이와 같이 어떤 직종에 존재하는 불리한 성격 또는 추가적인 부담 등에 대하여 보상해줌으로써 그렇지 않은 직종과 균등한 상태로 유지해 주는 임금격차가 바로 보상적 임금격차 또는 균등적 임금격차이다. 소위 3D 업종에 종사하는 노동자들은 낮은 임금을 받고 있으나, 전문직 또는 최고경영자, 고위직 공무원 등은 높은 임금과 명예를 가지고 있는 게 일반적이다. 이러한 보상적 임금격차는 직종간의 상대적 불리성 내지 부담이 발생하는 원인에 대하여 다음의 세 가지를 제시하고 있다.

① 비금전적 차이

직종들 간에는 비금전적 차이, 즉 온도, 습도, 소음, 진동 등의 작업환경에서의 차이 및 노동의 난이도, 스트레스 정도를 비롯한 작업정도의 차이가 있다. 또한 어떤 직업은 사회적으로 높은 평가를 받지 못하는 직종도 있고, 위신이나 명성을 누리며, 주관적 만족도를 높일 수도 있는데, 비금전적 특성에 있어서 불리한 직종에 대하여 보상 내지는 상대적으로 높은 임금을 지불하게 되면 임금격차가 줄어든다는 것이다. 이를 바로 비금전적 임금격차라고 한다. 위험수당의 지급 및 중노동에 대한 수당, 벽지근무수당, 기타 위험에 대한 수당 등을 지급하게 되면 사회적으로 기피하는 직업 또는 직종에 종사하게 되어 임금격차가 줄어들 것이라 생각하는 것이다.

② 금전적 위험

특별한 일이 발생하지 않는 한 매월 임금을 받는 근로자들은 소득이 확실히 보장된다. 그러나 어떤 직종에서는 임금의 보장이 확실하지 않는 경우도 있다. 그뿐 아니라 노동소득의 수준 그 자체가 불안정적이어서 어떤 때는 소득이 높고, 어떤 때는 소득이 낮거나 완전히 없을 수도 있다. 보통의 사람들은 금전적인 위험성이 적거나 안정성을 지향하는 편이므로 두 직종간의 평균임금은 같다할지라도 그 직종 고유의 금전적 위험을 보상해 주지 않으면 안 된다는 것이다. 즉, 가산적인 임금을 지불하여야 한다는 것이다. 이와 같이 발생하는 임금격차를 금전적 위험에 따르는 임금격차라 한다. 개인의 선호차이는 있겠으나, 일반적인 경우에는 소득보장상의 위험 또는 불안정성을 기피하는 경향이 강하므로 금전적 위험이 존재하는 직종의 임금은 다른 직종에 비해 예상소득 이상으로 유지되지 않으면 안 된다는 것이다.

③ 교육훈련의 차이

일반적으로 교육수준 및 교육훈련을 많이 받는 직종일수록 높은 임금을 받게 된다. 전문직, 기술직 또는 행정관리직 등에 종사하는 근로자가 일반 판매직이나 생산직, 단순노무직 등에 종사하는 근로자보다 높은 임금을 보이고 있다. 이러한 임금격차는 교육훈련의 차이에 기인하는 것이라 할 수 있는데, 다른 직종보다 더 많은 교육훈련을 받은 직종의 종사자들은 교육훈련에 투입된 직 · 간접적인 비용 때문에 그에 대한 보상으로 더 많은 임금을 받게 된다는 것이다.

④ 책임과 장래성

어떤 직종의 근로자가 상대적으로 무거운 책임을 지고 있는 일에 종사할 경우

그에게 맡겨진 무거운 책임 때문에 더 많은 임금이 지급되어야 한다는 것이다. 일례로 사람의 생명을 다루는 의사나 변호사 등은 더 많은 책임을 요구한다고 볼 수 있다. 또한 장래성은 장래에 대한 불확실성 내지는 유망성을 의미한다고 할 수 있는데 장래에 대한 불확실성이 크다면 더 많은 임금을 보상해 주어야 한다는 것이다.

(2) 과도적 임금격차

어떤 직종에서 노동수요가 증가하게 되면 단기적인 노동공급곡선이 이에 반응하게 된다. 이때 발생하는 단기적인 임금의 상승폭은 단기적 노동공급이 비탄력적이므로 비교적 크다. 그러나 만약 그 수요가 반영구적이거나 또는 이 직종에 참가하는 근로자들이 그렇다고 믿게 될 때, 이 직종에 대한 노동공급은 장기적인 반응을 보이며 노동은 보다 탄력적으로 공급되게 된다. 단기노동공급곡선으로 발생하는 임금인상폭과 장기노동공급곡선으로 발생하는 임금인상폭간의 차액을 과도적 임금격차(過渡的 賃金隔差, transitional wage differentials)라 한다.

(3) 헤도닉 임금이론

헤도닉 임금(hedonic wage)은 시카고대학의 로젠(Sherwin Rogen)이 1974년에 처음 사용한 후, 노동경제학에서 일반적으로 사용되고 있는 용어이다. 헤도닉 임금이란 고통스럽고, 불유쾌한 직무에 대한 보상요구를 반영한 시장임금 수준을 뜻한다. 우리나라에서는 비효용을 낳는 직무에 보상요구를 하고, 효용을 낳는 직무에 대해서는 대가를 지불하려는 노동자의 의사반영의 시장가격을 강조하여 효용임금이라고 번역하기도 하고, 원래 헤도니즘(hedonism)의 뜻을 그대로 번역하여 쾌락임금이라고 번역하기도 한다. 또한 노동자의 보상요구를 충족시키는 임금이라는 의미로 효용을 낳는 직무 직무에서는 의중(意中)반영임금이라고 번역하기도 한다(조우현, 1998).

이러한 헤도닉 임금은 보상적 임금격차와 관련성이 높으며 다음과 같은 가정을 하고 있다. 첫째, 직장의 다른 특성은 동일하며, 산업재해의 위험도만이 다르다.

둘째, 노동자는 효용을 극대화하며, 노동자 간에는 산업재해 또는 산업안전에 관한 선호의 차이가 존재한다. 열악한 노동조건인 산업재해를 회피하는 노동자도 있는 반면 보다 높은 임금을 받고 열악한 노동조건인 산업재해를 감수하려는 노동자도 있다. 즉 노동자 간에는 산업재해에 대한 보상요구임금의 차이가 있다. 셋째, 기업은 이윤극대화를 추구하며, 좋은 노동조건인 산업안전, 예컨대 저소음, 저매연, 저공해 등을 낳기 위해서는 기업은 산업안전에 투자를 해야 한다. 산업안전 투자에는 산업안전을 위한 시설설치 뿐만 아니라 산업안전 지도요원의 고용, 강의 및 지도시간 등을 포함한다. 넷째, 노동자는 각종 직업들에 대해 정확한 정보를 갖고 있으며, 각종 직업 간 자유롭게 이동할 수 있다.

2) 산업별 임금격차

산업별 임금격차는 많은 나라에서 장기에 걸쳐 안정적이며 변화가 적은 것이 하나의 특징으로 되어 있다. 그렇다면 장기간에 걸쳐 안정적인 산업별 임금격차가 유지되는 원인은 다음과 같은 것을 들 수 있다(김용원, 2002).

(1) 산업 간 노동생산성의 차이

고임금 산업은 대체로 숙련노동자의 비율이 크고, 총비용 가운데 노동비용의 비중이 낮으며, 높은 자본의 노동에 대한 비율을 갖는다. 즉, 어떤 사회에서 산업 간의 생산성의 격차가 클수록 산업 간의 임금격차는 크게 될 것이다. 이러한 측면은 다른 조건이 동일하다면 생산성의 차이가 임금의 차이로 나타나게 될 것이라는 것이다.

(2) 노동조합의 존재유무[14)]

노동조합이 광범위하게 조직되어 있는 산업 또는 교섭력이 강한 산업일수록 임금수준은 높다는 것이다. 즉, 교섭력에 따라 임금이 좌우될 수 있으므로 교섭력이 큰 산업일수록 임금은 높게 된다.

(3) 산업별 집중도

산업별 집중도는 대체로 제품시장에 있어서의 독과점력(獨寡占力)의 정도를 나타내는 것으로 독과점력을 강력히 행사할 수 있는 산업은 그로부터 얻을 수 있는 독과점 이윤의 일부를 임금으로 지급할 수 있기 때문이다.

3) 기업별 임금격차

기업별 임금격차의 원인으로는 기업의 규모에 따른 임금격차를 말한다. 현실적으로 대기업과 중소기업에는 상당한 임금격차가 나타나고 있고, 이를 반영해 주듯 대부분의 고학력 실업자는 중소기업에 취업하지 않고 대기업으로의 취업을 희망하고 있다. 대기업은 앞서 내부노동시장의 형성과정에서 배웠듯이 높은 임금 및 연공임금의 관행이 있기 때문에 흔히 볼 수 있는 현상이다. 기업규모별 임금격차를 유발시키는 원인은 다음과 같다(김용원, 2007; 배무기, 2006).

(1) 자본집중가설

이 가설에 의하면 대기업은 자본집중도가 높아 근로자 1인당 자본장비율(K/L : capital labor ration)이 높아서 부가가치 생산성이 높고, 이러한 부가가치 생산성에 대응하여 임금이 상대적으로 높아질 수 있다.

---

14) 노동조합의 임금효과는 chapter 6 노사관계와 노동조합에서 "5. 노동조합의 임금효과"를 참고하기 바란다.

(2) 생산물시장구조가설

주로 기업의 제품판매과정에서 시장에서 독과점력을 행사할 수 있느냐의 문제와 관련된다. 대기업일수록 시장점유율이 높을 가능성이 많으며 그만큼 생산물 시장에서 독과점력을 행사할 가능성은 높다.

(3) 노동력의 질적 차이

일반적으로 대기업의 경우 중소기업보다 노동자들의 근속년수가 길고 학력수준도 높아 대기업 노동자들의 생산성이 상대적으로 높게 나타난다. 즉, 노동력의 질적 차이로 인해 생산성이 높아지게 되고 이에 따라 임금격차가 나타난다는 것이다.

(4) 노동조합의 조직률

대기업일수록 노동조합이 조직되어 있을 가능성이 높기 때문에 대기업이 중소기업보다 고임금을 유지할 가능성이 높다는 것도 지적되고 있다. 노동조합이 조직되어 있을 경우 또는 교섭력이 강할 경우 임금협상에서 상대적으로 유리한 위치에 있을 가능성이 많다.

(5) 효율임금정책

최근에는 기업규모별 임금격차를 효율임금정책으로 설명하기도 한다. 대기업은 대규모 조직이므로 노동자 개개인의 직무수행을 감독하고 평가하는 데 막대한 비용이 들뿐만 아니라, 상대적으로 많은 교육훈련 투자비용으로 이직에 대한 비용부담이 크기 때문에 효율임금정책의 이득이 더 크다.

효율임금이론(efficiency wage theory)

노동생산성과 임금은 정(+)의 상관관계를 갖고 있기 때문에 높은 임금을 지불하게 되면 노동생산성의 증대가 이루어진다. 효율임금이론은 어떤 기업의 근로자에게 시장임금 이상의 고임금을 지불함으로써 노동생산성의 향상을 도모하여, 사용자가 이윤을 극대화하기 위한 방법이다. 기업에서 효율임금정책을 사용할 경우 취업 기업별로 임금격차가 나타날 수 있다. 상대적인 고임금이 노동생산성을 증대시키는 이유는 다음과 같다.

① 고임금은 노동자들의 실직비용을 증대시켜 직무에 태만하지 않도록 한다.
② 고임금은 이직률을 감소시키므로 채용비용과 훈련비용을 감소시킨다.
③ 고임금은 기업 명성을 높이므로 신규채용 시 우수인력의 확보가 가능하다.
④ 고임금은 노동자의 기업에 대한 충성심과 귀속감을 높여 작업표준과 노력의 평균적 수준을 증대시킬 수 있다.

4) 학력별 임금격차

학력은 특정 업무를 담당하기 위한 자격 또는 조건이므로 학력별 임금격차는 한국이나 일본 등의 소위 학력사회가 아닌 선진국에서는 그다지 문제가 되지 않고 있다. 우리나라의 경우 학력을 중시하는 사회이기 때문에 학력 자체가 개별적 임금 결정의 중요한 요소로 작용하기도 한다. 이러한 학력별 임금격차에 대한 이론은 거의 없는 편으로 기존의 연구들을 토대로 다음과 같은 원인을 유추해 볼 수 있다.

(1) 노동시장의 학력별 분단

기업의 직무체계가 주로 학력을 기준으로 조직되어 있는데, 이러한 직무구조의 학력별 구분에 기초하여 학력별로(특히 대졸과 고졸) 입직문(port of entry)이 확연히 구분되어 있다. 노동시장에서의 학력별 분단에서 가장 중요한 문제는 노동소득이 높고 직장의 전망이나 직장으로부터의 만족도가 높은 산업이나 직종에 대하여 접근할 수 있는 기회가 상당한 정도의 학력에 구분된다는 점이다. 학력사회에서는 학력이 생산에 있어서의 생산성의 높이를 반영한다기보다 산업 및 직종에 대한 차별화의 수단으로 사용되어 지고 있는 것은 문제가 된다.

(2) 학력 간 노동공급사정의 차이

노동시장의 학력별 분단은 질적인 차원의 문제로 볼 수 있으나, 학력 간 노동공급사정의 차이는 다소 양적인 차원의 문제로서 학력별 임금격차의 크기를 결정하는 요인으로 작용하는바 어떤 의미에서는 순수하게 노동시장적 요인이라 할 수 있겠다. 학력 간에 존재하는 교육비용을 기초로 한 임금격차와는 다른 현실적인 임금격차의 발생원인은 반드시 실습적(實習的) 요인이나 제도적 요인을 도입할 필요도 없이 학력 간 노동공급사정의 차이만으로도 설명이 가능하다.

(3) 학력의 선별기능

사용자가 구직자들의 생산과정에서의 노동생산성을 측정하는 데에는 많은 어려움과 비용이 들게 된다. 따라서 비용을 절감하는 하나의 방법으로서 학력이 노동생산성과 가장 높은 상관관계가 있다고 확신하여 학력을 대리변수로 보고 선별장치로 활용하는 것이다.

(4) 전통적 관념

전통적인 사대부 우위의 유교사상 및 사회적인 관습이 노동시장에 영향을 미친다고 볼 수 있다. 유교사상의 영향으로 고학력자에 대해 높은 사회적 평가를 무비판적으로 내리고, 승급, 승진, 직무배치 등 인사관리에 있어서도 학력은 중요한 기준이 되고 있다. 또한 고학력자에 대한 고임금지급에 대한 사회적 저항이 비교적 적은데, 이러한 점에서 학력별 차별화를 통해 총임금비용의 절약을 꾀하려는 사용자들의 합리화 수단으로 이용되었을 가능성도 배제하기 어렵다.

5) 성별 임금격차

어느 나라에서나 정도의 차이는 있지만 남성이 여성보다 높은 임금을 받고 있는 편이다. 이는 대한 원인은 단순히 성(性)의 차이에서 오는 성차별적 관점과 생산성의 차이 또는 인적자원투자에 대한 생산성의 격차로 설명할 수 있다.

(1) 성(性) 차별

여성근로자에 대한 차별은 채용 시 나타나는 직종차별과 순수한 임금상의 차별로 분류된다. 여성은 남성에 비해 결혼, 출산, 육아 등으로 인하여 높은 결근율과 이직률을 보인다는 사용자, 동료, 노동조합 등의 편견으로 인해 여성노동자들은 차별대우를 받게 된다. 또한 여성들은 교육, 훈련에서도 차별을 받게 되는데, 이는 교육받은 근로자가 장기간 근속을 해야 교육훈련에 투입된 비용을 회수할 수 있으나 여성의 경우는 장기간의 근속이 어렵다는 편견이 있기 때문이다. 이러한 교육훈련의 차이는 다시 생산성 및 임금의 격차로 나타나게 되고, 여성들은 저임금 직종에 집중적으로 배치된다는 것이다.[15)]

(2) 노동생산성의 차이

성별 임금격차가 발생하는 것은 학력, 연령, 경력 등의 차이에서 오는 노동생산성의 차이가 있기 때문이다. 학력(교육수준)과 연령, 경력 등은 성별격차라 보기에는 어렵지만, 과거 우리나라에서는 여성이기 때문에 교육받을 기회에 있어서 불리한 입장에 서기도 하였다. 또한 기업의 고용관행이 미혼여성 또는 젊은 층의 여성근로자를 선호하고 결혼하면 퇴직토록 강요하기도 하였으며, 기혼여성의 노동시장 참가에 문제가 있을 밖에 없었다. 또한 경력년수도 바로 이와 같은 조건들 때문에 짧을 수밖에 없는 상황이 많기 때문이었다. 이러한 점들을 생각해 보면 여성근로자에 대한 노동시장 내부적인 차별, 즉 저임금(교육투자에 대한 낮은 투자수익률)과 각종 여성에게 불리한 고용관행 등이 바로 노동시장의 외부적인 차별, 즉 여성에 대한 낮은 학력(교육투자의 기피)의 원인으로 작용하였다고 볼 수 있다.

15) 인적자본 투자량의 차이가 노동생산성의 차이를 불러일으키고 그로 인해 임금 격차가 발생하게 된다. 즉, 여성은 남성에 비해 교육을 받을 기회가 불리하여 저임금의 노동시장에 진입하게 되고, 이러한 저임금 직종에 집중화현상으로 여성근로자 간의 경쟁이 격화될 수 있는데 그로 인하여 임금이 저하되는 효과를 쇄도(殺到)효과(crowding effect) 또는 혼잡효과라고 한다. 일부 직종에서의 여성근로자 간의 경쟁격화에 의한 저임금조장을 설명하는 것을 쇄도가설 또는 혼잡가설이라고 한다(배무기, 2006).

CHAPTER

05

실업과 노동시장 정책

Chapter

05

실업과 노동시장 정책

4차 산업혁명과 인구구조의 변화는 산업구조의 획기적 전환을 야기하며 일자리 전반의 급속한 변화를 촉진시키고 있다. 생애주기별 전직이 여러 번 예상되는 노동시장의 변화에 대비하기 위해서는 정부와 국민 모두가 평생에 걸쳐 기술과 역량을 지속적으로 개발하는 것이 필수적이라 할 수 있다. 최근 디지털 기술과 AI의 발전으로 세계적인 경제 · 사회적 변화로 고용환경에서도 많은 변화가 발생하고 있다. 이러한 변화는 비단 청년기나 신규 입직단계에 있는 사람과 생산가능인구(15세-64세)의 연령층만이 아닌 전 세대의 문제라고 할 수 있다. 글로벌 경제 시대의 도래와 인공지능의 발달은 여러 산업에서 일자리 축소를 가져오고 있고 이는 실업으로 이어질 것으로 전망된다(박진희 외, 2021; 이효남 외, 2021; 정재현 외, 2020). 또한 평균수명의 증가와 세계적인 고령화 추세로 은퇴 이후에도 생계를 위한 일자리를 준비해야 하는 등 고용환경은 변하고 있다. 이에 우리 정부에서는 2022년 "근로자 직업능력개발법"을 "국민 평생 직업능력개발법"으로 바꾸고 수혜 대상 또한 근로자에서 전 국민으로 확대하였다. 이에 국민들이 평생에 걸쳐 기술과 역량을 지속적으로 습득 · 개발하여 산업의 변화에 따른 노동시장의 변화, 실업에 대비하기 위한 노력을 하고 있다. 본 장에서는 경기변화 및 산업구조의 변화에 따른 실업의 유형과 정부의 대처방안에 대해 알아보도록 한다.

1. 실업의 유형과 발생원인

1) 실업의 유형

실업(unemployment)은 일을 할 수 있는 의사와 능력을 갖고 있으면서도 일정 기간 수입이 발생하는 취업처를 갖지 못한 상태를 말한다. 통계청의 경제활동인구조사(2020)에서는 실업자의 개념을 조사대상 주간 중 수입 있는 일에 전혀 종사하지 못한 자로서, 적극적으로 구직활동을 하고, 즉시 취업이 가능한 자, 30일 이내에 새로운 직장에 들어갈 것이 확실한 취업대기자는 구직활동 여부에 관계없이 실업자로 분류하고 있다.

실업은 수요부족실업(demand-deficient unemployment)과 비수요부족실업(non-demand-deficient unemployment)으로 나눌 수 있다. 수요부족실업이란 총수요의 부족으로 인해 노동력에 대한 수요가 감퇴되고 그로 인해 기업에 의한 해고, 일시해고 등에 의해 발생하는 실업이다. 수요부족실업의 전형적인 것은 경기의 후퇴로 인해 발생하는 경기적 실업이다. 비수요부족실업에는 마찰적 실업, 구조적 실업, 계절적 실업 등이 있다(배무기, 2006).

(1) 경기적 실업(cyclical unemployment)

경기적 실업이란 불경기에 수반하여 발생하는 실업으로 주요 원인은 유효수요의 부족이다. 즉, 유효수요가 노동시장에 공급된 노동력을 흡수할 정도로 충분하지 못하기 때문에 발생하는 실업이다. 케인즈(John Maynard Keynes)는 실업을 사회의 유효수요 부족과 관련시켜 설명함으로써 실업에 대한 인식과 정부의 대응에 일대 전환을 가져왔다. 케인즈의 고용이론에 나타난 바와 같이 유효수요의 부족을 경기순환의 한 국면으로 인식할 경우 이것은 일시적이고 단기적인 경기적 실업이다. 그러나 수요부족을 자본주의 사회의 구조변화, 즉 자본주의가 독점단계에 이르러 불황이 장기화되고 구조화되었다고 본다면 이것은 정책적 실업 또는 구조적 실업이다. 이것은 만성적인 대량실업으로서 매우 심각한 사회문제가 될 수 있다.

일반적으로 호황기에는 기업의 수익이 증가하므로 개별 기업들은 설비투자를 늘리고 생산을 늘리게 된다. 그러나 생산의 무정부성(無政府性) 때문에 산정(山頂)을 지나고 나면 재화(財貨)와 용역(用役)은 수요자의 총수요 이상으로 생산·공급되어 경기후퇴기를 맞이하게 된다. 기업은 처음에는 재고를 증가시키든가 함으로써 대응하지만 불경기가 더욱 진행되면 결국 노동력(고용)을 감축할 수밖에 없다. 이러한 경제의 순환과정은 |그림 5−1|과 같고, 불경기에는 실업이 발생하게 된다.

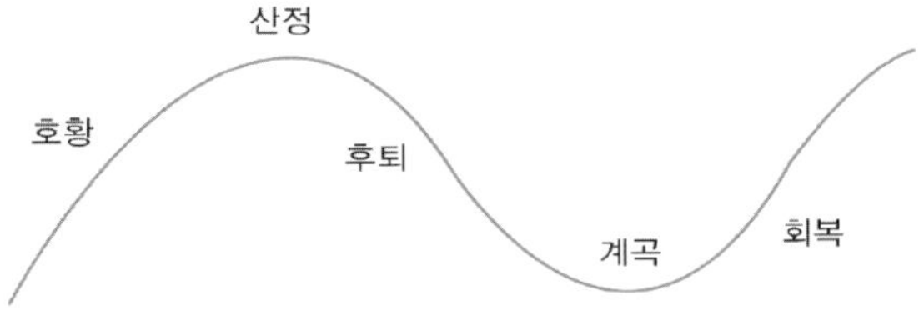

|그림 5−1| **경제의 순환 사이클**

이러한 수요부족실업(경기적 실업)의 대책으로는 실업을 예방할 수 있도록 경기후퇴 시 기업의 대량해고를 자제하도록 제한한다든지, 공공사업을 실시한 고용창출 정책을 펼친다든지, 경기부양정책을 펼쳐 총수요를 증가시키는 등의 방법을 사용할 수 있지만 지나친 경기부양정책은 물가상승을 유발시켜 주의가 필요하다. 또한 경기가 후퇴하여 생기는 경기적 실업과 관련된 두 가지 개념을 그림과 함께 살펴보면 |그림 5-2|[1])와 같다. 이 그림은 chapter 2. 노동력의 개관에서도 보았다.

|그림 5-2| **경제활동인구의 상태별 분류**

① 실망노동자이론(효과)

불황 시에는 구인자의 수보다 구직자의 수가 월등히 많게 되어 그들 가운데 상당한 수가 취업의 기회를 얻지 못하고 실망한 결과 더 이상 구직활동을 포기하고 비경제활동 상태로 탈락하게 된다. 따라서 집계된 실업자의 수는 실망 실업자를 포함하지 않으므로 실제 이하로 과소평가 되어 있다. 즉, |그림 5-2|를 살펴보면 원래 실업자에 있어야 할 사람이 비경제활동인구로 이동함에 따라 경제활동참가율과 실업률이 같이 떨어지는 결과로 나타난다.

② 부가노동자이론(효과)

만일 가구주가 불황으로 실직하게 되면, 그렇지 않았을 경우 취업을 희망하지 않았을 자녀와 배우자까지도 노동시장에서 구직활동을 하게 된다. 따라서 그 자녀와 배우자도 실직상태에 있게 되어 그 시점의 실업자 수는 실제 필요한 고용기회의 수보다 과장되어 있을 수 있다. 즉, 원래는 비경제활동에 있어야 할 사람이 실업자로 이동함에 따라 경제활동참가율과 실업률을 같이 높이는 결과가 발생하게 된다.

이러한 실망노동자이론과 부가노동자 이론은 같은 경기상황에서 과연 어느 효과

1) 그림 5-2는 chapter 2. 노동력의 개관에서 경제활동인구로서의 노동력을 참고하여 내용을 보기 바란다.

가 더 크게 나타나는가하는 것이 문제로 논의된다. 두 가지 상반된 효과의 계측이라는 관점에 외국의 많은 경제학자들은 관심을 가져왔다. 실증적 연구의 결과는 대체로 실망노동자효과가 부가노동자효과보다 더 큰 것으로 나타난다. 한국의 경우에도 두 효과에 대한 실증연구 결과들은 실망노동자효과가 더 큰 것으로 나타나고 있다(배무기, 2006).

(2) 마찰적 실업

케인즈(Keynes) 이전의 신고전학파 경제학자들은 노동시장에서 마찰적 요인, 즉 정보의 부족이 노동력의 수급불일치를 가져와 실업을 초래하는 요인으로 노동시장에서 정보의 불완전성으로 인하여 발생되는 실업을 마찰적 실업이라 한다.

마찰적 실업은 실업과 미충원 상태의 일자리가 공존할 경우, 직업탐색의 과정이 필요한데, 노동시장에서의 정보가 불완전하기 때문에 많은 노동자들은 한 직장에서 다른 직장으로 옮기는 과정에서 이와 같은 실업을 겪는 것이 불가피 하다. 기업은 채워지지 않은 공석이 생기더라도 여기에 배치할 노동자를 찾지 못하고 노동자는 기업에 빈자리가 생기더라도 그것을 쉽게 발견하지 못하는 데서 생기는 실업이다. 이러한 유형의 실업은 직업사이에 이동하는 과정에서 발생하므로 마찰적 실업만 있는 상태는 완전고용이라 볼 수 있고, 이때의 실업률을 자연실업률이라고 한다.

따라서 취업에 대한 정보제공을 포함한 노동시장 기능이 효과적일수록 이러한 마찰적 실업은 감소하게 된다. 비교적 다른 실업에 비해 상대적으로 가장 적은 비용으로 해소가 가능하다고 한다. 마찰적 실업은 직장탐색을 위하여 자진사직을 하는 것이 보편화되고, 또한 실업급여 등의 사회보험 등으로 실직 중에도 기초생계비가 마련되는 선진국에서는 점차 그 중요성이 커지고 있다.

직업탐색 이론

구인·구직에 대한 노동시장의 정보가 효과적으로 제공된다면 마찰적 실업은 감소할 수 있다. 노동시장에서의 마찰적 요인, 즉, 노동시장에 대한 정보와 노동자 행동과의 연관성에 대한 이론이 바로 직업탐색이론이다. 자신의 요구 임금에 맞는 직장을 찾기 전까지 구직활동을 하는 것을 직업탐색이라 하고, 이와 같은 탐색 활동에 드는 비용, 예컨대 식사, 교통비, 통신비 등의 직접비용과 일을 하지 않은 동안의 포기해야 하는 임금소득의 기회비용이 소모되는 것이다. 구직자들은 탐색에 드는 비용과 구직 후 소득을 비교해서 구직 후 소득이 더 높다고 판단할 경우 탐색활동을 계속하고 이 기간 동안은 실업자가 되는 것이다.

(3) 구조적 실업

구조적 실업은 국가의 중요한 경제구조의 변화에 노동시장 전체에 수요부족 또는 공급과잉으로 발생하는 것이 아니라, 노동력 수급상황의 불균형이 발생하여 총수요의 증대만으로 해결이 어렵고 직업훈련이나 기술습득 등에 의해 해소될 수 있기 때문에 장기간 지속될 가능성이 크다. 즉, 노동에 대한 수요가 충분하다고 하더라도 어떤 특정한 부분에서는 노동에 대한 수요가 공급에 미달하여 실업이 발생할 수 있다.

경제가 성장하고, 고부가가치에 의한 저부가가치의 대체를 포함하는 기술혁신이 이루어지면, 농업부문이 상대적으로 축소되는 반면 중화학공업은 성장·발전하게 된다. 또한 일반 재화로부터 서비스로 이행해 가는 소비자 수요구조의 고도화도 원인으로 볼 수 있다. 이러한 노동력 수요의 질적·기능적 구조의 변화에 대하여 노동력 공급의 질적·기능적 구조가 적절하게 또는 신속하게 적응하지 못한다면 노동력의 질적·기능적 수급구조에 불균형이 발생한다. 즉, 구조적 실업은 실업과 공석이 존재함에도 불구하고 기술을 갖춘 노동자가 이동이 불가능하거나 기술을 갖춘 노동자가 없는 경우에 주로 발생한다(김유배, 2004). 이러한 실업은 산업 간·지역 간 노동력 수급의 불균형 현상으로 발생하기 때문에 노동시장에 관한 완전한 정보가 존재하더라도 발생하는 현상이다.

(4) 기술적 실업

산업 간 노동력수급의 불균형을 초래하는 원인의 하나로 기술혁신과 기업의 노동절약적 신기술의 도입을 들 수 있다. 산출량은 일정하면서 노동절약직 신기술이 도입되면 기업의 노동수요는 감소하므로 기존 취업자 중의 일부는 실업상태에 빠질 수밖에 없는데, 이와 같이 기술혁신과 노동절약적 신기술의 도입으로 노동수요가 감소하여 발생하는 실업을 기술적 실업이라고 한다.

이러한 기술적 실업은 제품생산에 사용되는 자본과 노동의 새로운 결합방법의 도입이나 노동절약적 기계설비의 도입으로 노동력의 해고를 가져다주기도 하지만, 기술발전의 효과는 고용에 긍정적 측면도 있다. 즉, 신기술의 도입은 제조원가와 제품의 가격을 하락시켜 수요를 자극함으로써 생산량을 확대시키고 나아가 노동수요도 증대시키기 때문이다.

따라서 이러한 구조적 · 기술적 실업의 대책으로는 직업교육이나 직업훈련 프로그램을 활성화하여 산업변화 및 기술변화에 대체할 수 있도록 산업구조 변화예측에 따른 인력수급정책이 필요하다. 또한 지역 간 이동을 원활히 하기 위하여 이주에 대한 보조금 등의 지원이 있어야 하겠다.

(5) 계절적 실업

계절적 실업(seasonal unemployment)은 농업, 건설업, 관광산업 등 기후나 일기의 주기적인 변화에 따라 노동수요의 변화가 심한 부문에서 발생하는 일시적인 실업이다. 또한 의료, 식음료 등 계절성이 비교적 강한 상품을 생산하는 업체도 계절적 영향으로 일시적인 생산활동과 중단을 반복하는 경우가 많아 어떤 계절에는 노동수요가 집중되고 다른 계절에는 노동수요가 매우 부족하여 계절적으로 실업이 발생하게 된다. 계절적 실업은 경기적 실업과 유사한 측면이 있지만 계절성에 따라 실업을 정확하게 예측할 수 있다는 점에서 차이가 난다. 계절적 실업에 대한 특별한 대책은 없고 일시적 실업인력의 활용 문제가 중요하다.

2) 실업의 발생원인

실업이론은 거시적 방법에 입각한 케인즈의 이론과 미시적 방법에 입각한 신고적학파의 이론이 대립하면서 발전해 왔다. 신고전학파 이론은 실업이란 노동시장의 일시적인 불균형에 의해 발생하는 일시적인 현상으로 현실적으로 실업이 존재한다고 하더라도 노동시장은 항상 완전고용으로 향하는 경향이 있다고 주장한다. 이와는 대조적으로 케인즈는 임금과 고용 간의 직접적인 관계를 인정하지 않고 실업의 발생 원인을 유효수요의 부족으로 보았다. 따라서 신고전학파의 이론이 임금률 중심의 고용이론인 반면, 케인즈(Keynes. J, M)의 이론은 유효수요 중심의 고용이론이라 할 수 있다(김용원, 2007).

(1) 신고전학파의 실업이론

신고전학파는 자유경쟁 시장에 대한 신뢰를 갖고 노동시장이 완전경쟁상태이면 실업의 존재는 불가능하다고 보았다. 현실에 존재하는 실업자는 모두 자발적 실업으로 간주했다. 비록 현실적으로 실업이 존재한다고 하더라도 장기간 지속될 수 없고, 시장의 기능에 의해 다시 완전고용으로 복귀한다고 주장했다.

신고전학파는 다음의 가정하에서 노동수요와 고용의 관계는 임금의 신축성에 의해 균형을 유지하는 경향이 있기 때문에 완전한 자유경쟁 하에서는 장기적으로 항상 완전고용이 성립한다고 본다.

① Say's law(supply creates its own demand)
  –공급은 스스로 수요를 창출한다.

② 시장의 신속한 가격결정기능

③ 발라(L. Walras)의 일반균형법칙
  –언젠가는 수요와 공급이 균형을 향한다.

④ 물가 · 임금의 완전 신축성

⑤ 노동시장의 완전경쟁

|그림 5-3|에서 균형임금 $(\frac{W}{P})_e$ 보다 높은 임금을 요구하는 사람들은 현재의 균형임금 수준에서 일할 의사가 없다고 보기 때문에 자발적 실업이다. 그런데 이 자발적 실업은 자유경쟁 자본주의 시장경쟁 사본주의시상경제에서는 문제가 되지 않는다.

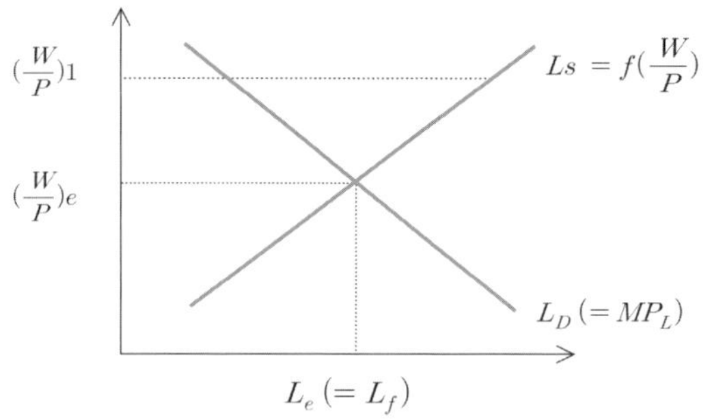

|그림 5-3| **신고전학파의 실업이론**

(2) 케인즈의 실업이론

케인즈는 신고전학파의 이론을 비판하면서 노동자들이 중시하는 것은 화폐(명목)임금이지 실질임금은 아니라고 했다. 케인즈에 의하면 실업이란 임금의 신축성의 상실에 의해 발생하는 것이 아니라 유효수요의 부족에 의해 발생하는 것으로 이러한 실업을 비자발적 실업이라고 했다.

그래서 케인즈는 실업을 해소하기 위해서는 임금의 신축성을 회복시키는 것이 아니라, 유효수요를 증대시키기 위해 고용 그 자체를 확대시키는 정책의 실시를 주장했다. 즉, 케인즈는 실업을 유효수요와 관련시켜 설명했는데, 이러한 형태의 실업을 유효수요부족 실업 또는 경기적 실업이라고 했다. 케인즈는 다음의 가정하에서 실업은 유효수요의 부족에 의해 발생한다고 주장했다.

① 노동의 공급은 명목(화폐)임금의 함수이며, 노동에 대하 수요는 실질 임금의 함수이다.

② 명목임금의 하방경직성(downward rigidity) : 일반적으로 한번 오른 임금은 노동자의 화폐환상(money illusion)으로 일정수준이하의 명목임금 하락에 저항한다. 이러한 하방경직성의 이유는 다음과 같다.

㉠ 강력한 노동조합의 존재

㉡ 기업특수적 인적자본투자와 내부노동시장의 존재

㉢ 노동자와의 장기계약

㉣ 복지나 부가급여 수준이 높아지더라도 명목임금의 하락에 저항하는 노동자들의 화폐환상

㉤ 명목임금에 대한 화폐환상으로 오히려 좋아진 근로조건(부가급여)을 선택하지 않는 노동자의 역선택 발생 가능성

㉥ 효율임금정책

③ Say's law이 성립되지 않음

④ 노동시장의 불완전 경쟁

|그림 5-4|에서 노동공급곡선은 명목임금의 하방경직성으로 인하여 $W_o AL_s$이며, OLf는 완전고용량을 나타낸다. 유효수요가 부족하여 경기가 침체되고 물가가 서서히 하락하면($P_0 \rightarrow P_1$), 명목임금은 하방경직성을 갖기 때문에 물가하락은 실질임금을 인상시켜 노동의 수요는 감소하게 된다($MP_L \cdot P_0 \rightarrow MP_L \cdot P_1$). 이 경우 고용량은 L_1으로 감소하고 $L_1 Lf$ 만큼의 비자발적 실업이 발생하게 된다. 케인즈는 비자발적 실업의 원인을 유효수요의 부족으로 인한 판매부진으로 하락한 물가는 실질임금을 인상시켜 노동수요가 감소된다는 사실로 설명했다. 따라서 케인즈는 유효수요 부족으로 인한 실업을 해소하는 방안으로 재정 투 · 융자의 확대 또는 통화량의 증대와 같은 유효수요를 증대시킬 수 있는 거시경제정책을 주장했다.

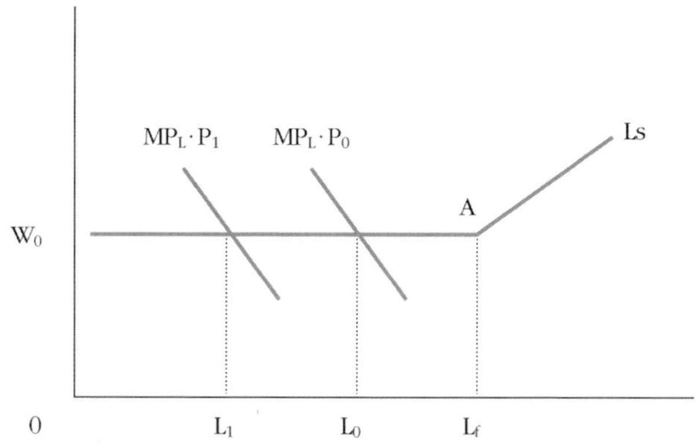

|그림 5-4| **케인즈의 실업이론**

3) 필립스 곡선(Phillips Curve)

필립스(Phillips)는 1861~1957년간의 영국의 시계열자료를 회귀분석한 결과 명목 임금상승률(=물가상승률)과 실업률 사이에 상관관계(안정적인 역의 상충 관계 trade-off)가 있다는 사실을 발견하였다. 이러한 관계를 직각 평면(그래프)에 표시하였는데, 이러한 곡선을 그의 이름을 따서 필립스 곡선이라 한다.

필립스 곡선이 의미하는 바는 임금의 상승률이 높으면 실업률은 낮고, 임금의 상승률이 낮으면 실업률이 높다는 것이다. 높은 실업률은 물가의 안정이나 하락을 수반하고 실업률이 낮을 때는 물가상승률이 높아져서 물가안정과 완전고용이라는 두 가지 정책목표를 동시에 달성하는 것은 불가능하기 때문에 정부정책의 모순이 발생하는 것이다.

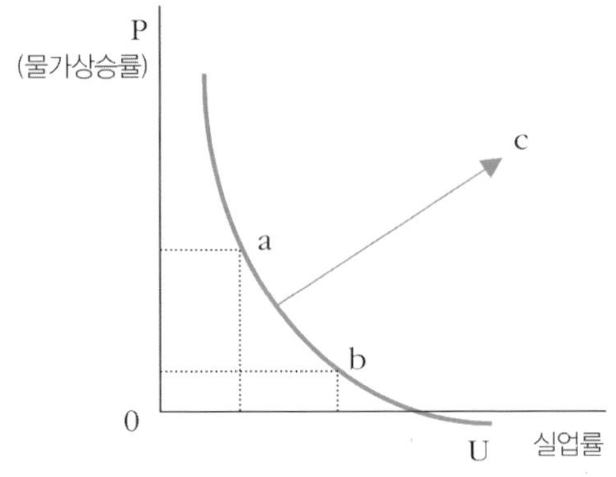

|그림 5-5| **필립스 곡선**

|그림 5-5|에서 물가상승률 억제(필립스곡선의 b점)를 위해 긴축재정, 금융정책 등 총수요관리정책을 쓸 경우 물가의 안정은 확보할 수 있지만 실업률의 증가로 이어지고, 실업률을 억제(필립스곡선의 a점)하기 위해 확대재정, 금융정책을 전개하게 되면, 실업률은 하락하지만, 물가가 지속적 상승이 된다는 것이다. 이러한 실업률과 가격 인플레이션률 간의 상충관계의 악화(필립스곡선의 c방향) 이유는,

㉠ 가격인플레이션에 대한 예상 : 인플레이션이 심화되면 될수록 근로자들은 실질임금을 유지하기 위하여 점점 더 많은 명목임금인상을 요구하게 된다.

㉡ 노동력의 연령 및 성별 구성의 변화 : 실업률이 전체보다 높은 청소년 또는 여성근로자의 구성비가 증가하면 할수록 전체 실업률과 물가상승률 간의 상충관계는 악화된다.

㉢ 각 부문 간의 격차가 크면 클수록 상충관계 악화 : 사실상 어떤 국민경제 내에는 각 부문별 또는 근로자 속성별로 분단되어 있는 많은 노동시장이 존재한다고 할 수 있으며, 서로 다른 노동시장에서의 실업률의 차이가 크면 클수록 필립스곡선은 원점에서 멀어진다.

필립스곡선을 원점의 방향으로 이동시키기 위한 대책(실업률과 가격인플레이션을 낮추기 위한 대책)으로는 다음과 같은 것을 들 수 있다(배무기, 2006).

㉠ 예상가격률을 낮춘다. 이를 위하여 화폐금융 및 재정정책을 긴축적으로 운영할 필요가 있으며, 단기적 필요에 따라서 소득정책[2])을 시행할 수도 있다.
㉡ 노동시장을 보다 경쟁적으로 만드는 정책과 임금의 하방신축성을 감소시키는 각종 제도적 장애물을 제거하는 정책을 쓴다.
㉢ 노동시장의 효율성을 증가시켜야 한다. 즉, 구직 및 구인에 대한 정보를 보다 효과적으로 제공하고 직업소개업무를 향상시켜야 한다. 나아가 기술부족에 따른 고용부진을 해소하기 위하여 정부차원의 훈련계획을 세울 필요가 있다. 다만 여기에는 한 가지 주의를 요하는데 지나친 교육훈련 사업에의 지원이 또 다른 자진사직(自進辭職)과 실업의 증가를 초래할 수도 있다는 사실이다.
㉣ 지역 간의 실업률 격차를 감소시킬 수 있도록 지역별로 취업에 관한 정보를 제공할 필요가 있다.

2. 실업 : 청년실업

1) 청년실업의 현황

청년실업(青年失業)은 학교를 졸업한 청년들이 실업에 빠져 있는 상태를 말한다. 외환위기를 겪으면서 우리나라 노동시장은 많은 변화를 경험하였다. 특히 공공부문, 기업의 구조조정 및 노동시장 유연화의 요구에 따라 고용상황이 악화되면서 실업

2) 소득정책이란 물가나 임금의 지나친 상승을 억제할 목적으로 정부가 동원하는 강제적, 반강제적 또는 설득적인 모든 조치를 포함하는 것이다.

문제가 사회적 선결과제로 등장하였다. 이후 2000년대 초반 외환위기를 성공적으로 극복하면서 실업률이 감소됨에 따라 노동시장은 안정된 추세를 보이기 시작하였다(김용성, 2008). 이하 청년층은 OECD의 연령기준으로 15~29세를 지칭한다.

(1) 청년층 실업 추이

IMF 관리체제를 겪은 이후 2012년까지의 청년층 실업상태를 살펴보면 〈표 5-1〉과 같이 나타났다. 아래 표에서 보듯이 15~29세의 청년층인구(A)에서 학생 또는 가정주부 등 비경제활동인구(B)를 뺀 인구가 경제활동인구(C)이다. 청년층의 실업률은 일반인의 평균 실업률보다 높게 나타났다. 청년실업이 일반적인 실업과 마찬가지로 경기상황에 영향을 받는 것은 당연한 결과이지만, 청년층이 중장년층보다 경기후퇴의 결과로 실업상황이 더 악화될 가능성이 높다. 이는 경기후퇴에 대응하여 기업이 고용조정에 나설 경우 기존의 인력을 조정하며, 신규채용을 줄이기 때문으로 볼 수 있기 때문이다. 아래의 표와 같이 실업률은 IMF 직후인 1998년에 13.0%(655천 명)에서 2005년에 7.7%, 2012년에 7.5%로 1998년 보다는 낮다. 그러나 이 비율은 평균실업률 7.0%(1998), 3.7%(2005), 3.2%(2012)보다 훨씬 높은 수치를 보였다.

〈표 5-1〉 **청년층(15~29세)의 실업상황(1998~2012)** (단위 : 천 명, %)

연 도	청년층 인구(A)	비경제활동 인구(B)	경제활동 인구(C)	청년층 실업자(D)	15~19	20~24	25~29	청년층 실업률	평균 실업률
1998	11,651	6,264	5,037	655 (100.0)	87 (13.3)	284 (43.4)	284 (43.4)	13.0	7.0
2005	9,920	5,105	4,815	387 (100.0)	35 (9.0)	173 (44.7)	179 (46.3)	7.7	3.7
2010	9,736	5,212	4,254	340 (100.0)	28 (8.2)	122 (35.9)	190 (55.9)	8.0	3.7
2012	9,517	5,361	4,156	313 (100.0)	22 (7.0)	124 (39.6)	167 (53.3)	7.5	3.2

자료 : 통계청(각년도). 경제활동인구연보.

(2) 연령 · 성별에 따른 청년층 실업 추이

최근 10년간 성별에 따른 실업 추이를 연령별로 살펴보면 〈표 5-2〉와 같다. 연령별로 보면 25~29세의 실업이 다른 연령에 비해 많은 것으로 나타난다. 이는 대학을 남녀 모두 졸업하는 시기로 대학 졸업 후 노동시장으로의 진입이 쉽지 않음을 예측할 수 있다. 2021년 우리나라는 인구의 데드크로스(dead cross)[3]가 발생했다. 청년층의 실업자 수가 점차 낮아지고 있는 것은 취업이 잘 되어서가 아니라 출생률 저하로 인한 청년층의 인구가 줄고 있기 때문이라고 할 수 있다.

〈표 5-2〉 **성별 청년층(15~29세)의 실업상황(2013~2022)** (단위 : 천 명)

성별	연령	2013	2014	2015	2016	2017	2018	2019	2020	2021	2022
계	15~19세	26	25	29	27	23	21	19	16	16	12
	20~24세	126	151	165	170	163	155	153	142	113	97
	25~29세	172	201	195	229	240	232	215	213	197	164
남자	15~19세	13	13	13	14	12	11	11	9	8	5
	20~24세	53	69	74	70	72	64	66	61	52	43
	25~29세	113	131	131	146	156	142	130	131	118	91
여자	15~19세	13	12	16	13	11	10	8	7	9	7
	20~24세	74	82	90	100	91	91	87	82	61	54
	25~29세	59	71	65	83	83	90	85	82	79	72

자료 : 통계청(각년도). 경제활동인구조사(실업자 부문).

또한 성별 첫 일자리를 그만 둔 사유를 살펴보면 〈표 5-3〉과 같다. 2022년 5월 통계청 조사에 따르면 청년층의 첫 일자리를 그만둔 사유 1위(근로여건 불만족－보수, 근로시간 등), 2위(개인/가족적 이유－건강, 육아, 결혼 등)), 3위(임시적, 계절적인 일의 완료, 계약기간 끝남)으로 남 · 여가 모두가 동일한 순서로 나타났다. IMF 관리체제

3) 인구의 데드크로스는 사망자 수가 출생자 수를 앞지르는 현상을 의미하는 것으로 저출산 · 고령화가 심각한 우리나라에서는 2020년 12월 31일을 기준으로 총인구가 5,182,9,023명으로 2020년보다 20,838명(0.04%)이 줄어들었다.

이후 지난 25여년 간 우리나라의 큰 사회적 문제 중 하나가 청년취업이라고 할 수 있다. IMF 직후에는 노동의 수요가 없었다면 현재의 취업난은 공무원, 대기업, 공기업, 상위권 중견기업의 사무직 · 생산직 등 전문직 또는 근로환경이 좋은 곳으로 청년들이 몰리고 있는 것이다.

〈표 5-3〉 **성별 첫 일자리를 그만 둔 사유(2022. 5)** (단위 : 천 명)

사 유	전체	남자	여자
이직 경험자 전체	2,668	1,245	1,424
근로여건 불만족(보수, 근로시간 등)	1,203	565	638
개인/가족적 이유(건강,육아,결혼등)	407	195	213
전망이 없어서	254	121	133
전공, 지식, 기술, 적성 등이 맞지않아서	175	82	93
임시적, 계절적인 일의 완료, 계약기간 끝남	373	174	200
직장휴업, 폐업, 파산 등	52	24	28
그 외	204	84	120

자료 : 통계청(2023). 경제활동인구조사(청년층 부가조사 부문).

2) 청년층의 실업원인

일반적으로 청년층 실업은 주로 학교졸업을 앞두고 노동시장에 진입하는 시기인 연말에 집중된다는 계절적 특징을 보이고 있다. 그러나 근래의 청년층 실업은 경기침체의 원인과 인력채용 패턴 변화[4] 및 노동시장에서 인력의 질적 불일치 등으로 인한 마찰적 또는 구조적 요인도 상존하고 있다. 이에 청년층의 실업원인은 일반적으로 아래와 같이 제시할 수 있다.

4) 최근 국내의 대기업들의 채용은 정기공채보다는 수시 · 상시채용으로 변하고 있다.

(1) 법 · 제도적 요인

청년실업의 원인 중 법 · 제도적 측면은 크게 두 가지로 생각해 볼 수 있다. 첫째, 대학정원을1980년의 졸업정원제 이후 크게 늘렸기 때문이다. 1990년대 중반부터는 소위 교육 분야에서도 신자유주의 바람이 불면서 시장경쟁논리에 따라 대학 설립과 대학정원이 거의 자율화되다시피 하였다. 따라서 고학력자의 공급압박이 점차적으로 커지고 있다. 둘째, 대졸자 실업난에 대한 정부의 낙관적인 경기 전망에 따라 안이한 접근도 한몫하였다. 정부는 일자리 창출을 강조하고 있지만 노동시장에 대한 근본적인 대책을 마련하지 못하였기 때문에 근시안적인 정책들을 발표하였고, 실질적으로 취업에는 크게 도움이 되지 못하였다는 것이다(한국직업능력개발원, 2005).

(2) 노동시장 요인

노동시장에서의 신규채용 억제에 다른 노동수요의 감소 및 축소가 실업을 증가시키고 있다. 이러한 상황은 신규노동시장에 진입하는 청년층에 가장 큰 영향력을 미치고 있다고 할 수 있는데, 특히 경영환경 개선이 이루어지지 않고, 향후 경기에 대한 전망이 불투명함에 따라 기업에서는 신규채용을 억제하게 되는 것이다.

기업의 채용패턴 변화 또한 원인으로 볼 수 있는데, 대규모 공채위주에서 점차 수시채용으로 변하고 있는 추세로 채용대상자 또한 신규채용에서 경력직 위주의 채용으로 변화함에 따라 신규 노동시장의 진입을 어렵게 하고 있다.

(3) 구직자 개인요인

가장 먼저 청년층의 개인적 요인을 찾아보면 눈높이를 낮추지 못하고 있다. 이는 대기업에서 청년실업문제는 심각한 반면, 중소기업 및 3D 직종 등의 인력난은 여전히 지속되고 있다는 것을 보면 알 수 있다. 중소기업이나 힘든 일에 대한 기피현상은 어느 나라에서나 발생하는 문제이지만 이러한 문제는 단순한 '3D 업종의 기피'가 아닌 나라의 장래를 책임지는 전문적인 이공계열에 급속도로 작용되고 있는 것이다.

또한 청년층의 문제는 개인적인 취업준비 부족과 가족에 대한 의존성을 들 수 있다. 근래에 와서 대부분의 대학들이 취업에 대한 준비를 위해 프로그램을 개설하고는 있지만 이도 부족한 실정이고, 개인들 또한 취업의 어려움을 인식하지 못하고 있다는 것이다.

이러한 개인적 이유가 아닌 생애적 관점에서 청년층의 특징을 살펴볼 때 청년실업이 전체실업보다 높은 이유는 상대적으로 긴 직업탐색기간, 성인에 비해 잦은 전직, 왕성한 모험심, 도전의식, 열악한 노동환경으로부터의 탈피, 가족부양에 대한 책임이 가벼운 점 등을 들 수 있다.

3. 실업의 대책

1) 실업의 예방

실업은 총수요의 감소(경기적 실업), 정보의 불완전성(마찰적 실업), 산업구조의 변화(구조 · 기술적 실업) 등 여러 이유로 발생하지만 실업을 예방한다는 것은 쉬운 일이 아니다. 국가의 경제 · 정책적 차원에서 사양산업의 장래를 예견하고 미리 이에 대처하는 노력을 할 수는 있다. 그러나 실업을 적극적으로 막기는 어려운 경우가 많다. 그 때문에 노동 행정적 차원에서는 우선 대량실업이 발생하지 않도록 해고를 자제하도록 설득하는 방법, 근무교대제를 가령 2교대에서 3교대로 바꾸도록 유도하여 근로시간을 단축시켜 감소된 작업량에 대하여 상대적으로 많은 근로자의 고용을 유지하여 해고자를 감소시키도록 하는 방법도 있을 수 있다.

이 밖에도 근로기준법 제30조에는 사용자가 근로자에 대하여 정당한 이유없이 해고, 휴직, 정직, 전직, 감봉 기타 징벌을 하지 못하도록 하는 등 해고의 제한을 가하고 있다. 그리고 동법 제 32조에서는 해고의 예고제도를 도입하고 있다. 즉, 사용자가 근로자를 해고하고자 할 때에는 적어도 30일분 이상의 통상임금을 지급하도록 하고 있다. 다만, 천재 · 지변 기타 부득이한 사유의 근로자의 귀책사유가 있는 경우에는 그러하지 않도록 규정하고 있다.

이러한 실업예방을 위한 각종 조치는 기업경영상 해고가 불가피하다 하더라도 실직되는 근로자들은 대단히 어려움을 격기 때문에 국가정책적차원에서 취해지지 않으면 안 되는 것이다. 야호다(Jahoda)는 박탈이론에서 불만족스러운 취업일지라도 실직상태에 있는 것 보다는 낫다는 입장을 보이고 있는데, 고용은 생계를 유지하는 명백한 기능 외에도 한 개인을 현실과 연결시켜 주며 결과적으로 정신을 건강하게 해주는 기능이 있다고 주장하고 있으며, 그러한 기능으로는 다음과 같은 것을 들고 있다. 첫째, 시간을 구조적으로 사용할 수 있게 해준다. 둘째, 공유된 목표를 제공해 준다. 셋째, 타인과의 정기접촉이 가능하도록 해준다. 넷째 정체성을 제공해 준다. 다섯째 활동적이 되도록 한다. 따라서 개인이 생활을 유지하는 데 부족한 보수를 받는 직업일지라도 개인에게 중요한 관계의 욕구와 성장의 욕구를 충족시키며 이러한 욕구는 다른 방식으로는 충족될 수 없다고 주장하였다(노연희 외, 2004). 따라서 실업의 예방은 국가의 정책적 시도와 더불어 실업회피를 위한 개인의 노력이 있어야 하겠다.

2) 경기부양정책

경기부양정책은 수요부족실업에 대한 가장 근본적인 대책이라고 할 수 있다. 이것은 노동행정을 담당하는 고용노동부 차원의 대책이 아니며, 재정경제부, 산업자원부 등의 경제 관련정책담당기관이 국민경제적 관점에서 세워야 할 대책이다. 이를 위해서 지나친 물가상승을 유발시키지 않는 범위 내에서 재화의 공급량을 증가시켜서 총수요를 증가시키지 않으면 안 된다. 이때 자금의 흐름을 정확히 파악하여 생산적 용도에 자금이 공급되고 그것이 투기자금화하지 않도록 경계할 필요가 있다. 이 밖에도 재정, 금리, 환율, 조세 등의 부문에서도 경기부양정책은 추구될 수 있다. 예를 들어 유효수요 확대를 위하여 정부의 재정지출을 확대하거나, 금리 인하, 법인세 인하 등을 실시하여 경기를 부양시키며, 기업의 고용 확대를 꾀할 수 있다.

3) 노동시장 정책

1997년 경제위기 이후 우리나라에서도 실업에 대한 관심이 크게 증가하였고, 실업은 사회적 자원의 낭비를 가져온다는 점에서 사회정책의 주요한 관심이 된다. 우리나라보다 앞서 고실업을 경험한 선진국에서는 실업을 축소하기 위해 다양한 정책들을 사용해 왔는데, 1980년 후반 주목받기 시작한 것이 바로 적극적 노동시장 정책(Active Labor Market Policy; ALMP)이다. 적극적 노동시장정책은 우선 실업의 감소의 가능성이라는 측면에서 주목받기 시작했으며, 최근에는 소득상실을 보장하는 측면에서 이에 대한 정책적 관심이 증가하고 있다. 우리나라에서는 적극적 노동시장정책의 개념을 1995년 실시된 고용보험제도를 통해서 도입되었다(강철희 외, 2001; 정무권, 1998).

노동시장정책은 크게 두 가지 차원으로 구분해 볼 수 있는데, 그 중 하나는 전통적인 노동시장 정책으로 정부의 노동시장에의 최소한의 규제와 실업자의 소득보장에 초점을 둔 '소극적 노동시장정책'과 정부가 완전고용을 목적으로 고용유지 및 촉진, 직업훈련과 직업알선제도를 적극적으로 실시하여 노동시장의 인력수급 기능을 원활히 하는 '적극적 노동시장정책'으로 구분해 볼 수 있다. 최근에 OECD 국가들의 적극적 노동시장정책을 분석한 OECD 보고서에 의하면 적극적 노동시장정책의 범주로서 ① 노동시장에서 구직자와 구인자 간의 정보를 교환해 줌으로써 적재적소에 인력을 배치하는 직업안정 프로그램(job placement), ② 직업훈련(직업교육, 재취업교육, OJT 등), ③ 정부의 직접적인 직업창출프로그램(정부가 직접 공공사업을 벌이거나 공공서비스를 확대하여 정부부문의 고용을 창출시키는 프로그램), ④ 고용유지를 위한 기업보조와 실업자의 창업을 지원하는 프로그램 등을 포함시키고 있다(정무권, 1998).

또한 정책적으로 공공사업을 실시하여 고용을 창출할 수도 있다. 공공부문에의 취업기회의 확대, 소득보조적인 취업사업 등이 바로 고용창출정책에 속한다.

CHAPTER

06

노사관계와 노동조합

Chapter

06

노사관계와 노동조합

노사관계(labor-management relations)는 노자(勞資)관계라고도 한다. 노동자의 상대방이 되는 사용자가 자본가인 경우도 있고 그렇지 않은 경우(사업주 입장을 대변하여 일하는 부장, 차장, 이사 등)도 있는데, 전자의 경우를 노자관계, 후자의 경우를 노사관계라고 한다. 그러나 현대 자본주의사회에서는 일반적으로 소유와 경영이 분리되어 있으므로 노사관계라는 용어가 많이 사용되고 있다. 경영학적으로 보면 노사관계라는 말이 적합할 것이고 사회경제학적으로 보면 노자관계가 적합할 것이다. 노사관계는 근대적 계약관계와 전근대적 신분관계가 교차하는 시점에서 노동자들이 자신의 권익 확보를 위해 투쟁하는 가운데 성립되었으며, 노사관계의 발전단계를 보면 신분적 지배단계에서는 사용자가 우위에 있었지만, 노사대등단계를 거쳐 노사협조단계로 발전해 오면서 대등한 관계로 보는 입장이다. 특히 선진 산업국가에서는 대립과 갈등의 노사관계에서 노동자의 참여와 협력을 지향하는 신노사관계를 발전시켜 산업평화를 실현하고 있다(김용원, 2002; 김용원, 2007; 우재현, 2001).

1. 노사관계[1)]

1) 노사관계의 개념과 특성

(1) 노사관계의 개념

노사관계의 광의적 의미는 개별적 노사관계와 집단적 노사관계 모두를 뜻하는 것이나, 협의로는 집단적 노사관계만을 의미한다. 오늘날에는 노사관계를 구성하는 주체자로서 사용자와 노동자(노동조합) 그리고 정부라는 3자 관계로 파악하는 경향이 있다. 이는 던롭(J. T. Dulop)이 주장한 것으로 "노사관계를 경영자, 근로자 및 정부들 사이의 상호관계의 복합체"로 정의하고 있다. 레스터(R. A. Lester, 1959)도 "노사관계를 근로자조직과 산업경영자 간의 처리뿐만 아니라 임금, 생산성, 고용보장, 경영자의 고용관행, 조합의 정책 및 노동문제에 대한 정부의 행동 등 노동의 모든 영역을 포함한다."라고 정의하고 있다.

노사관계는 기업을 둘러싸고 있는 환경하에서 형성되는 사용자와 노동조합과의 관계, 즉 사용자에 대하여 힘이 열세인 근로자들이 조직을 구성하여 사용자와 대등한 관계를 이루고자 하는 다원적 · 복합적 성격을 지닌 관계로서 노 · 사 · 정의 3자 관계로 파악된다.

|그림 6-1|과 같이 노사 간에 대립되는 힘과 이를 바탕으로 전개되는 교섭력은 산업평화를 지향하는 노사관계의 기본 틀을 제공하는 원동력이 되고 있음을 알 수 있다. 이때 정부는 객관적인 위치에서 노사 간의 갈등을 해소시키는 역할을 담당하고 노사쌍방간의 힘이 균형이 되도록 작용하는 역할을 해야 한다. 기업에 있어 경영관리권은 경영자의 특권으로 인정하되 노동조합으로 하여금 이에 견제권을 부여하고 양자 간 이해관계가 대립되는 경우에는 정부가 객관적 입장에서 중재권을 행

1) Chapter 6. 노사관계와 노동조합은 한성덕 · 주석진(2018)의 내용을 발췌하여 기술하였음을 밝혀두는 바이다.

사해야 한다. 그러나 노사관계는 산업현장에서 당사자들 간의 통제목적으로 만들어진 규칙은 합리적으로 이행되어야 한다(조진탁 · 이길환, 2009).

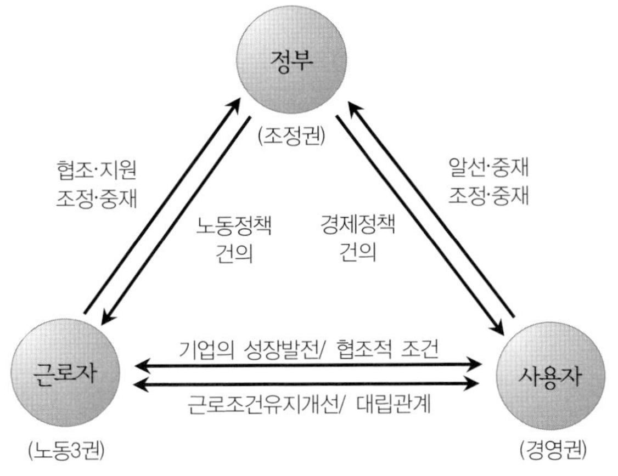

|그림 6-1| **노사관계의 구조**

자료 : 조진탁 · 이길환(2009). NEW 노사관계.

(2) 노사관계의 특성

노사관계는 근로자가 사용자와의 개별적 고용관계에서의 불평등을 제거하고 대등한 교섭을 하기 위한 것이다. 이를 도모하고자 노동조합이라는 조직적 힘에 의존하게 된다. 이러한 이행과정에서 노사 간에는 이중적 구조가 발생한다. 이것은 다음과 같은 세 가지 측면에서 접근할 수 있다.

① 법률적 차원

이 차원은 개인들이 동등한 위치에서 행하게 되는 계약관계라고 할 수 있다. 사용자나 근로자는 상대방에게 어떤 법적 강제력을 행사할 수 없으므로 개인의 계약자유가 실현된다. 국가의 책임은 계약이 자유롭게 이루어질 수 있도록 쌍방이 법칙을 엄수하도록 하는 것이다. 자유고용계약 하에서 임금의 결정 등은 대개 사용자에 의하여 이루어지며, 근로자가 이에 만족하지 않을 때에는 계약을 하지 않으면 된다.

② 경제적 차원

이 차원에서는 구매자와 판매자 간의 시장거래관계가 형성된다. 경제적 측면에서는 사용자와 근로자들이 이윤의 극대화를 위하여 합리적인 행위를 한다는 가정을 기초로 한다. 기업은 생산비의 개념으로 근로자를 고용하며 근로자 역시 임금과 여가 등을 고려하여 거래관계에 참여한다는 것이다.

③ 인간관계 차원

이 차원은 기업규모가 커지고 조직이 계층적으로 분화됨에 따라 조직 내에서의 통합이 기업목적 달성에 필요불가결한 조건이 되는 데 기인한다. 즉, 기업의 조직이 유기체로서의 성격을 갖게 됨에 따라 조직을 운영하는 하나의 원리로써 강제보다는 협력을 통한 통합이 강조되고 있는 것이다.

2) 노사관계의 3주체

노사관계의 당사자는 근로자(노동조합)와 사용자가 그 주체이며, 정부는 노사관계 제도를 확립하고 분쟁발생 시 노사 간 의견을 조정하는 역할을 수행한다. 현대적 관점에서는 던롭이 주장한 바와 같이 근로자(와 그 조직)와 사용자(와 그 조직)에 정부를 포함시켜 노사관계의 3주체로 가정하는 것이 가장 일반적이다.

(1) **노동조합**(근로자)

노동조합 및 노동관계조정법 제2조에는 "노동조합이라 함은 근로자가 주체가 되어 자주적으로 단결하여 근로조건의 유지 · 개선 기타 근로자의 경제적 · 사회적 지위의 향상을 도모함을 목적으로 조직하는 단체 또는 그 연합단체를 말한다"라고 규정하고 있다. 여기에서 노동조합이란 근로조건의 유지 · 개선 등 근로자의 경제적 지위의 향상을 꾀하는 것을 목적으로 한 단체임을 알 수 있다.

노동조합은 사용자는 물론 정부 · 정당 등 다른 어떠한 세력으로부터도 지배와 개입을 받아서는 안 되며, 또 조직의 단결이나 그 영속성을 중시하여야 한다. 현대 노동조합은 법적으로나 사회적으로 그 정당성이 인정되고 강력한 조직의 힘을 발휘하여 근로자의 근로조건 · 생활조건은 물론 사회적인 지위의 향상까지도 달성하고 있다. 직접 사용자인 경영자(기업)에 대해서는 물론 경제단체 · 재계 등에 대해서도, 또 정부 · 지방자치단체 등에 대해서도 발언권을 행사하고 있으며, 그 구성원인 근로자도 역시 자유와 기본적 인권이 원칙적으로 인정되고 있다.

(2) 사용자

사용자는 자기의 소유이든 아니든 경영권을 행사하며 공기업이나 사기업 경영자뿐만 아니라 정부, 군, 관청기업의 경영자까지도 포함된다. 노사관계의 한쪽 당사자는 말할 것도 없이 사용자이며 우리나라에 있어서는 개별기업의 경영자가 그 당사자가 된다. 우리나라에서는 노동조합이 기업별 조합으로 조직되어 있는 관계상 노사관계도 기업 내 노사관계로서 형성되어 있으며, 또 고용, 임금 기타 직접적인 근로조건은 선원 등 일부를 제외하고는 모두 개별기업 차원에서 설정되고 있다.

오늘날의 노사관계는 이와 같이 근로자와 사용자 사이의 민주적인 노사관계이며, 자본주의 초기의 단계와 같은 계급적 대립을 기본으로 한 노사관계가 아니다. 더구나 노동조합 조직의 실태라든가 그 세력의 강화에 대해서는 사용자측도 결속하여 노동조합에 대항하지 않으면 안 될 필요성이 발생한다. 그런 경우에는 경영자 단체를 결성하여 이것이 단체교섭의 당사자가 되기도 한다.

(3) 정부(노동문제 관련정부기구)

이미 서술한 바와 같이 노사관계의 한 당사자로서 정부의 역할도 많은 변화가 이루어졌다. 노사관계와 관련할 때 정부가 수행하는 역할은 다음과 같다.

① 근로조건 보호자로서의 역할
② 직업안정과 건강유지에 대한 역할
③ 노동조합에 대한 역할
④ 노사분쟁 조정자로서의 역할
⑤ 노사협의자로서의 역할

3) 노사관계의 발전

18C에 발생한 영국의 산업혁명에 의해 공장에서의 대량생산이 가능하게 되고, 중세 봉건주의사회가 해체되어 자본주의사회로의 이행이 본격화되었다. 이는 자본계층과 노동자계층을 형성하여 새로운 사회계층을 분화시켰다. 이때 임금을 매개로 한 고용을 전제로 자본가의 계약관계가 형성된 것이 노사관계의 시초이다. 이를 계기로 노사관계는 그 시대와 사회의 여건에 따라 각각 독특한 형태를 가지고 발전하였는데, 일반적으로 아래와 같은 단계를 거쳐 현재의 노사관계가 형성되었다 (Kerr, Dunlop, Harbison, & Myers, 1960).

(1) **전제적 노사관계**(절대적 노사관계)

이는 근로조건이 사용자의 일방적 의사에 의해 결정되고 사용자와 근로자의 관계는 명령과 절대복종의 관계로서 인간적 요인이 거의 무시된 형태로서 절대적 노사관계라고도 한다. 자본주의의 초기인 19세기 중기까지 존재하였는데, 근대적 노동시장이 성립되지 못하였고, 기업의 소유자에 의한 경영으로 전제적 · 독재적 성격을 띠고 있었다.

(2) 온정적 노사관계(친권적 노사관계)

자본주의적 생산이 발달하고 정착근로자가 증대됨에 따라 전제적 노사관계로서는 생산과징에서 근로자의 협조를 얻을 수 없어 생산성이 떨어지게 되었다. 이에 대응하여 사용자는 근로자에게 주택과 의료 등 복지후생시설을 제공하는 등, 어느 정도 인간적 배려를 통하여 가족주의적 관계를 형성하였다. 즉, 전제와 은혜, 충성과 비자주성이라는 온정주의적 노사관계가 나타났는데 이를 친권적 노사관계라고도 한다. 온정적 노사관계는 사용자가 근로자에게 베푸는 은혜에 보답함으로써 노사관계를 순조롭게 유지할 수 있다고 생각하였다. 그것은 19세기 초기의 로버트 오웬(Robert Owen)이래로 볼 수 있게 되었고 거의 1세기에 걸쳐 일반화되었던 노사관계의 형태이다.

(3) 완화적 노사관계(전제완화적 노사관계)

산업혁명이후 자본의 집중과 경영 규모가 종래보다 확대되어 유한회사와 주식회사 형태의 기업이 등장하였다. 비록 자본집중의 정도가 자본과 경영의 분리를 필요로 할 만큼 되지는 못하였다. 그러나 경영관리의 합리화가 발전하였고, 노동의 정착과 전업화에 따라 근대 노동시장이 형성되기 시작하여 직종별 노동조합이 생성되었다. 이와 같이 기업경영의 형태 및 노동의 발전으로 종래 자본가의 전제주의 성격은 상당히 제약되었으나, 노동의 조직력과 형태의 미분화로 인해 노동조합의 힘은 미약하여 자본가 측의 종래의 전제적 태도를 조금 완화시켰을 뿐이었다.

(4) 민주적 노사관계

민주적 노사관계는 이미 미숙련 노동자의 다수화에 따른 산업별노동조합(industrial union)의 발전으로 노동조합과 기업의 전문경영자 사이에 대등주의 입장에서 임금 · 작업 내지는 노동조건을 공동으로 결정하는 노사관계의 단계이다.

1930년대의 세계 대공황 이래 자본의 집중과 독점화는 급속히 진전되고 기업의 규모도 더욱 확대되어 소유와 경영이 분리되고, 전문경영의 확립과 사용자의 단체 활동 활성화 등으로 사용자의 사회적 비중이 증대되었다. 한편 기술의 발전으로 생산의 기계화와 작업의 표준화가 진전됨에 따라 노동력의 질적 변화와 양적 확대로 산업별 노동조합이 등장하였다. 특히 산업별 노조와 사용자단체와의 통일단체 협약 체결단계까지 진전되게 이르렀다.

2. 노동조합

1) 노동조합의 의의와 유형

(1) 노동조합의 의의[2)]

노동조합은 단결권 보장의 취지에 부합하여 사용자와의 개별적 근로관계에서 오는 형식적 자유와 평등을 극복하고 집단적 자주를 통해 근로조건 향상이라는 목적 활동을 수행하기 위해 생성된 것이다. 노동조합 및 노동관계조정법 제2조 제4항에서 노동조합은 근로자가 주체가 되어 자주적으로 단결하여 근로조건의 유지 · 개선 기타 근로자의 경제적 · 사회적 지위의 향상을 도모함을 목적으로 조직하는 단체 또는 그 연합단체를 의미한다.

---

2) 노동조합은 근로자의 근로조건을 유지, 개선함을 목적으로 하므로 다음과 같은 경우에는 노동조합으로 보지 않는다.
  1. 사용자의 이익을 대표하여 행동하는 자의 참가를 허용하는 경우
  2. 경비의 주된 부문을 사용자로부터 원조받는 경우
  3. 공제, 수양, 기타 복리사업만을 목적으로 하는 경우
  4. 근로자가 아닌 자의 가입을 허용하는 경우(다만, 해고된 자가 노동위원회에 부당행위의 구제신청을 한 경우에는 재심판정이 있을 때까지는 근로자가 아닌 자로 해석하여서는 안 된다)
  5. 주로 정치운동을 목적으로 하는 경우

노동조합은 노사관계에 있어서 노사 간 세력의 대등성을 유지하는 데 중요한 역할을 하는 조직이다. 따라서 근로조건의 취약성이나 임금수준의 저하 등 근로자에게 해당되는 불이익 요소에 대하여 근로자들을 대변하여 개선하는 주기능이 있다.

1984년 영국의 웹(S. J. Webb) 부처는 그들의 공저인 『노동조합주의 역사(The history of Trade Unionism)』에서 다음과 같이 정의하고 있다. 노동조합(trade union)이란 고용조건의 유지 · 개선을 목적으로 조직한 항구적인 단체라고 정의(Webb & Beatrice Webb, 1920)하고 있다. 이 정의를 살펴보면 다음과 같다.

① 조합원은 생산직 임금근로자(wage earners)를 주체로 한다.
② 노동조합의 기능의 목적은 근로조건, 고용조건 등의 경제적 · 사회적 지위의 개선에 있다.
③ 노동조합의 목적은 근로조건 유지 · 개선이므로 일반적으로 근로자의 경제적 지위와 향상을 기하는 것을 목적으로 하는 지속적 단체(continuous association)이지 특정의 목적달성을 위해 조직된 임시적인 단체가 아니다.

이러한 의미를 요약하면, 노동조합은 "근로자의 자주적인 단체로서 근로조건의 유지 · 개선을 목적으로 하는 항구적인 단체"로 정의할 수 있다.

(2) 노동조합의 유형[3)]

노동조건을 유지, 개선하기 위한 노동조합의 조직과 기능은 1948년 말부터 1958년대에 영국의 기계공업 및 건설업에서 생성되었던 직업(직능 또는 직종)별 조합에 잘나타나 있다(김유배, 2009). 이에 아래에서 노동조합의 유형을 크게 4가지로 구분하여 알아보기로 한다.

3) 직업별 노동조합은 세계에서 가장 먼저 생성된 노동조합 유형이고, 산업별 노동조합은 전 세계적으로 일반화된 노동조합 유형이며, 기업별 노동조합은 우리나라와 일본 등을 위주로 발달된 노동조합 유형이다.

① **직업별 조합**(직종별 조합, Craft union)

가장 먼저 발달한 노동조합의 조직형태이다. 직업별 조합은 특정기업이나 산업에 고용됨과 관계없이 직종 또는 직업을 같이하는 근로자들로 조직된 조합을 말한다. 주로 숙련공들의 기술이 필수적으로 요구되던 종래의 생산방식 하에서, 숙련근로자가 조직을 통하여 노동시장을 배타적으로 독점함으로써 교섭력을 높이는 것을 주목적으로 하였다.

② **산업별 조합**(Industrial union)

산업별 조합은 기술수준 및 직종에 관계없이 동일산업에 근무하는 근로자들로 구성된다. 산업이 점점 분업화되면서 노동의 단순화와 대체성이 증가하게 되고, 대량생산체제를 도입하게 됨에 따라 숙련공에 대한 의존도가 점점 낮아졌다.

③ **기업별 조합**(종단적 노조, Company union)

기업별 조합은 직종과 산업에 관계없이 동일한 기업에 종사하는 근로자들로 구성되며, 주로 단위 기업 간의 지불능력이나 규모의 차이가 많은 곳에서 발생하는 조합의 형태이다. 기업별 조합은 같은 기업체에 근무하는 근로자들만으로 조직되므로 조직의 범위가 명확하며 조직활동이 비교적 용이하다.

④ **일반조합**(General union)

일반조합은 숙련이나 직종 또는 산업에 관계없이 일반 근로자를 폭넓게 규합하는 조합의 형태이다. 이것은 직업의 분업화 · 단순화 · 표준화 과정의 발달과 맞추어서 등장한 대량의 미숙련 근로자들이 노동생활을 영위하기 위한 최저생활의 필요조건을 확보하고자 생성되었다. 주요 요구조건으로는 고용의 안정과 임금 및 근로조건의 최저한도 설정 등을 들 수 있다.

〈표 6-1〉 **유형별 노동조합의 특징**

조합 / 특성	직업별 조합	산업별 조합	기업별 조합	일반 조합
환 경	• 조기공업시대 • 산업자본시대 • 숙련공의 직업독점시대 • 도제제도의 전성시대	• 기계생산시대 • 직종의 분화 시대 • 작업분업화 시대 • 반숙련공/미숙련공의 다수등장 시대	• 사용자 주도적인 노사관계의 조직 • 가족주의적 노사 패턴에서 갈등을 전재로 한 노사패턴으로서의 이양 조직 • 국가관리 등 독점 공공사업체	• 미숙련공 다수 등장시대 • 직업별 조합에서 제외되었던 산업의 조식 • 직업별과 산업별의 중간산물
원 리	• 1직업 1조합 • 횡단적	• 1직업 1조합 • 횡단적	• 1직업 1조합 • 종단적	• 전산업 1조합 • 횡단적
조직기반	• 숙련공	• 반숙련공 • 미숙련공	• 기업	• 미숙련공 • 잡노동자
성 격	• 완전 폐쇄적 (클로즈드 숍)	• 개방적 (유니온 숍)	• 폐쇄적	• 안전 개방적
관 리	• 공제활동 • 중앙집권화	• 조합민주주의	• 복지활동 • 조합민주주의	• 중앙집권적 • 관료주의
노동시장 통제방법	• 직업독점 • 도제도	• 단체교섭 • 파업 • 경영참가	• 노사협의 • 단체교섭	• 입법규제 • 단체교섭 • 파업

자료 : 조진탁 · 이길환(2009). NEW 노사관계론, p. 69.

2) 노동조합의 숍제도

(1) 클로즈드 숍(Closed Shop)

클로즈드 숍 제도는 기업 내의 근로자 전원이 강제로 노동조합에 가입된다. 즉, 기업과 노동조합간의 단체협약으로 채용 및 해고는 노동조합에 의하여 통제되며, 노동조합에 가입된 조합원 이외에는 채용하지 않는다. 우리나라의 경우 항운노조연맹에 가입되어 있는 조합원 중 항만하역과 철도하역에 종사하는 근로자는 클로즈드 숍제도의 적용을 받고 있다. 따라서 부두에서의 항만하역 작업이나 창고의 입출고를 담당하는 하역회사는 직접 근로자를 채용할 수 없고 항운노조를 통해서만 고용이 가능하다.

미국의 경우 1935년 와그너법(Wagner Act)에서는 클로즈드 숍의 적법성이 확인되었지만 1947년 태프트-하틀리법(Taft-Hartley)에 의해 이 제도가 불법화되었으며, 다만 건설업, 해운업, 인쇄업 등에 국한하여 1959년 이를 합법화하였다.

(2) 오픈 숍(Open Shop)

근로자의 노동조합 가입 유무가 고용 또는 해고조건에 포함되지 않는 제도이다. 즉, 기업은 조합원이 아닌 자를 채용할 수 있으며, 채용 후에도 노동조합 가입유무가 근무에 아무런 제약을 가하지 않는 제도이다. 이 제도는 조합원을 강제로 압박하는 수단이 되기 쉽지만, 이는 결과적으로 조합안정의 제도라기보다는 조합약화의 수단으로 사용되기도 한다.

우리나라의 경우 노동조합 및 노동관계조정법 제81조 제2항에 근로자가 어느 노동조합에 가입하지 아니할 것 또는 탈퇴할 것을 고용조건으로 하거나 특정한 노동조합의 조합원이 될 것을 고용조건으로 하는 행위를 부당노동행위로 규정함으로써 오픈 숍 제도를 적용하고 있다.

(3) 유니온 숍(Union Shop)

유니온 숍 제도는 클로즈드 숍과 오픈 숍의 중간 형태로서, 고용주가 근로자를 채용할 당시에는 조합원의 자격 유무를 고려하지 않지만, 일단 채용이 되면 일정기간 내에 노동조합에 가입하여야 하는 제도이다. 사용자는 노동시장에 자유로이 접근하여 자신이 원하는 사람을 채용할 수 있으며, 조합가입 의미는 일단 고용계약이 이루어진 후에 부과된다. 유니온 숍제가 클로즈드 숍제와 다른 점은 후자는 고용되기 전부터 조합원이 되어야 한다는 데 반해, 전자는 비조합원도 고용되지만 고용된 후 일정기간 내에는 조합에 가입할 것을 규정하고 있다는 것이다. 미국의 경우 태프트-하틀리법(Taft-Hartley)에서는 고용 후 일정기간 내의 가입을 30일로 한정하고 있다.

(4) 에이전시 숍(Agency shop)

에이전시 숍제도는 종업원들이 노동조합가입 여부가 강제적으로 규정되지는 않지만 비조합원도 조합원들의 조합비에 해당하는 재정적 지원을 정기적으로 내도록 하는 제도이다. 이 제도가 실시되면 비조합원들이 조합비를 납부하지 않고서도 조합원과 동일한 혜택을 받으려는 무임승차 편승심리를 제거할 수 있고, 한편으로는 노동조합의 재원확보와 안정에 도움을 받을 수 있다.

(5) 메인터넌스 숍(Maintenance shop)

메인터넌스 숍 제도는 일단 종업원이 조합에 가입하면 특정기간(규정에 명시된 기간)동안 조합에 머물러야 한다는 제도이다. 이 제도는 제2차 세계대전 시 미국전시 노동성이 노동조합의 클로즈드 숍제도의 요구에 대한 절충안으로서 제시한 제도이다.

(6) 프레퍼랜셜 숍(Preferential shop)

프레퍼랜셜 숍제도는 노동조합의 특혜를 부여하는 제도이다. 기업이 새로운 종업원을 채용하려 할 때 노동조합원에게 우선적으로 채용의 기회를 부여하는 일종의 조합원 특혜제도이다. 이는 클로즈드 숍 제도의 한 변형이라고 볼 수 있다. 즉, 클로즈드 숍 제도를 채택하고 있는 기업에서는 조합가입이 신규 종업원 채용의 전제조건이 되지만 특혜 숍 제도에서는 우선적으로 조합원에게 채용의 기회를 부여하고 그 다음 순서로 비조합원에게 채용의 기회를 부여한다. 이러한 점에서 볼 때 특혜 숍 제도하에서는 조합가입이 채용의 전제조건이 아니라 특혜조건인 것이다.

3. 단체교섭과 단체협약

1) 단체교섭

단체교섭이란 노동조합과 사용자 또는 사용자 단체가 임금이나 근로시간 그 밖의 근로조건에 관한 협약의 체결을 위해, 집단적 타협을 모색하고 또 협약을 관리하는 절차이다. 또한 근로자 단체와 사용자 단체가 근로자들과의 고용관계와 밀접한 영향을 주는 사항에 대하여 실체적 또는 절차적 공정규칙을 설정 · 해석 · 적용하기 위한 평화적 협상과정이라고 할 수 있다.

(1) 단체교섭의 개념

노사관계의 기본 바탕이 되는 산업민주화는 두 가지 방향으로 발전해 가고 있다. 독일식의 공동의사결정제도와 영미식의 단체교섭제도이다. 독일식 교섭은 공동체 원리를 기반으로 하는 독일식의 공동의사결정제도이고, 영미식의 단체교섭방식은 시장경쟁의 원리를 기반으로 하는 것으로, 노조를 경영층에 대한 대항기구로 보는 것이며, 유럽 전반에 자리를 잡은 독일식의 제도는 근로자가 기업 내에서 그의 지위를 확보하고 의사결정을 할 수 있는 특권과 책임을 동시에 가지고 공동으로 경영에 참여하는 것이다.

오늘날 세계의 노사관계는 영미식 또는 독일식 어느 한 쪽을 선호하기보다는 양자가 혼합되어 협동관계와 대립관계라는 양면성을 띠고 있다. 대립적 측면을 초점으로 하고 노사 공존공영을 위한 노사관계의 질서와 산업평화 유지를 목적으로 확립된 제도적 장치가 소위 단체교섭제도이다.

(2) 단체교섭의 방식

단체교섭의 방법 또는 형태는 노동운동의 성격, 노동조합의 조직형태, 산업구조,

노동시장의 구조, 사용자의 노사관계 태도 등에 따라 다르다. 노동조합이 전국적·지역적 규모의 산업별 또는 직업별 조직에 의하여 노동시장에서 정착하고 있는 경우와, 우리나라와 같이 그 조직이 주로 기업별 형태로 있는 경우로 구분되며 각 형태에 따라 단체교섭방식도 달라진다. 이러한 단체교섭의 형태는 |그림 6-2|와 같은 기업별 교섭, 집단교섭, 통일교섭, 대각선교섭, 공동교섭의 다섯 가지로 분류할 수 있다.

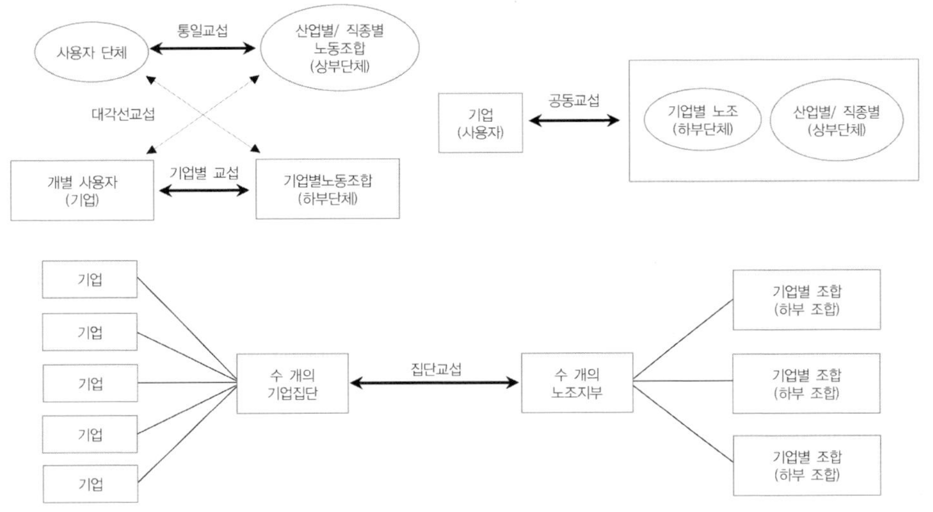

|그림 6-2| **단체교섭의 형태**

자료 : 조진탁·이길환(2009). NEW 노사관계론, p. 97.

① 기업별 교섭

기업별 교섭은 특정사업 또는 사업장 단위로 조직된 독립된 노동조합이 단체교섭의 당사자가 되어 기업주와 교섭하는 방식을 말한다. 이러한 방식은 기업 간의 격차가 크고 교섭의 대상자인 사용자단체가 구성되어 있지 않건, 기업별 노조가 형성되어 있을 때 활용된다.

노조의 단체교섭력이 약화된 상태에서 교섭에 임하기 때문에 노조에게는 다소 불리한 점이 있으나 개별 노조단위의 상황반영이 용이하다는 장점이 있어 많이 활용된다. 우리나라에서는 대부분 기업별 내지 사업장별로 교섭이 행해지고 있다.

② 통일교섭

통일교섭은 전국적으로 조직된 산별 또는 직장별 노조가 전국적 또는 지역적 사용자 단체를 상대로 교섭하는 것을 말한다. 노동조합이 산업별 또는 직업별로 전국적 또는 지역적인 노동시장을 지배하고 있는 반면에 기업의 규모는 크지 않고 재정도 약하며, 또한 시장에서의 상호경쟁이 극심한 중소기업의 경우에 있어서 흔히 볼 수 있는 방식이다.

우리나라의 경우 금융, 철도, 전력, 통신, 담배 · 인삼, 항운 등에서 그 노동조합의 조직 자체가 산별 노동조합의 성격이 강하므로 산별 중심의 통일교섭이 이루어지고 있다.

③ 대각선교섭

대각선교섭은 기업별 단위노조가 소속되어 있는 상부 단체와 각 단위노조에 대응하는 개별기업의 사용자 간에 이루어지는 교섭의 형태이다. 대각선교섭은 산업별 노동조합에 대응할 만한 사용자단체가 없거나 또는 이러한 사용자단체가 있더라도 각 기업에 특수한 사정이 있을 때에 이 방식이 사용된다.

우리나라와 같이 기업별 조합이 주류를 이루는 상황에서도 그가 소속하는 상급단체에 단체교섭 및 협약체결에 관한 권한을 위임하여 해당 기업별 조합에 대응하는 개별기업과 개별적으로 교섭하는 대각선 교섭의 방식을 취할 수도 있다.

④ 집단교섭

집단교섭이란 다수의 노동조합과 이에 대응하는 다수의 사용자가 집단으로 구성되어 기업의 단위를 벗어나서 교섭하는 방식을 말한다. 이 방식은 노동조합측이나 사용자측이 산업별로 연합전선을 형성하여 교섭하는 것으로 연합교섭이라고도 한다.

⑤ 공동교섭

공동교섭은 기업별 교섭을 기본방식으로 하고 기업별 조합과 함께 상부조합이 그 기업별 조합의 상대인 개별사용자와 교섭하는 방식을 말한다. 이 방식은 기업별 노동조합에 있어서는 기업별 교섭이 갖는 약점을 어느 정도 보완해 줄 수도 있을 것이다. 우리나라에서도 흔히 볼 수 있는 교섭형태이다.

2) 단체협약

(1) 단체협약의 의의

대립관계에 있는 노동조합 또는 그 연합체와 사용자 또는 사용자 단체 간 노동조건의 기준에 관한 협정문을 의미한다. 단체협약은 노동조합과 사용자 사이에 조합원의 노동조건 등 개별적 노동관계와 노동조합과 사용자 간의 집단적 노사관계에 적용할 규칙을 정하는 협정이다. 오늘날에는 단체협약의 사회경제적인 기능으로서 단순히 조합원의 근로조건 개선뿐만 아니라, 기업경영 전반에 걸쳐 근로자측의 참여를 확대하여 경영의 민주화에 기여하는 기능 또한 간과할 수 없다. 이처럼 단체협약은 노사관계를 규율하는 주요한 규범으로서 산업화과정에서 확고히 자리 잡게 되었고, 근로조건의 개선과 경영참가를 통한 산업민주화와 더불어 산업평화 유지에 초석이 되고 있다.

(2) 단체협약의 내용

① 규범적 부분

단체협약의 규범적 부분은 사용자와 개별 근로자와의 관계 중 근로계약의 내용을 규정하고자 하는 것이다. 따라서 '근로조건 기타 근로자의 대우'에 관한 부분이 중심이며 규범적 효력을 가지는 것이 원칙이다. 다만 규범적 효력을 갖기 위해서는 '대우에 관한 기준'이어야 하며, 그를 위해서는 개별 근로자의 취급에 관한 기준을 정하는 것인 동시에 개별 근로자가 구체적으로 어떻게 취급되는지가 먼저 명확해야 한다.

구체적으로는 임금 · 노동시간 · 휴식 · 휴일 · 유급휴가 외에 업무와 관련하여 화재 · 질병 · 휴업수당 · 퇴직금 등이 포함된다. 단체협약의 규범적 부분은 노동조건의 개선을 목적으로 하는 단체협약의 핵심적 기능에 관한 본질적 부분이기 때문에 규범적 부분이 전무한 협정은 단체협약이라고 할 수 없다. 가장 논의가 활발한 것은 해고협의 약관(조합원에 대한 해고의 경우, 조합원과의 협의를 의무화하는 조항)이다. 해고협의 약관이란 조합원의 해고에 관하여는 노동조합과 협의를 거친다는 조항을 말한다.

② 채무적 부분

집단적 노사관계에 관한 규정은 노동조합의 지위나 활동에 관한 것이며 개개 근로자의 대우에 관한 것은 아니므로 일반적으로는 채무적 부분에 속한다. 따라서 이들 조항은 채무적 효력을 가지는 것이 원칙이다. 일반적으로 조합원의 지위에 관한 조항, shop 조항, 조합활동에 관한 조항, 단체교섭에 관한 조항, 쟁의행위에 관한 조항 등이 해당된다. 이러한 채무적 조항은 이에 위반되더라도 그것은 규범적 사항과 다르다. 따라서 이에 위반된 근로조약의 부분이 무효로 된다든지 하는 일은 있을 수 없으며, 오직 노조 또는 사용자에 대한 채무불이행이라는 효력이 나타날 뿐이다.

③ 조직적 부분

단체협약의 내용 중 집단적 노사관계와 관련된 각종 제도나 기관의 조직과 운영 등에 관한 사항들을 말하며, 여기에는 주로 조합원의 징계나 인사의 관련기관이나 고충처리기관의 구성 · 운영에 관한 조항들이 해당된다.

〈표 6-2〉 **단체협약의 내용에 따른 유형**

유 형	기 준	내 용
규범적 부분	근로조건 기타 근로자의 대우에 과한 기준 -개별적 근로관계에 있어서 실현되는 부분	임금액, 임금지급방법, 근로시간, 유급휴일, 유급휴가, 상여금 지급, 경조금 지급 및 기타 후생에 관한 협정, 재해보상의 종류 및 그 산정, 누진퇴직금의 지급협정, 정년제에 관한 협정 등
채무적 부분	사용자와 노동조합의 관계를 정하는 부분, 즉 협약당사자의 권리·의무에 관한 사항 -집단적 노사관계에 있어서만 적용되는 부분	평화의무 및 평화조항, 단체교섭 위임 금지조항, 유일교섭 단체조항, 조합활동 조항, shop 조항, 단체교섭의 절차·범위 등에 관한 조항, 시설이용에 관한 조항, 노동쟁의에 관한 조항
조직적 부분	제도·기관의 조직과 운영에 관한 단체협약 부분 -집단적 노사관계에 적용되면서도 개별적 노사관계와 관련되는 부분	조합원의 해고동의 협정, 경영협의회, 고충처리기관 등의 조직과 운영, 근로자의 복리증진, 교육훈련, 노사분규 예방, 징계, 해고 등 인사에 관한 협의기관 구성 및 운영 등

④ 평화적 내용

노사쌍방이 쟁의행위를 미연에 방지하고 분쟁을 평화적으로 해결할 것을 목적으로 한다. 예를 들면, 단체교섭에서 쌍방이 성의를 가지고 노력했음에도 불구하고 해결을 보지 못한 경우에는 노사의 자주적인 조정기관에 조정을 신청한다는 등의 조항을 말한다.

4. 쟁의행위

1) 쟁의행위의 개념과 기능

(1) 쟁의행위의 개념

노동쟁의는 노동조합과 사용자 또는 사용자 단체 간에 '임금 · 근로시간 · 복지 · 해고 · 기타 대우 등 근로조건의 결정'에 관한 주장의 불일치로 인하여 발생한 분쟁상태를 말한다. 주장의 불일치란 당사자 간에 합의를 위한 노력을 계속하여도 더 이상 자주적 교섭에 의한 합의가 곤란한 상태를 말한다.

노동쟁의가 성립되기 위해서는 ① 노조 또는 노조단체와 사용자 또는 사용자단체 사이에 분쟁상태여야 한다. 노동쟁의의 주체로서 개인은 해당되지 않는다. ② 단체교섭이 선행되어야 한다. 여기에는 단체교섭을 거부한 경우도 해당된다. 노동쟁의의 절차는 단체교섭의 결렬을 선행조건으로 한다. 또한 노동쟁의의 대상은 '임금 · 근로시간 · 복지 · 해고 · 기타 대우 등 근로조건의 결정'이라고 규정되어 있는데, 여기서 '기타 대우 등 근로조건의 결정'이란 근로조건에 영향을 주는 것으로 사용자가 처분할 수 있는 사항이라는 것이 일반적인 해석이다.

노동조합 및 노동관계조정법 제2조에서는 쟁의행위란 "파업 · 태업 · 직장폐쇄 기타 노동관계 당사자가 그 주장을 관철할 목적으로 행하는 행위와 이에 대항하는 행위로서 업무의 정상적인 운영을 저해하는 것을 말한다"고 정의함으로써 쟁의행위의 적절성 및 정당성을 규정하고 있다.

(2) 쟁의행위의 기능

쟁의행위는 일반적으로 국민의 불안감을 가져오고 더 나아가서는 사회질서 혼란을 야기하는 소극적 기능과 노사 간의 힘의 불균형을 조절하여 단체교섭을 조성함으로써, 근로자의 인간다운 생활을 확보하게 하는 적극적인 기능도 가지고 있다.

쟁의행위는 소극적 · 적극적 측면을 강조하여 왔지만, 그에 대한 비판적인 측면도 있다. 따라서 쟁의행위는 노사관계에 있어서 불가피하지만 소극적 기능의 발생빈도와 규모를 최소한으로 줄이는 것이 바람직하다.

2) 쟁의행위의 보장

(1) 헌법상의 쟁의권 보장

헌법 제33조 제1항은 “근로자는 근로조건의 향상을 위하여 자주적인 단결권 · 단체교섭권 및 단체행동권을 가진다”라고 규정하고 있다. 본래 근로자에게 단체행동권을 보장한 취지는 근로자들의 경제적 · 사회적 지위의 향상을 위한 실력행사를 보장한 것이다. 뿐만 아니라 그와 같은 실력행사의 법적 효과로서 민사상 · 형사상의 면책을 위시하여, 쟁의행위를 했다는 이유로 노동자에게 해고나 기타 불이익을 주는 것을 막으려는 데 있다. 그러므로 쟁의행위는 헌법 제33조의 취지에 따라 노동조합이 노동조건의 개선을 목적으로 하고, 업무의 정상적인 운영을 저해하는 방법으로 행하여지는 한 정당한 행위로 평가된다.

(2) 노동법상 쟁의권 보장

노동조합 및 노동관계조정법 제4조의 정당행위는 헌법 제33조 제1항의 노동3권 보장의 내용을 확인한 것에 지나지 않는다. 한편 근로자가 근로조건의 향상을 위하여 쟁의행위를 하는 경우에도 그 정당성의 한계를 벗어나면 형법상 구성요건이 된다.

3) 쟁의행위의 유형

노동조합 및 노동관계조정법 제2조는 쟁의행위의 개념을 정의하고 쟁의행위의 유형을 열거하고 있다. 쟁의행위는 노사 간의 실력행사이므로 유형별로 행동의 효과와 집단행동의 속성으로 인한 정당성의 한계를 갖게 된다. 근로자측의 쟁의행위 유형은 다음과 같다.

(1) 파업

일반적으로 파업(Strike)은 '보상이나 노동조건의 변경이 있을 때까지 종업원이 집단적으로 노동을 거부하는 것' 또는 '노동자가 단결하여 임금, 노동시간 및 기타 노동조건의 유지 또는 개선이라는 목적을 쟁취하기 위해 조직적인 방법으로 노무의 제공을 공동으로 거부하는 쟁의행위'라고 정의되고 있다.

파업의 정의에는 다음의 몇 가지 특성이 함축되어 있다.

- 일시적 중단이다. 파업은 작업장 복귀를 전제로 한 작업의 일시적 중단이다.
- 작업의 전면적 중단이다. 그러므로 잔업거부나 태업 등의 작업의 일부 거부행위와는 원칙적으로 다르다.
- 다수의 근로자가 참여한다. 개인에 의한 개별적 행동이 아니라 다수 근로자에 의한 집단적 행동이다.
- 노동자에 의해 일어나는 것이 파업이다. 학생들의 수업거부, 소작인의 집세거부 등은 집단행동이긴 하지만 파업이라고 할 수 없다.
- 계산된 행동이다. 파업은 불만을 표현하거나 요구를 관철하기 위한 의도적이며 계산된 행동이다.

(2) 태업

태업(Sabotage : Soldiering)이란 고의로 기계설비를 손상시킨다든가, 불량품을 만들어내는 등의 적극적인 태업, 사용자의 비밀폭로 · 상품의 비판 등을 거래선에 알리는 개구(開口) 태업, 의식적으로 작업능률 내지 기업 전체의 능률을 저하시키는 소극적 태업 등을 총칭하는 개념으로 소극적 태업이 우리나라에서는 그것에 해당한다.

파업이 노동력을 생산수단과의 결합상태를 분리시키고 사용자의 노동력에 대한 지휘명령으로부터 근로자들을 완전히 벗어나게 하는 것이라면, 태업은 다만 사용자의 지휘명령을 그대로 따르지 않게 하는 데 그 특성이 있다.

(3) 준법투쟁

준법투쟁이란 노동조합의 통제 하에서 다수의 근로자들이 근로기준법 및 노동조합 및 노동관계 조정법 등 관련법령에 규정된 권리를 동시에 행사하거나, 의무를 동시에 이행하여 파업이나 태업과 같은 효과를 발생시키는 것을 말한다.

준법투쟁은 외형상 노동자의 법적 권리의 행사 또는 의무의 이행에 해당되므로 이를 과연 정당한 쟁의행위로 볼 수 있는지의 문제가 발생된다. 준법투쟁의 정당성은 우선적으로 준법투쟁의 제 유형이 쟁의행위에 해당되는지의 여부를 논하고, 둘째로 쟁의행위에 해당되는 경우에 그 정당성을 살펴보아야 할 것이다. 준법투쟁의 쟁의행위 유형은 연장근무 거부, 일제 휴직, 동시이행의 항변권, 집단사표, 안전투쟁 등이 있다.

(4) 생산관리

생산관리는 근로자가 단결하여 사용자의 지휘명령을 거부하면서 사업장 또는 공장을 점거함으로써 조합간부의 지휘 하에 노무를 제공하는 투쟁행위이다. 이것은 노동자가 종전의 경영방침을 그대로 따르면서 노동자들이 직접 경영을 하되 수익금을 회사를 위하여 보관하고 임금을 종전대로 지급하는 이른바 이상형 생산관리와, 회사자재를 마음대로 처분하거나 회사의 수익금을 일방적으로 인상한 임금에 충당하는 경우로 나누어 생각할 수 있다.

(5) 보이코트

보이코트(Boycott)란 사용자 또는 그와 거래관계에 있는 제3자의 상품의 구입, 기타 시설의 이용을 거절한다든가, 사용자 또는 그와 거래관계에 있는 제3자와 근로계약의 체결을 거절할 것을 호소하는 쟁의행위이다. 보이코트는 보통 상대방이 누구냐에 따라 구분되는데, 노동자들이 그들의 사용자에 대하여 압력을 가는 것을 1차적 보이코트라고 한다. 그리고 사용자와 관계에 있는 제3자에게 사용자와의 거래를 단절할 것을 요구하고 이에 응하지 않을 때에는 상품의 구입이나 노동력의 공급을 중단하겠다는 압력을 가하는 것이 2차적 보이코트이다.

(6) 피켓팅

피켓팅(Picketing)은 파업과 같은 주된 쟁의행위에 부수하여 다른 노동자 및 일반시민에게 쟁의 중임을 알려 노동자측에 유리한 여론을 형성하거나, 쟁의행위에서의 노동자 이탈을 방지하고 대체근로를 저지함으로써 주된 쟁의행위의 실효성을 높이기 위해서 필요한 장소에 감시하는 인원을 배치하건, 사업장의 출입통행을 제한하는 쟁의행위이다. 넓은 의미로는 제품의 출하업무를 저지하거나 관리직 직원의 출입을 통제하는 경우까지 포함한다.

(7) 직장점거

직장점거는 쟁의기간 중에 노동자가 기업시설에 머물면서 집회나 시위를 계속하고 파업과 같은 주된 쟁의행위의 실효성을 확보하기 위해서 기업시설을 점거하는 형태의 쟁의행위이다. 노동조합이 대개 기업별 조직형태를 취하고 있는 우리나라에서는 파업과 동시에 직장점거가 행해지는 경우가 많다.

4) 쟁의행위의 조정

노사 간의 협상이 결렬되어 노동쟁의가 발생할 경우 노사당사자는 노동위원회나 임의조정자 등 제3자에게 조정신청을 하게 된다. 이러한 조정제도는 쟁의행위 돌입 이전에 반드시 거치도록 하는 강제중재와 노사가 원하면 개입이나 집단 등 누구에게라도 조정과 중재를 받을 수 있도록 하는 임의중재로 나눌 수 있다. 이에 쟁의행위의 대안으로 단체교섭에서 많이 쓰이는 조정제도를 살펴보면 다음과 같다(고용노동부, 2022).

(1) 조정

조정(調停: Mediation)이란 중립적이고 공정한 제3자가 조정위원이 되어 노사 당사자 간의 의견을 충분히 듣고 상대방의 입장을 이해하여 타협이 이루어지도록 설득하는 것이며, 필요시 조정안을 제시하여 조속한 타결이 이루어지도록 지원하는 것이다. 근로조건에 관한 노사 간 교섭이 합의점을 찾지 못하여 당사자 일방이 노동위원회에 노동쟁의의 조정을 신청한 때에는, 노동위원회는 지체 없이 조정을 개시해야 한다. 조정기간은 원칙적으로 일반사업은 10일, 공익사업은 15일 이내, 교원·공무원노동관계조정은 30일 이내이며, 당사자 간의 합의로 각 일반사업은 10일, 공익사업은 15일 이내, 공무원노동관계조정은 30일 이내에서 연장할 수 있고, 노동위원회에서 제시한 조정안을 노사가 받아들이면 조정이 성립되어 노동쟁의는 종결되며, 조정이 성립되지 않으면 노조는 정당한 쟁의행위(교원·공무원노조는 파업 금지)를 할 수 있다.

(2) 중재

중재는 조정과 달리 관계 당사자를 구속하는 법률상 효력이 있는 처분이다. 노동쟁의가 발생한 경우 ① 노사 쌍방의 합의 또는 ② 단체협약에 근거하여 어느 일방으로부터 신청이 있는 경우, ③ 교원노동관계조정위원회에서 제시한 조정안을 당사자의 어느 한쪽이라도 거부한 경우, ④ 교원조정사건에서 중앙노동위원회 위원장이 직권으로 또는 고용노동부장관의 요청에 따라 중재에 회부한다는 결정을 한 경우, ⑤ 공무원노동관계조정위원회 전원회의에서 중재회부를 결정한 경우에 당해 사건은 중재에 회부된다. 노동쟁의가 중재에 회부되면 15일간 쟁의행위가 금지되며, 노동위원회가 내린 중재재정은 단체협약과 동일한 효력을 가지므로 당사자는 이에 따라야 한다.

(3) 긴급조정

쟁의행위가 공익사업에 관한 것이거나 그 규모가 크거나 성질이 특별한 것으로서 국민경제를 현저히 해할 우려가 있거나 국민의 일상생활을 위태롭게 할 위험이 현존하는 때 통상의 조정제도만으로 그 해결이 부적절한 경우 행하여지는 조정제도이다. 긴급조정은 쟁의행위가 행해지고 있어야 하며 이러한 쟁의행위가 ① 공익사업에 관한 것이거나, ② 그 규모가 크거나, ③ 그 성질이 특별한 것으로써 현저히 국민경제를 해하거나 국민의 일상생활을 위태롭게 할 위험이 현존하는 때에 결정할 수 있다. 고용노동부장관이 긴급조정을 결정할 때는 지체없이 공표함과 동시에 중앙노동위원회와 관계 당사자에게 통고해야 하며, 긴급조정의 결정이 공표된 때에는 노동관계 당사자는 즉시 쟁의행위를 중지해야 하고, 공표일로부터 30일이 경과하지 아니하면 쟁의행위를 재개할 수 없으며, 긴급조정에 의한 조정안이 관계당사자에 의해 수락되거나 중재재정이 내려진 경우에는 단체협약과 동일한 효력이 발생한다.

(4) 사적 조정 · 중재

노동쟁의에 대한 조정절차는 일반적으로 노동위원회에 의한 공적 조정절차를 거치게 되나 이를 반드시 강제하는 것은 아니다. 따라서 노사는 당사자의 합의에 의하거나 또는 단체협약에 근거하여 노동위원회가 아닌 사람이나 단체로부터도 사적 조정 또는 중재를 받을 수 있다. 또한, 노사당사자는 사적 조정 또는 중재가 진행되는 도중이라도 당사자 간 합의로 노동위원회에 조정 또는 중재를 신청할 수 있다.

5. 노동조합의 임금 효과

앞서 임금격차 이론에서 살펴보았듯이 노동조합의 존재유무와 조직률은 임금의 결정에 미치는 영향력이 크다. 특히 단체교섭의 과정에서 사용자(기업주)는 구체적으로 전략을 행사하여 비용을 줄이려 할 것이고, 노동조합은 근로조건의 향상(임금)을 위해 가능한 수단(쟁의행위 등)을 통해 그 조건을 관철시키고자 할 것이다. 따라서 단체교섭 결과를 결정하는 요인들을 분석하는 것은 매우 중요한 일이라고 할 수 있다. 특히 노동조합의 교섭력은 노조가입률, 조합원의 수 등에 의해 크게 좌우되므로 이를 살펴보면 다음과 같다.

1) 노동조합 가입의 결정 요인

노동조합원(이하 노조원) 수의 변화는 노조가입에 대한 기대수익이 기대비용보다 크면 노조에 가입한다는 가정에서 출발한다. 이 가정은 노조원의 수가 경제활동수준에 따라 직접적으로 변화할 수 있음을 의미한다. 노조가입에 의한 비용과 수익이 시간의 경과에 따라 변화하며 개인은 그러한 변화에 쉽게 적응된다고 가정하면, 노조가입에 의한 비용과 수익의 변화를 알 수 있다. 노조가입에 따르는 비용은 우선 노조회비와 노조활동에 참여하는 시간 등이고 노조가입에 따르는 혜택은 임금상승, 고용안정, 심리적 혜택(일에 대한 보람 증대, 소득 불평등 완화, 기업의 의사결정과정에의 참여) 등이다. 이러한 노조가입률에 영향을 미치는 요소는 다음과 같다.

① 근로계약 : 정규직과 비정규직의 비율 중 정규직의 비율이 높을수록 노조 가입률은 높다.

② 성별 : 여성고용의 비중이 증가할 수록 노조 가입률은 낮다. 이는 근로계약과도 연관이 있는 것으로 여성의 비정규직 비율이 높기 때문이다.

③ 산업부문에 따른 변동 : 서비스 부문의 확대 및 화이트칼라의 구성이 높아지

면 노동조합 조직률은 감소된다. 이는 전통적으로 블루칼라 위주로 노동조합이 성장되어 왔기 때문이다.

④ 임금 : 임금(기본급)이 높을수록 노동조합의 가입률은 낮아진다. 개인이 노조에 가입하는 이유로 노동조합에 가입하였을 때의 비용과 기대되는 이익(수익)을 계산하며, 기대되는 비용보다 수익이 클 때 노조에 가입한다.

⑤ 교섭력 : 노동조합의 교섭력이 강하면 노조 가입률을 높인다. 노조의 가입으로 인한 자신의 이득이 높을 것으로 예상되는 결과이다.

⑥ 고용주의 태도 : 노조에 대한 적대적 고용주의 태도로 인하여 노조의 조직비용을 높여 노조의 존재확률을 낮춘다. 노조의 대체기구인 노사협의회가 유효하게 작동하면 노동자들의 불만을 흡수하여 노조의 존재 필요성을 낮춤으로써 가입률이 떨어질 수 있다.

⑦ 개인적 태도 : 개인주의의 확산은 조직구성에 위협으로 작용되어 노조 가입률을 낮출 가능성이 높다. 또한 이념적 성향에 따라 노조를 부정적 시각으로 접근하면 노조 가입률이 낮다.

2) 힉스(Hick)의 파업모형

영국 옥스퍼드 대학의 힉스(Hicks) 교수는 단체교섭이 결렬되어 파업이 발생하면 파업의 기간에 따라 노사 양측의 요구임금 및 제의임금 수준이 달라진다고 생각하였다. 즉, 노사 양측이 수락하는 임금수준은 그 임금수준에 도달시키기까지 필요한 파업기간의 함수라고 하였는데, 이것이 그의 핵심이다. 아래 |그림 6-3|의 가로축은 시간(파업의 기간)을 의미하고, 세로축은 임금률의 크기를 표시한다.

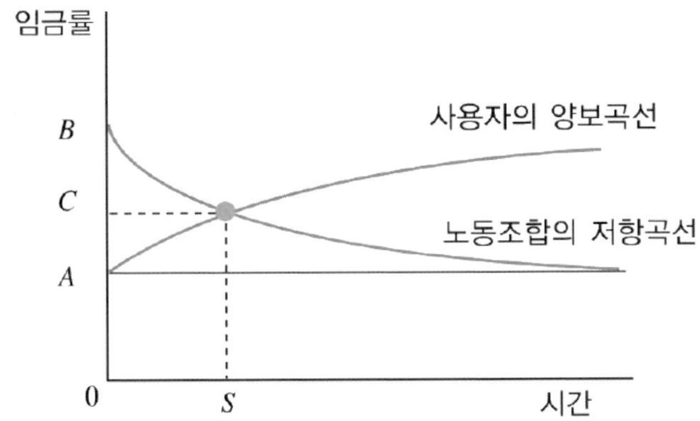

|그림 6-3| **힉스(Hicks)의 파업모형**

그림에서 임금률 A는 노동조합이 없거나 노동조합이 파업을 하기 이전에 사용자들이 지불하려는 임금수준이다. 사용자들은 파업기간이 길어짐에 따라, 점차 높은 임금을 지불하려는 방향으로 양보할 수밖에 없다(사용자의 양보곡선). 이는 파업으로 인한 기업의 비용이 발생하기 때문이다. 그림에는 A점에서 우상향의 사용자의 양보곡선이 그려져 있다. 이것은 상당한 기간 동안 우상향하며 일정 수준에 도달하면 그 이상 양보할 수 없기 때문에 평행선이 된다.

다음에 B점은 노동조합에서 처음으로 요구하는 임금률 수준이다. 노동조합도 파업이 진행됨에 따라 사실상 많은 손실(무임금)이 발생하므로 자신의 요구임금 수준을 낮출 수밖에 없다. 그러므로 노동조합은 B점에서 우하향의 곡선(노동조합의 저항곡선)이 나타나는 것이다. 노동조합의 저항곡선 또한 일정 기간 이후에는 더 이상의 저항력을 잃고 사용자가 제시하는 조건은 A수준을 수락하는 것을 나타내고 있다.

힉스는 이와 같은 두 개의 반대의 기울기를 가진 곡선이 주어지면 하나의 교차점이 생길 수 있다고 가정하였다. 그리고 그 교차점이야말로 노동조합의 가장 노련한 교섭담당자가 사용자로부터 획득할 수 있는 가장 높은 임금률이라고 주장하였다. 위의 그림을 보면 'S 기간'의 파업을 통해 교차점에 도달하였으며, 그때 새롭게 결정된 임금률이 'C'로 됨을 보여주고 있다. 즉, 사용자의 양보곡선은 시간이 지남에 따라 임금률을 인상시키고, 노동조합의 저항곡선은 시간이 지남에 따라 임금률을 낮춰 이 두 곡선이 만나는 지점에서 교섭은 타결되며, 파업의 기간과 임금의 인상률이 결정될 것이라고 보았다.

3) 임금의 경제적 효과

(1) 노동조합의 사회적 비용

노동조합은 여러 가지 사회적 비용에 영향을 미치고 있다. 예컨대 노동조합이 존재하는 곳과 존재하지 않는 곳에서의 사회적 비용은 기업주의 입장에서 노동조합이 존재하는 곳에서 더 높은 생산비(임금)가 들 수밖에 없다. 신고전학파의 전통적 견해에 의하면 노동조합은 다음의 세 가지 경로를 통해 사회적 비용을 증가시킨다(김유배, 2009).

① 비효율적 자원배분

노동조합은 조합원의 임금을 증대시켜 노동조합이 조직되지 않은 부문에서의 근로자보다 조직부문 근로자의 임금을 높게 하기 때문에 고임금의 조직부문과 저임금의 비조직부문 간의 임금격차를 조장하여 저임금부문으로부터 고임금부문으로의 노동이동을 조장하여 노동자원의 적정배분을 불가능하게 한다.

② 기술적 비효율 초래

노동조합이 단체협상을 통해 확보하는 조항 가운데는 작업의 내용을 경직적으로 명시하거나 작업배치규정, 작업속도 등을 정해 기존 근로자의 작업권을 보호하고자 하는 내용들이 많다. 노동조합의 이러한 작업제한 혀애는 노동조합의 기업에서의 노동, 자본과 같은 생산요소간의 대체성을 감소시키고 유휴노동자원을 낳게 할 뿐만 아니라 주어진 생산요소를 완전히 활용하지 못하게 한다. 또한 효과적인 기술을 도입하는 데 차질을 빚게 하고 인적자원을 효과적으로 생산에 활용하기 곤란하게 하는 등의 비효율을 낳게 한다.

③ 파업에 의한 생산손실

파업에 의한 사회적 비용이라 함은 경제의 한 부문에서 발생한 파업으로 인한 타 부문에서의 생산 및 소비의 감소를 말한다. 파업으로 인한 생산의 손실은 해당 산업(기업)뿐만 아니라 협력관계에 있는 다른 산업(기업)에 영향을 미치게 되어 이로 인한 손실이 해당 사회의 전 방위로 영향을 미칠 수 있다. 다른 산업에 비하여 특히 서비스산업은 재고 조절 등이 불가능하므로 파업이 발생하면 그만큼 경제 전체의 서비스 소비수준이 떨어진다고 할 수 있다.

(2) 노동조합의 상대적 임금효과

노동조합이 조직된 부문과 비조직된 부문의 임금 및 근로조건은 상대적으로 노동조합이 조직된 부문에서의 근로자들이 보다 좋다. 이에 비조직된 부문의 근로자들은 노동조합이 조직된 부문으로 이동을 하려하고 이때 조직부문과 비조직부문 간의 노동이동에 따른 임금격차가 나타나는 것이다. 노동조합이 있는 부문의 임금이나 비노조 부문의 임금을 비교함에 있어 노동조합의 조직이 비조직 부문에 미치는 영향은 다음과 같이 세 가지로 구분할 수 있다. 세 가지 효과는 단순히 비교할 수는 없겠으나, 각 효과의 상대적 크기를 비교한 최근의 연구들에서는 대체로 파급효과가 다른 두 효과보다는 더 크게 나타나는 것으로 알려져 있다(배무기, 2006).

① 파급효과(spillover effect)

이전효과 또는 해고효과(displacement effect)라고도 한다. 노동조합이 조직되면 교섭력에 의하여 임금을 상승시키기 때문에 노동공급곡선이 원래의 곡선보다 좌측으로 이동하게 되며, 그 결과 조직된 부문에서는 고용이 감소하게 되고, 그 때 해고된 근로자들이 비조직부문으로 이동하여 비조직부문의 노동공급곡선을 우측으로 이동시켜 임금을 인하시키는 효과이다(조직부문과 비조직부문의 임금격차가 나타남).

② 위협효과(threat effect)

동종 산업부문의 일부 기업에 노동조합이 조직될 때, 아직 조직되지 않은 기업에 있어서 새로 조직하려고 하는 노동조합은 기업에 대한 위협이 된다. 이러한 근로자들의 노동조합 조직 가능성에 의한 위협은 기업으로 하여금 그러한 위험이 없었을 때에 비하여 상대적으로 임금을 인상시키는 효과로 작용한다. 즉, 노동조합의 존재는 기업에 대하여 긍정적인 측면도 많으나, 대부분의 사용자들은 일단 노동조합이 없는 상태를 더욱 선호하게 되는 경우가 많다. 그 때문에 임금인상 등 금전적인 보상의 증가를 통하여 오히려 비조직 부문의 임금을 인상시켜 주는 효과로 나타난다(조직부문과 비조직부문의 임금격차 감소).

③ 대기실업효과(wait unemployment effect)

비조직부문의 근로자들이 노조의 조직화로 높아진 임금을 지불하는 부문에 취업하기를 희망하여 비조직 기업을 사직하고 조직된 부문에서 실업상태로 취업을 대기하는 경우가 발생하는데, 이로 인한 비조직부문 노동공급곡선은 좌측으로 이동되며 대체로 그 부문의 임금을 인상시키는 효과로 나타난다(조직부문과 비조직부문의 임금격차 감소).

6. 부당노동행위 구제제도

1) 부당노동행위 구제제도의 의의

부당노동행위란 사용자가 근로자와 노동조합의 정당한 노동권을 침해하거나 또는 노동조합이 사용자의 정당한 기업활동권을 침해하는 일체의 정당하지 못한 행위를 의미한다. 대부분의 선진국가들은 근로자의 노동3권을 보장하고 있으나 현실적으로 이러한 권리는 사용자에 의하여 침해를 받을 가능성이 높으며, 침해받았을 경우 권리를 실질적으로 보호해주어야 한다. 반대로 근로자나 노동조합이 정당한 단체교섭의 과정을 무시하고 사용자의 경영권을 침해하는 것도 용납될 수 없는 부당한 행위이다. 따라서 노사 어느 한쪽에 의해 행해진 부당한 침해행동에 대하여 사법적 심사를 조건으로 행정기관에 의한 구제방법을 도입하여, 대립적 관계의 노사문제를 신속하게 처리하기 위한 절차를 부당노동행위 구제제도라고 한다.

부당노동행위 구제제도는 헌법이 보장한 근로자의 노동3권(단결권 · 단체교섭권 · 단체행동권)의 구체적인 보장제도로서, 사용자의 조합운동에 대한 침해행위를 방지하기 위한 특별한 법률제도로 노사관계 질서의 공정성에 그 목적이 있다.

2) 부당노동행위의 성립과 주체

(1) 부당노동행위의 성립

노동조합 및 노동관계조정법 제81조는 다음과 같은 사용자의 행위를 사용자의 부당노동행위로 규정하고 이를 금지하고 있다.

① 불이익취급

근로자가 노동조합의 활동에 관계한 것을 이유로 다른 근로자에 비하여 차별적

으로 해고하거나 불이익을 주는 행위

② 황견계약(Yellow Dog Contract) 등

근로자가 노동조합에 가입하지 않을 것 또는 노동조합으로부터 탈퇴할 것을 고용조건으로 하는 행위

③ 단체협약의 거부

노동조합으로부터 단체협약 체결 및 기타 단체교섭을 정당한 이유 없이 거부하거나 해태(懈怠)하는 행위

④ 지배 · 개입 및 경비원조

사용자가 근로자의 조합조직 또는 운영에 지배 · 개입하는 행위와 노동조합의 운영비 등을 원조하는 행위

⑤ 노동위원회나 기타 행정관청에 신고, 증언 또는 증거제출을 이유로 하는 불이익 취급

근로자가 정당한 쟁의행위에 참가한 것을 이유로 하거나 또는 노동위원회에 사용자의 부당노동행위를 신고 또는 증언하거나 또는 행정관청에 증거 제출한 것을 이유로 그 노동자를 해고시키거나 그에게 불이익을 주는 행위

(2) 부당노동행위의 주체

부당노동행위의 주체는 말할 것도 없이 사용자이다. 사용자의 개념에 대해서는 노동조합법 제2조에서 사용자를 "사업주, 사업의 경영담당자 또는 그 사업의 근로자에 관한 사항에 대하여 사업주를 위하여 행동하는 자"라고 정의하고 있다. 따라서 노동조합 및 노동관계조정법에서 말하는 사용자란 근로계약에 의하여 근로자에게 노동기회를 공여하고 그 대가로서 임금, 급여, 기타의 보수를 지급하는 자가 아

닌 사업의 경영주체로서 이익의 귀속자를 말한다. 사업이 법인 조직일 때는 법인주체가 사업주가 되고 개인경영일 때는 개인이 된다.

여기에서 사업의 경영담당자란 회사의 이사나 지배인 등과 같이 사업의 경영에 관하여 책임을 지고 있는 자를 의미한다. 사업의 근로자에 관한 사항에 관여하는 자란 인사, 급여 및 노동조건의 결정이나 근로자에게 지휘명령이나 감독 등과 같이 사업주의 이익을 대표하여 일정한 권한과 책임을 가지고 행동하는 자를 뜻한다.

3) 부당노동행위 구제의 방법과 구제기관

(1) 부당노동행위의 구제

① 처벌주의

부당노동행위 그 자체를 범죄로 보아 이를 처벌함으로써 부당노동행위 예방을 도모하고자 하는 것으로서, 우리나라의 1953년 노동조합법과 일본의 1945년 노동조합법에서 취하였던 구제방법이다. 그 밖에 처벌주의는 캐나다 등이 이용하고 있고, 사용자에 의한 반조합적 행위를 방해죄라 하여 형사범의 일종으로 취급하는 프랑스의 경우도 일종의 처벌주의를 채택하고 있다.

② 원상회복주의

부당노동행위 그 자체를 범죄로 보지 않고, 이에 대한 구제를 중시하여 구제명령에 위반한 때에 비로소 범죄로 본다는 것이다. 1986년까지 이 주의를 채택하였다.

③ 원상회복과 처벌 병과(倂科)주의

부당노동행위의 구제에서 원상회복과 처벌을 병과할 수 있도록 한다. 우리나라는 이러한 병과주의를 채택하고 있다. 따라서 현행 우리나라가 원상회복주의 외에 부당노동행위를 방지하는 처벌주의를 병행한 것은 큰 진전이며, 가장 전형적인 제도로서 근로자보호에 만전을 기하고 있다고 볼 수 있다.

(2) 부당노동행위 구제의 기관

부당노동행위의 구제기관으로서 노동위원회와 법원이 있는데 어느 기관에 구제를 신청하느냐는 전적으로 당사자의 자유에 맡겨져 있다. 부당노동행위 사건을 법원에서 다루는 사업적 구제는 소송지연으로 인한 시간적 한계가 있고 많은 소송비용과 고도의 소송기술을 필요로 하기 때문에, 근로자에게는 부담이 매우 클 뿐만 아니라 신속하고 효과적인 구제를 기대할 수 없다는 점에서 문제가 있다.

우리나라의 노동조합은 미국의 와그너(Wagner)법과 같이 행정적 구제방식을 채택함으로써 사법적 구제의 결함을 보완하여 신속하고 탄력적인 구제를 도모하고 있다. 노동위원회에 의한 구제는 법원을 통한 구제의 결함을 보완하여 경제적이고 신속하게 노사관계의 실정에 적합한 해결을 위해 마련된 제도이다.

참고문헌

강상진 · 김아영 · 박광배 · 반재천 · 이규민(2006). 중학생 적성검사 개발. 서울 : 한국고용정보원.

강철희 · 김교성 · 김영범(2001). 적극적 노동시장정책의 실업 감소 효과에 관한 연구. 한국사회복지학, 45, 7-39.

고용노동부(2022). 2022년판 고용노동백서. 서울 : 고용노동부.

_________(2023). 2023 한권으로 통(通)하는 고용노동정책. 서울 : 고용노동부.

광민사편집부(1979). 노동의 역사. 서울 : 광민사.

김대모(2005). 적정임금 결정방법으로서의 생산성 임금제의 논리적 근거. 산업관계연구, 15(1), 1-21.

김대식 · 노영기 · 안국신 · 이종철(2018). 현대 경제학 원론. 서울 : 박영사.

김동배 · 류성민(2008). 노사의 임금체계 선호. 노동리뷰, 2008(5), 32-40.

김동배 · 박우성 · 박호환 · 이영면(2005). 임금체계와 결정방식. 서울 : 한국직업능력개발원.

김동배 · 정진호(2006). 임금체계의 실태와 정책과제. 서울 : 한국노동연구원.

김용성(2008). 청년실업의 원인과 정책적 대응방안. 서울 : 한국개발연구원.

김용원(2002). 노동경제학의 이해. 경북 : 대구대학교 출판부.

______(2007). 자본주의와 사회주의. 경북 : 대구대학교 출판부.

김유배(2004). 노동경제학. 서울 : 박영사.

김태기(2018). 한국의 산업간 노동이동과 노동생산성 변화 분석. 산업경제연구, 31(1), 113-131.

김형근 · 임영언 · 김일태(2020). 노동시장에서 일자리 변동과 노동이동에 따른 지역고용정책 고찰 : 대전 · 충청권을 중심으로. 한국과 국제사회, 4(5), 5-32.

노동부(2005). 노동백서.

______(2008). 고용보험백서.

______(2008). 노동백서.

______(각년도). 임금구조 기본통계조사보고서.

노연희 · 김명언 · 장재윤 · 김민수(2004). 고용상태에 따른 심리적 안녕의 변화에 관한 종단연구 : 성취프로그램 수료자들을 대상으로. 한국심리학회지 : 산업 및 조직, 17(1), 19-41.

박장환(2002). 경제학사와 경제사의 관계. 經商論集, 30(1), 111-127.

박진희 · 정재현 · 김수현 · 홍현균 · 정순기 · 방 글 · 공정승 · 이혜연 · 김영달 · 허재준 · 정현준(2021). 디지털 기술혁신을 반영한 장기 인력수요 전망 2020-2035. 충북 : 한국고용정보원.

박홍립(1994). 거시경제학. 서울 : 박영사.

배무기(2006). 노동경제학. 서울 : 경문사.

신철우(2005). 신노사관계론. 서울 : 신론사.

안우진 · 주휘정 · 백원영(2021). 지역대학 졸업자의 노동이동과 노동시장 성과 분석. 세종 : 한국직업능력연구원.

안율종(2007). 최신 노사관계론. 대구 : 대명.

엄동욱(2008). 기업 임금체계의 변화와 연공임금 : 근속과 경력에 대한 보상 차이를 중심으로. 제9회 한국노동패널 학술대회 논문집.

오성환(2007). 직업정보론. 서울 : 서울고시각.

우재현(2001). 산업복지원론. 대구 : 정암서원.

윤정혜(2019). 고용보험통계를 이용한 노동이동분석. 충북 : 한국고용정보원.

이강옥 · 김동조(2009). 소프트 노사관계론. 서울 : 청람.

이병희(2005). 노동이동과 인력개발. 勞動經濟論集, 28(1), 1-28.

이성욱(1991). 미시경제학의 기본개념. 서울 : 國民經濟制度硏究院.

이시균 · 김두순 · 전병유 · 박세정 · 조민수 · 이혜연 · 김영달 · 연보라 · 박비곤 · 남예지(2021). 노동시장 동향 및 동학분석. 충북 : 한국고용정보원.

이영면 · 이동진(2008). 제조업체의 기본급 임금체계와 고령자 고용에 관한 연구. 인적자원관리연구, 15 특별호, 103-120.

이윤재(2005). 거시경제학. 서울 : 삼영사.

이준범(1999). 현대노사관계론. 서울 : 박영사.

이창욱(1995). 생산성과 임금에 관한 연구. 생산성논집, 9(2), 1-25.

이효남 · 서현주 · 정시원 · 조아름 · 박은규(2021). 생애경력개발 역량지표개발 연구(Ⅰ). 충북 : 한국고용정보원.

재정경제부(2005). 월간경제동향 7월.

정무권(1998). 적극적 노동시장정책의 정치경제 : 한국에서의 제도적 정착을 위한 모색. 한국정책학회, 7(3), 121-157.

정재현 · 박진희 · 신우진(2020). 인구구조 변화가 인력수급에 미치는 영향. 충북 : 한국고용정보원.

조우현(1998). 노동경제학–이론과 개혁정책. 서울 : 법문사.

조진탁 · 이길환(2009). NEW 노사관계론. 대전 : 대경출판사.

조하현(1997). 거시경제이론. 서울 : 세경사.

주석진(2017). 직업상담과 직업정보. 경기 : 공동체.

채창균(2001). 청년실업의 실태 및 원인분석. 직업능력개발연구, 4(2), 1-27.

최저임금위원회(2004). 우리나라의 최저임금 결정절차.

통계개발원(2017). 국민 삶의 질 2017.

통계청(2000). 경제활동인구연보.

______(2004). 한국의 사회지표.

______(2005). 장래인구특별추계결과.

______(2005). 한국의 사회지표.

______(2006). 2005 인구주택총조사.

______(2007). 경제활동인구연보.

______(2009). 경제활동인구조사.

______(2009). 한국의 사회지표.

______(2011). 2010 인구주택총조사.

_____(2011). 2010 한국의 사회지표.

_____(2016a). 2015 인구주택총조사.

_____(2016b). 2016 인구주택총조사(등록센서스 방식집계결과).

_____(각년도). 인구주택총조사보고서.

한국고용정보원(2017). 워크넷 통계연보(2016년).

한국노동연구원(1998). 직능급 도입을 위한 평가제도 개선방안. 서울 : 한국노동연구원.

한국직업능력개발원(2005). 청년실업문제해결을 위한 대학생 직업능력개발방안.

한국직업능력연구원(2022). 한국의 인적자원개발지표 2022. 세종 : 한국직업능력연구원.

한성덕(2005). 직업정보의 이해. 대구 : 정암서원.

한성덕 · 주석진(2018). 직업정보와 노동시장. 경기 : 공동체.

한홍순 · 김중렬(2003). 노동경제학–이론과 공공정책. 서울 : ㈜교보문고.

홍 훈(2018). 경제학의 역사. 서울 : 박영사.

Dunlop. J. T.(1960). *Industrial Relations and Industrial Society in Union Management and the Public*, In Bakke & Anrod(Eds.), Harcurt Brace & World.

Ehrenberg, R. G., & Smith, R. S.(1996). *Modern Labor Economics*(6th ed.). Harper Collins.

Hoffman, W.(1931). Studien und Typen der Industrialisrung.

___________(1949). The Growth of Industrial Production in Great Britain : A Quantitative Survey. *Economic History Review*, Ⅱ, No. 2.

ILO(1974). Participation in Decision within Undertaking, Oslo Symposium. *Labor Management Relations Series 48.*

___(2003). Yearbook of Labour Statistics.

___(2010). Yearbook of Labour Statistics.

Kerr, C. J. T., Dunlop, F. Harbison, & C. A. Myers(1960). *Industrialism and Industrial Man*. Harvard University Press.

Lester, R. A.(1959). Labor and Industrial Relations.

Marshall, A.(1956). *Principles of Economics*(8th ed.). Macmillan.

Mills, D. Q.(1982). *Labor Management Relations*(2nd ed.). McGraw-Hill.

Taylor, R.(1994). *The Future of the Trade Unions*. London : Ander Deutsch.

Webb, S. J., & Beatrice Webb(1920). *The History of Trade Unionism*. New York : Longmans Green.

www.kostat.go.kr(통계청)

www.moef.go.kr(기획재정부)

www.moel.go.kr(고용노동부)

www.moleg.go.kr(법제처)

www.namu.wiki(나무위키 백과사전)

www.work.go.kr(워크넷)

저/자/약/력

■ 주석진

대구대학교 산업복지학과(학사) 및 동 대학원 산업복지학과
직업상담전공(석사), 상담학과 산업상담 및 산업심리전공(박사)
전) 대구장애인종합복지관 직업재활팀 근무
대구대학교 산업복지학과 겸임교수
대구가톨릭대학교 대학원 외래교수
대구대학교 외래교수
한국복지사이버대학 외래교수
영진사이버대학 외래교수
방송통신대학교 대구경북 외래교수
한국HRD 직업상담연구소장
현) 한국폴리텍대학 대전캠퍼스 교양학과 교수

[보유자격]
직업상담사 1급, 직업상담사 2급
사회복지사 1급
1급 교류분석상담사
직업능력개발훈련교사(2급)
Strong 직업흥미검사 강사
에니어그램 초급 · 중급 워크숍 강사
진로상담심리사

노동경제학 이해

|저자| 주석진

|1판 1쇄| 2023년 8월 30일

|발행인| 김동훈
|발행처| 공동체

|주소| 경기도 고양시 일산동구 호수로 358-39, 동문타워1차 905호(백석동)
|전화| 031) 814-3000(대표)
|팩스| 031) 814-3100
|홈페이지| http://www.compub.co.kr
|전자우편| compub@naver.com
|출판등록| 2005년 10월 6일
|등록번호| 제396-2005-36호

|ISBN| 979-11-6725-444-3
정가 18,000원